高等职业教育公共基础课系列教材

大学生体育与健康

主　编　董久奎　钟　冲
副主编　吴松伟　杨　洁
参　编　何仲平　罗丽梅　梁宏伟　唐昊旻

机械工业出版社

本书融理论和实践为一体,以"立德树人"为根本任务,树立"健康第一"的教育理念,培养高职高专学生的体育健康意识,使其养成锻炼习惯并全面增进身心健康。本书采用图片、微视频等多种形式呈现学习内容,以激发学生对体育的求知欲与兴趣,从而进一步促使他们积极主动地参与到运动中来。

本书分为两个部分。第一部分为理论篇,主要介绍了体育与健康的基本知识,包括体育与健康基础、体能与职业体能、职业病与体育疗法、体育锻炼与运动处方及大学生体质健康评价与测量方法等;第二部分为实践篇,主要介绍了以田径、球类、游泳、武术和体操为代表的经典体育运动项目的基本知识、核心技能和练习方法,同时对部分常见的娱乐休闲类运动、体育竞赛编排方法及体育与鉴赏做了介绍。

本书作为非体育专业学生公共体育课的通用教材,既可作为在校大学生和体育爱好者的学习用书,也可作为体育教师和体育工作者的教学参考用书。

图书在版编目(CIP)数据

大学生体育与健康 / 董久奎,钟冲主编. —北京:机械工业出版社,2022.6(2024.9重印)
高等职业教育公共基础课系列教材
ISBN 978-7-111-70952-7

Ⅰ.①大… Ⅱ.①董… ②钟… Ⅲ.①体育-高等职业教育-教材 ②健康教育-高等职业教育-教材 Ⅳ.①G807.4 ②G717.9

中国版本图书馆 CIP 数据核字(2022)第 100395 号

机械工业出版社(北京市百万庄大街 22 号 邮政编码 100037)
策划编辑:赵志鹏 责任编辑:赵志鹏 何 洋
责任校对:史静怡 王 延 封面设计:马精明
责任印制:常天培
天津光之彩印刷有限公司印刷
2024 年 9 月第 1 版第 3 次印刷
184mm×260mm・18 印张・429 千字
标准书号:ISBN 978-7-111-70952-7
定价:49.80 元

电话服务 网络服务
客服电话:010-88361066 机 工 官 网:www.cmpbook.com
　　　　　010-88379833 机 工 官 博:weibo.com/cmp1952
　　　　　010-68326294 金 书 网:www.golden-book.com
封底无防伪标均为盗版 机工教育服务网:www.cmpedu.com

前　言

　　2020年，中共中央办公厅、国务院办公厅印发的《关于全面加强和改进新时代学校体育工作的意见》中指出，学校体育是实现立德树人根本任务、提升学生综合素质的基础性工程，是加快推进教育现代化、建设教育强国和体育强国的重要工作，对于弘扬社会主义核心价值观，培养学生爱国主义、集体主义、社会主义精神和奋发向上、顽强拼搏的意志品质，实现以体育智、以体育心具有独特功能。学校体育要帮助学生在体育锻炼中享受乐趣、增强体质、健全人格、锤炼意志，从而培养德、智、体、美、劳全面发展的社会主义建设者和接班人。据此，我们结合《全国高等职业（专科）院校体育课程教学指导纲要（试行）》《国家学生体质健康标准》的有关规定，高职高专体育教学的实际需要，以及近年来高职高专公共体育课程教学改革发展的特点，组织长期从事高职高专体育课程建设与教学实践的一线教师编写了《大学体育与健康》这本教材。本书作为非体育专业学生公共体育课的通用教材，既可作为在校大学生和体育爱好者的学习用书，也可作为体育教师和体育工作者的教学参考用书。

　　本书分为两个部分。第一部分为理论篇，主要介绍了体育与健康的基本知识，从体育与健康、体育运动与身心健康、体育运动与营养、卫生保健、体育运动与社会适应等方面阐明了体育运动的重要性；根据高职高专学生的专业特点，重点介绍了常见职业体能的训练方法和常见职业病的预防及体育疗法；列举了常见的运动损伤及处理方法；并讲解了体质健康评价与测量方法。第二部分为实践篇，主要介绍了以田径、球类、游泳、武术和体操为代表的经典体育运动项目的基本知识、核心技能和练习方法；同时，也对部分常见的娱乐休闲类运动（形体训练、健美操、体育舞蹈和跆拳道）做了介绍，以提高当代大学生对体育运动的兴趣和爱好；最后两章是体育竞赛编排方法及体育与鉴赏，主要为了提高学生对体育比赛的关注程度和欣赏水平，从而懂运动、爱运动，积极参加体育锻炼。

　　全书融理论和实践为一体，以"立德树人"为根本任务，树立"健康第一"的教育理念，以培养高职高专学生的体育健康意识、能力、使其养成锻炼习惯并全面增进身心健康为主线，阐述了体育健康知识、科学锻炼方法与价值，以及体育的人文精神。在教材编写体系上，融入了体育健康教育和终身体育教育的思想；在内容上，更注重培养学生对体育锻炼知识的理解、方法的掌握和习惯的养成，充分体现体育的多功能特征，切实提高高职高专体育课程在培养21世纪高技能技术人才方面的整体效益。

　　近年来，伴随国家大力推进各类课程改革工作，大学体育课程的结构与形式也呈现出多样化的布局。本书力图符合时代特点，采用图片、微视频等多种形式呈现学习内容，引导学生通过观看以上富媒体形式的学习资源，更快、更方便、更全面地获得体育知识，激发他们对体育的求知欲与兴趣，从而进一步促使他们积极主动地参与到运动中来。

　　本书由董久奎、钟冲主编，吴松伟、杨洁任副主编，参编人员包括何仲平、罗丽梅、梁宏伟、唐昊旻。全书教学视频由董久奎、何仲平、罗丽梅和杨洁等负责前期拍摄与后期制作。

　　本书在编写过程中参阅了部分专业书籍及专家的研究成果，在此一并表示感谢！由于编者水平有限，书中可能还存在着许多不足，希望各位同仁、教师和广大使用者提出宝贵意见，我们将不胜感激！

编　者

二维码索引

名称	图形	页码	名称	图形	页码
短距离跑技术		75	篮球运球技术		109
中长跑技术		79	篮球投篮技术		111
接力跑技术		83	足球颠球技术		117
跳远技术		86	足球踢球技术		119
推铅球技术		92	足球运球技术		121
篮球基本步法		105	足球接球技术		122
篮球传接球技术		106	乒乓球发球接发球技术		136

（续）

名称	图形	页码	名称	图形	页码
乒乓球推挡技术		137	羽毛球杀球技术		145
乒乓球攻球技术		138	羽毛球基本步法		147
乒乓球搓球技术		138	武术基本功		174
羽毛球握拍法		141	五步拳		181
羽毛球发球接发球技术		142	二十四式太极拳		183
羽毛球击高远球技术		144	健美操基本动作		234

目 录

前言
二维码索引

第一部分　理论篇

第一章　体育与健康基础 ... 002
第一节　体育与健康概述 ... 002
第二节　体育运动与身心健康 ... 006
第三节　体育运动与营养、卫生保健 ... 010
第四节　体育活动与社会适应 ... 015
思考与练习 ... 017

第二章　体能与职业体能 ... 018
第一节　体能及其测定与评价 ... 018
第二节　职业体能及其训练 ... 027
思考与练习 ... 031

第三章　职业病与体育疗法 ... 032
第一节　常见职业病及其诊断 ... 032
第二节　常见职业病的预防及体育康复 ... 034
思考与练习 ... 039

第四章　体育锻炼与运动处方 ... 040
第一节　科学地进行体育锻炼 ... 040
第二节　运动中的生理反应和疾病 ... 043
第三节　常见的运动损伤的预防和处理 ... 047
第四节　运动处方 ... 050
思考与练习 ... 057

第五章　大学生体质健康评价与测量方法 ... 058
第一节　大学生体质健康概述 ... 058
第二节　学生体质健康测评 ... 060
思考与练习 ... 067

第二部分　实践篇

第六章　田径运动 ... 070
第一节　田径运动概述 ... 070
第二节　径赛类 ... 074

	第三节　田赛类	086
	第四节　田径运动常识及主要竞赛规则	098

第七章　球类运动 ········· 104
  第一节　篮球 ········· 104
  第二节　足球 ········· 117
  第三节　排球 ········· 127
  第四节　乒乓球 ········· 133
  第五节　羽毛球 ········· 141
  第六节　网球 ········· 149

第八章　游泳运动 ········· 160
  第一节　游泳运动概述 ········· 160
  第二节　游泳运动的基本技术要领 ········· 162
  第三节　游泳运动常识及主要竞赛规则 ········· 167

第九章　武术运动 ········· 171
  第一节　武术运动概述 ········· 171
  第二节　武术基本功 ········· 173
  第三节　武术基本套路与散打基本技术 ········· 181
  第四节　武术运动常识及主要竞赛规则 ········· 202

第十章　体操运动 ········· 205
  第一节　体操运动概述 ········· 205
  第二节　体操运动的技巧动作 ········· 210
  第三节　常见体操项目及其动作训练 ········· 214

第十一章　娱乐休闲类运动 ········· 221
  第一节　形体训练 ········· 221
  第二节　健美操 ········· 230
  第三节　体育舞蹈 ········· 239
  第四节　跆拳道 ········· 251

第十二章　体育竞赛编排方法 ········· 260
  第一节　体育竞赛编排方法简介 ········· 260
  第二节　田径比赛的编排 ········· 261
  第三节　球类比赛的编排 ········· 264

第十三章　体育与鉴赏 ········· 269
  第一节　体育中的美学 ········· 269
  第二节　体育比赛欣赏 ········· 271

参考文献 ········· 278

第一部分

理论篇

第一章　体育与健康基础

内容概述　本章主要介绍体育与健康方面的基本概念，以及体育运动与身心健康、营养卫生保健、社会适应方面之间的关系。

学习目标　掌握基本概念，为后面的学习打下一定的理论基础。

第一节　体育与健康概述

一、体育的概念及起源

体育（physical education）也称体育运动，是人类根据生产和生活的需要，遵循人体的生长发育规律，以身体练习为基本手段，达到增强体质、提高运动技术水平、丰富社会文化生活目的，而进行的一种有意识、有组织的社会活动。体育是社会文化教育的组成部分，受社会政治和经济的制约，也为社会政治和经济服务。

18世纪60年代，法国启蒙思想家、教育家、哲学家卢梭首先使用"体育"一词。19世纪60年代，"体育"的概念由西方传入我国。按其译意，体育是指维持和发展与身体各种活动有关联的一种教育过程，即"身体教育"。根据我国体育发展的特点和规律，"体育"的概念是以身体练习为基本手段，以发展身体、增强体质为基本特征的教育过程和社会文化活动，包括体育教育、竞技体育和社会体育三方面的内容，受社会政治、经济的影响和制约，并为其服务。体育教育、竞技体育和社会体育三者既有区别，又相互关联地构成一个整体。

体育作为一门学科，不仅研究人体生长发育和发展规律，发掘人的内在潜能，还研究由它本身涉及的广泛的社会问题。体育学涉及哲学、历史学、社会学、经济学、管理学、教育学等社会学科，也涉及生理学、解剖学、医学、生物化学、生物力学和心理学等自然学科。

可见，体育是人类在生产和社会活动中，受个体与社会、生理与心理各个方面因素的激励而产生的一种社会实践活动，并随着人类自身实践和理论的发展而逐渐发展完善，在人与人类社会的发展中起积极的促进作用。

二、体育的本质与功能

1. 体育的本质

所谓"本质"，是指"事物本身所固有的、决定事物性质、面貌和发展的根本属性"。体育是一项人的活动，不仅是人的需要，也是人的权利。在我国，自改革开放以来，一直存在着关于"什么是体育""体育的本质是什么"的争论。

"体育"一词的含义包括两方面的内容：一是指以身体练习为基本手段，以增强体质、增进健康、丰富社会文化娱乐生活为目的的社会活动；二是指在学校的教育环境中，指导学生学习和掌握体育的基本知识和基本技能，使他们形成体育锻炼意识、提高体育锻炼能力、增进健康的教育活动。而体育的本质就是增进人的自然属性的发展。

体育的本质在于体育项目是为人服务的，是利用体育的手段和方法促进人的身心健康和全面发展。体育运动、体育活动是手段，增强体质、增进健康、促进人的发展乃至社会的发展是体育的目的。

2. 体育的功能

（1）健身功能　体质是一个民族精神文明的重要标志，增强全民体质是发展体育的目标，健身功能是体育最本质的功能。体育运动以身体练习为基本手段，给予身体各器官、系统一定强度和量的刺激，使身体在形态结构、生理机能等方面发生一系列适应性反应，从而增强体质、促进健康。

（2）教育功能　教育功能是体育最基本的社会功能，就其作用的广泛性而言，它对人类社会产生的影响是体育的其他功能无法比拟的。就学校体育而言，主要采用校园体育文化节、体育教学、课外活动、课余训练、运动竞赛等组织形式，对受教育者进行思想政治、意志品质、道德情操和身体发展的教育，使他们获得基本的体育理论知识，掌握必要的体育技能，学会科学锻炼的方法，通过身心共同参与体育的过程，培养学生将来担任社会角色所必须具备的体育素养。

（3）娱乐功能　"娱乐身心"是被发掘和利用较早的社会功能，体育的娱乐功能是通过观赏和参与两种途径来实现的。经常观赏体育竞赛，除了可以畅快享受健、力、美的运动美感外，还常被那紧张激烈的体育文化氛围和社交环境所感染，感受到运动在竞争中所表现出的坚定不移、顽强拼搏的优秀品质。参与体育活动，尤其是自己喜爱和擅长的运动项目，会在完成各种复杂练习的过程中，在与同伴的默契配合中，在体力与自然的挑战中，得到一种非常美妙的快感和心理上的满足感，并享受到与人交往、合作的乐趣。

（4）政治功能　体育和政治之间的相互联系是客观存在的。体育具有超越世界语言和社会障碍的特点，可以促进各国人民的友谊和了解，促进国家之间的交流和团结。国际体育竞赛是国与国竞争的舞台，是显示一个国家政治、经济的窗口，往往把一个国家运动员在比赛中的表现看成一个国家国力和民族精神的反映。在国际大赛中，运动员被看作是一个国家的优秀代表、国际友好关系的政治使者，称之为"微笑大使""外交的先行官"。体育还是促进国家政治一体化，增强集体、民族凝聚力的有效手段，在促进世界和平方面更是起到了不可代替的作用。

> **知识窗**　1971年，轰动世界的"乒乓外交"使封冻20余年的中美关系开始融化、松动，促进了中美建交，在我国对外关系史上开创了新的一页。
> 　　1996年年初，国际奥委会曾经呼吁，要求奥运期间实现全球停火，当时波黑和非洲一些国家的内战激战正酣，就在第26届奥运会开幕前不久，波黑内战终于在国际社会各方面的调节下停火。当波黑代表团进入会场时，受到全场观众的热烈欢迎。时任国际奥委会主席萨马兰奇在第26届奥运会开幕式致辞中指出："体育是友谊，体育是教育，体育把全世界团结在一起。"

（5）经济功能　体育的经济功能是由体育与经济的相互促进作用所决定的。伴随着体育社会化、娱乐化、终身化程度不断提高，为满足人口日益增长的需要，尤其是经过 SARS 冠状病毒和新冠肺炎疫情突袭，追求健康、文明的生活成为体育消费的新增长点，各种健身器材、场地设施，乃至体育健身、娱乐服务模式的多元化和体育旅游业都在迅速发展，已在国家经济中形成了庞大的体育产业。

随着经济浪潮的冲击，竞技体育也表现出鲜明的商业化倾向，各职业球队与俱乐部在我国蓬勃兴起，产生了以体育促经济、以经济养体育的互为推进的良好效应。

三、健康的含义和标准

1. 健康的含义

1948 年，世界卫生组织（WHO）的宪章中首先提出了健康的含义，认为"健康不仅是免于疾病和衰弱，而是保持身体上、精神上和社会适应方面的完美状态"。1978 年 9 月召开的国际初级卫生保健大会通过的《阿拉木图宣言》中又重申了健康的含义，指出："健康不仅是没有疾病和痛苦，而且包括在身体上、心理和社会各方面的完好状态。"

到了 21 世纪，道德健康成为健康的新内容，一个人只有在躯体健康、心理健康、社会适应良好和道德健康四个方面都健全，才算是完全健康的人。

躯体健康（生理健康），是指躯体结构和功能正常，具有生活自理能力。

心理健康，是指个体能够正确认识自己，及时调整自己的心态，使心理处于良好状态以适应外界的变化。

社会适应良好，是指对社会生活的各种变化，都能以良好的思想和行为去适应。

道德健康，是指能够按照社会规范的准则和要求来支配自己的行为，能为人们的幸福做贡献。

2. 健康的标准

20 世纪 70 年代，联合国世界卫生组织（WHO）在世界保健大宪章中提出人体健康的十条标准，具体如下：

1）精力充沛，能从容不迫地应付日常生活和工作。
2）处事乐观，态度积极，乐于承担任务而不挑剔。
3）善于休息，睡眠良好。
4）应变能力强，能适应各种环境的各种变化。
5）对一般感冒和传染病有一定抵抗力。
6）体重适当，体形匀称，头、臂、臀比例协调。
7）眼睛明亮，反应敏锐，眼睑不发炎。
8）牙齿清洁，无缺损，无疼痛，齿龈颜色正常，无出血。
9）头发有光泽，无头屑。
10）肌肉、皮肤富有弹性，走路轻松。

按照以上健康标准，机体无明确疾病，但活力降低，适应能力出现不同程度减退的生理状态都属于"亚健康"状态，如乏力、头昏、头痛、耳鸣、气短、心悸、烦躁等。

四、影响健康的因素

1. 环境因素

环境是影响人体健康的重要因素。自然环境是人体生存的物质基础，对人体健康有促进作用。社会环境对人体健康也有着重大的影响。社会环境是指由政治、经济、文化、教育等因素构成的社会系统。随着经济的发展和科学技术水平的提高，人们的劳动条件和营养状况越来越好，物质文化生活越来越丰富，极大地提高了人们的健康水平。如我国人均寿命在1949年是35岁，而到2025年，我国人均预期寿命达78.3岁。

2. 生物因素

影响人体健康的生物因素主要是指遗传和各种病原微生物、寄生虫等。遗传是指亲代的特征通过遗传物质传递给后代的过程。DNA（脱氧核糖核酸）是遗传物质基础，有遗传意义的一段DNA称为基因。人体有3～3.5万个基因。遗传基因决定了人体各种遗传性状，其中由遗传物质改变而引起的疾病为遗传病，对人类健康和人口素质有严重影响。随着科学技术的发展及各基因功能的明确，很多遗传病逐渐可以治愈。

3. 心理因素

人的情绪与健康长寿有着密切的关系，积极的情绪是健康长寿的一个重要因素。人在愉快时，由于脑内内啡肽①分泌增多，脑细胞的活力得到保持，大脑功能得以改善，从而增强了免疫功能，提高了机体防病和治病的能力；相反，如果人闷闷不乐，常常处于忧虑、紧张和压抑的精神状态，便容易引起疾病，而疾病又容易导致不良情绪，如此反复，恶性循环。

4. 行为和生活方式因素

行为和生活方式对人体的影响具有潜袭性、累积性、经常性、广泛性和持久性的特点。不良行为和生活方式的范围广泛，如不合理饮食、吸烟、酗酒、不参加体育锻炼、吸毒、药物依赖、驾车与乘飞机不系安全带等。不良行为和生活方式所引起的疾病，称为行为方式疾病，如艾滋病等。改变引起疾病的不良行为和生活方式，养成健康的行为和生活方式，是保证身心健康、预防现代疾病的重要因素。

5. 卫生服务因素

卫生服务可分为两类：一类是公共卫生服务，另一类是医疗服务。它们主要是向个人和社区提供范围广泛的促进健康、预防疾病的医疗与康复服务，以保护和改善人体健康。健全的医疗卫生机构、完备的服务网络、一定的卫生投入及合理的卫生资源配置，都能够促进健康。目前我国实行医疗机构改革，实行职工医疗保险制度，提供社会医疗保障，以保证人人享有卫生保健权利。

---

① 内啡肽（endorphin）又称安多芬或脑内啡，是一种内成性（脑下垂体分泌）的类吗啡生物化学合成物激素。它是由脑下垂体和脊椎动物的丘脑下部所分泌的氨基化合物（肽）。它能与吗啡受体结合，产生跟吗啡一样的止痛效果和欣快感，等同天然的镇痛剂。

第二节　体育运动与身心健康

一、体育运动与身体素质

身体素质包括速度、力量、耐力、灵敏和柔韧性等方面，可以通过体育运动来发展和提高各方面的身体素质。

1. 速度素质及其练习

速度素质是指人体进行运动的能力。速度素质的练习分为反应速度、动作速度和位移速度三个方面。进行速度练习时，应在精力充沛、中枢神经较兴奋的状态下，使肌肉、神经调节与物质代谢有机地结合起来；练习时要保持放松、协调；练习的强度要接近极限强度，方能取得较好的锻炼效果。

（1）反应速度　反应速度是指人体对外界刺激反应的快慢。发展反应速度可以运用各种突发信号进行练习，如短跑时从听到发令到起跑的时间。球场上千变万化，每一次变化就是一次信号，因此采用球场上的急起、急停等也都是发展反应速度的较好方法。

（2）动作速度　动作速度是指人体完成某一动作的快慢。发展动作速度主要是运用增加工作幅度和难度的方法来进行练习，如增加工作半径来提高投掷或排球扣球的出手速度和挥臂速度。

（3）位移速度　位移速度是指在周期性运动中，人体在单位时间内位移的距离。发展位移速度主要采用增加助力的方法，如下坡跑、顺风跑等。

2. 力量素质及其练习

力量素质是指肌肉内抵抗阻力的能力。根据肌肉收缩的形式，力量素质可分为静力性力量和动力性力量，而发展力量素质也是从这两方面进行的。力量练习以隔日一次为宜，负荷随力量增长而加大；练习时要注意呼吸与用力做动作的协调配合；练习后要及时做好放松活动，以免肌肉僵硬。

（1）静力性力量　静力性力量是指肌肉做等长收缩时所产生的力量。在进行静力性力量练习时，人体或器械不产生位移。具体可采用以下两种练习方法：

1）身体处于特定的位置（站立或仰卧），推或蹬住固定重物。

2）根据发展某部位肌肉力量的需要，保持一定的姿势进行负重练习，如负重半蹲或悬垂举腿等。

（2）动力性力量　动力性力量是肌肉做紧张收缩时所产生的力量（又叫紧张性力量），使人体或器械产生加速度运动。发展动力性力量需要进行以下三方面的练习：

1）绝对力量练习。绝对力量是指用最大力量克服阻力的能力。通常以本人最大负重的85%~100%的重量，每组练习3~5次，重复3~5组，间歇1~3分钟，每周锻炼3次效果为佳。

2）速度力量练习。速度力量是指人体快速克服小阻力的能力。通常用本人最大负重的60%~80%的重量，每组练习5~10次，重复4~6组，间歇2~5分钟。

3）力量耐力练习。力量耐力是指人体长时间克服小阻力的能力。一般用本人最大负荷的 50%～60% 的强度进行练习，每组练习 20 次左右，练习组数随训练水平逐渐增加，间隔 1 分钟。每次练习都要达到感觉疲劳为止，但不求速度。

3. 耐力素质及其练习

耐力是指人体长时间内进行肌肉活动的能力，也可看作对抗疲劳的能力。它是人体机能和心理素质的综合表现，是评价人体机能水平和体质强弱的重要标志。耐力素质可分为有氧耐力和无氧耐力，其练习也需从这两方面进行。

（1）有氧耐力练习　有氧耐力练习一般采用长时间连续承受负荷的运动，如长跑，心率维持在 140～160 次/分钟，持续 5～15 分钟。练习时生理上有疲劳而不难受，练习后心情舒畅、精力充沛。

（2）无氧耐力练习　无氧耐力练习是为了保持快速跑的能力。它对提高短跑的冲刺能力有显著的效果。练习时的心率一般控制在 160 次/分钟以上。由于它是接近极限强度的无氧耐力练习，应加强医务监督。

4. 灵敏素质及其练习

灵敏素质是指在复杂条件下对刺激做出快速和准确的反应，灵活控制身体随机应变的能力。发展灵敏素质可采用变化训练法，如快速改变方向的各种跑、各种躲闪和突然启动的练习，各种快速急停和迅速转体的练习等。

5. 柔韧素质及其练习

柔韧素质是指人体关节在不同方向上的运动能力以及肌肉、韧带等软组织的伸展能力。柔韧素质的练习基本上采用拉伸法。发展肩部、腿部、臂部和脚部柔韧性的主要手段有压、搬、劈、摆、踢、绷及绕环等练习；发展腰部柔韧性的主要手段有站立体前屈、俯卧背伸、转体、甩腰及绕环等练习。

二、体育运动与神经功能

1. 促进神经系统的发育

身体锻炼对神经系统的发育和完善有着非常重要的意义。人类在婴儿时期进行适当的体育运动，有助于大脑发育和提早学会走路。而一些科学实验也证明，加强婴儿右手的屈伸训练，可加速大脑左半球语言区的成熟，加强左手的屈伸训练，则可加速大脑右半球语言区的成熟。科学家还发现，一个以右手劳动为主的成年人，其大脑左半球的语言机能占优势，体积也是左侧比右侧大。

> **知识窗**　美国一研究机构对小鼠的研究结果证明，生命初期进行体力活动会促进大脑控制四肢肌肉活动的运动中枢的发育。研究人员把两窝小鼠在断奶后分成两组：一组放在一个小笼子里，除食物和喝水外，没有其他活动余地；另一组放在大笼子里，内装各种活动设备，可以跑、游泳、走绷索和每天在小车轮上跑 10 分钟。17 天后，研究人员发现活动少的小鼠的大脑重量减轻了 3‰，大脑皮质薄了约 10‰。有意思的是，活动多的小鼠的大脑皮质细胞比活动少的小鼠长得更大，分枝也更多一些。这表明活动多的小鼠的大脑可以处理更多的运动信息。

2. 提高神经系统的灵活性

体育运动丰富了神经细胞突触中传递神经冲动的介质，并在传递神经冲动时引起较多介质的释放，缩短神经冲动在突触延搁的时间，加快突触的传递过程，从而提高神经的灵活性。例如，100 米跑的起跑中，训练有素的运动员听到发令信号时，起跑反应非常快。

3. 改善和提高中枢神经系统的工作能力

体育运动可以改善和提高中枢神经系统的工作能力，使人头脑清醒、思维敏捷。大脑的重量虽只占人体的 2%，但是它需要的氧气却要由心脏总流出血量的 20% 来供应，比肌肉工作时所需血液多 15～20 倍。长时间进行脑力劳动使人头昏脑涨，就是由于大脑供血不足、缺氧所致。进行体育锻炼，特别是到大自然中去活动，可以改善大脑的供血、供氧情况，促使大脑皮层兴奋性增加，对体外刺激的反应更加迅速、准确，大脑的分析、综合能力加强，从而促进整个有机体工作能力的提高。

三、体育运动与心肺功能

1. 体育运动对心血管系统的影响

心血管系统是由心脏、动脉、毛细血管和静脉血管组成的密封管道。其中，心脏是血液循环的动力；血管主要充当血液运输的管道系统；血液充当运输的载体，在心脏"泵"的推动作用下，沿着血管周而复始地运行，将细胞所需物质带来，运走代谢产物。体育运动正是通过对心脏功能和血管施加影响，从而影响心血管系统。

（1）对心脏功能的影响　由于体育运动需要较大的供血量，为适应运动，心肌毛细血管口径变大、数量增多；心肌纤维增粗，其内所含蛋白质增多，心脏出现功能性增大，一般人心脏重量约 300 克，运动员可达 400～500 克。体育运动还可促进心脏的容量增加，一般人的心脏容量为 765～785 毫升，而运动员可达 1015～1027 毫升。由于心肌纤维变粗、心壁增厚、收缩力增强，心脏每搏动一次的输出量也明显增加，一般人安静时为 50～70 毫升，而运动员可达 130～140 毫升。

（2）对血管的影响　体育运动可以使动脉管壁的中膜增厚、弹性纤维增多，使血管的运血功能加强；还可改善毛细血管在器官内的分布和数量。例如，骨骼肌肉的毛细血管数量增多、口径变大、行程迂曲、分支吻合丰富，可以改善器官的血液供应，从而提高和增强器官的活动功能。

2. 体育运动对呼吸系统的影响

呼吸系统包括呼吸道和肺泡。

（1）增强呼吸肌力，呼吸功能提高，使肺通气量增加　运动时，由于运动肌肉对能量的需求剧增，机体对氧气的需求也相应显著增加，即需氧量与运动强度、运动时间成正比。而机体为了尽力满足肌肉运动的氧需求，会充分利用呼吸肌的潜力，使之发挥最大功能，力争吸入尽可能多的氧气。长此以往，呼吸肌会得到更好的锻炼。

（2）提高胸廓顺应性、增加呼吸肌（尤其是吸气肌）活动幅度来增大肺容量

1）肺活量。肺活量是指全力吸气后又尽力呼出的气量。它是反映通气机能，尤其是通

气容量的最重要的指标之一，与呼吸肌力量、胸廓弹性等因素直接相关。

成年男子的肺活量正常值为 3000～4000 毫升，女子为 2500～3500 毫升。运动员，尤其是耐力运动员肺活量明显增加，优秀游泳选手最高可达 7000 毫升左右。

2）最大通气量。最大通气量是指单位时间（1 分钟）内进行尽可能的呼吸时进出肺的气量，一般人为 180 升左右。它是衡量通气功能的最重要的指标之一。有训练者的呼吸肌力量大，肺容量大，所以呼吸深度较大，而且，由于呼吸肌力量及耐力较好，呼吸频率也高，故有训练者的最大通气量明显高于常人，可达 250～300 升。

四、体育运动与心理健康

1. 大学生的心理特点

大学生的年龄特征决定了其心理以不成熟、不稳定和不平衡为主要特征。其中，大学生的自我意识骤然增强是核心问题。围绕这一核心问题，大学生的认知、情感、意志、个性等主要心理过程和心理特征处在一个动态的调节过程之中，并且由过去的被动性调节变为主动自我调节，因而其心理变化可能处于一生中最复杂、波动最大的时期。其特点如下：

（1）自我意识突出　由于开始走向大学生活，大学生摆脱了对家庭、学校的依赖，强烈地要求重塑自我，增加了成人感、理智感和自信心；思维活动已经脱离了直接形象和直接经验的限制，有较强的抽象概括能力，并能形成辩证逻辑思维，但发展水平参差不齐，有的表现自负自尊，有的易受情绪波动左右，等等。

（2）情感激烈复杂　大学生风华正茂，是体验人生感情最激烈的时期。男生存在着好奇和好表现的心理特征，希望通过体育运动表现自己的勇气和力量，使自己的体态更端庄，增加气度；女生的心理变化从天真、纯朴、直白变得温柔、含蓄、好静、爱美，大多不喜欢参加激烈和负重较大的运动。

大学生已经逐渐学会了控制和调节自己的情绪，外部表现和内心体验不一致，表现出"闭锁性"和"高饰性"，情感日臻丰富、复杂。

（3）意志力增强　大学生在各方面的影响下，意志力明显增强，能主动、自觉地克服困难，在行动中清晰地意识到自己行动的目的性和社会意义；但在果断性和自制力发展上比较缓慢，表现出优柔寡断，动摇不定，分不清主次和事情的轻重缓急，或草率，或武断，以及经不起心理挫折等。

（4）性格基本形成　性格是反映一个人对现实的稳定态度和习惯的行为方式。大学时期个性倾向系统日趋形成，自我意识不断发展，大学生的性格基本形成且较稳定，在性格的意志、理智、情绪等特征方面表现出逐渐稳定，并能自觉地培养良好的性格。

2. 体育运动对心理健康的影响

心理健康是指个体在各种环境中所能保持的一种良好的心理状态。一个心理健康的人，应该能够随着自然环境和社会环境的变化而不断地调整自身的心理结构，以达到与外界的平衡。

心理健康包括五个方面：①智力发育正常；②情绪稳定、乐观进取；③意志坚定、行为协调；④人格健全、自我悦纳；⑤良好的社会适应性。这五个方面互相联系、相辅相成。

心理健康和身体健康两者关系密不可分，心理健康是身体健康的重要条件，身体健康是心理健康的基础。体育活动不仅对身体健康有着重大影响，而且对促进心理健康也有着积极的作用。具体表现如下：

（1）提高心理应激水平　心理应激是指人体受到强烈的物理、化学、生物等作用或情绪发生变化时，所发生的一系列特殊的应答性反应。应激水平高，可避免一般的刺激对人体的损害，在遇到外界的强刺激时，也能保持心理的平衡。长期坚持体育运动可以提高心理应激水平，使心理承受能力和健康都处在较高的水平。

（2）培养优秀的意志品质　意志品质包括自觉性、果断性、坚韧性、自制力，以及勇敢、顽强等精神。意志品质是在克服困难的过程中表现和培养起来的。长期坚持体育运动，要克服各种主客观困难，这个过程既是锻炼身体的过程，也是培养良好意志品质的过程。特别是参加竞争激烈的体育竞赛活动，能够激励和培养人竞争、奋发向上的精神，克服困难、顽强拼搏、争取胜利的自信心及坚强的意志品质。

（3）消除疲劳　疲劳是人体的组织器官甚至整个机体能力下降的现象。疲劳与人的生理和心理状态有关，紧张的脑力劳动和长时间静坐伏案学习，常会使大脑供氧不足，感到疲劳，思维迟钝，记忆力减退，导致学习、工作效率下降。参加体育运动可以提高神经系统的功能，使大脑两半球的功能交替进行，达到消除疲劳的目的。

（4）调节心理　在有些国家，体育运动已经被作为心理治疗手段。心理医生认为体育运动是治疗抑郁症和焦虑症的一种有效治疗方法和手段。有些人由于学习或其他方面的挫折而引起抑郁症和焦虑症，可以通过体育运动来消除或减缓某些心理压力。另外，经常参加体育运动，在精神上会得到美的享受，给予人愉快的感受，能够陶冶情操，发展情感，完善自我。

（5）培养良好的社会适应性　社会的适应性是指个体对所处社会环境的认识，以及自己与社会环境之间所保持的均衡关系。体育活动能够增加人与人之间的接触和交往机会，加之体育活动中群体活动较多的特点，大家通过参加集体项目体育活动，能在团结合作、协调一致、相互帮助、彼此鼓励、竞争向上中培养良好的社会适应性。

第三节　体育运动与营养、卫生保健

大学生正处于向成熟过渡的时期，是人一生中长身体、长知识的重要时期。这一阶段，身体的生长发育进一步完善和成熟，身高在做最后的"冲刺"，体重增长幅度较大，性别差异更加明显，神经系统兴奋和抑制过程的协调能力显著发展，心肺功能的生理指标均达峰值，生殖系统发育日渐成熟，精力旺盛，体力充沛；在心理活动方面，意识、分析、判断、记忆能力发展迅速，富于遐想，充满激情，是努力学习、奋发向上的有利时机。

青年期人体的新陈代谢最为旺盛，尤其是大学生的脑力活动和体育运动，都使得机体能量消耗量在原来的基础上提高了3%～10%。因此，大学生在大学期间应注意营养、加强锻炼，以增强体质，从而确保身心健康。

一、营养生理需要量

营养生理需要量是指机体能保持健康状态，达到应有发育水平，并能充分发挥效率，完成各项生活和劳动所需要的热能和营养素的必需量。这是维持机体适宜营养状况在一定时期内必需摄入某种营养素的最低量，若低于这一水平，则机体难以维持健康。

1. 基础需要量

当满足这一需要时，机体能够正常生长和生殖，但体内几乎没有储备，若膳食供应不足就可能造成缺乏。

2. 储备需要量

在短期食物缺乏或疾病导致的过多消耗等条件下，组织中储存的一定数量的某种营养素可以用来满足人体的基本需要，以避免造成可察觉的功能损害。

知识窗 　　　　　　　　　**大学生必需的十大营养食物**

1. 全麦类食品：它不仅是极好的碳水化合物来源，也富含维生素、纤维素等。
2. 鸡肉与鸡蛋：它们是良好的蛋白质来源。在动物性食品中，它们含有的脂肪量很少。
3. 鱼与水产品：它们虽属动物性食品，但富含能使血液胆固醇降低的多种不饱和脂肪酸。
4. 牛奶与奶制品：只喝牛奶就能维持正常的生命活动。牛奶还含有钙与磷。钙在保证人体骨骼系统发育方面，磷在一些新陈代谢中，都是必需的物质。
5. 香菇：香菇含有一定量的钾、磷矿物质，是保健类食物之一。
6. 柑橘：柑橘是常见的营养价值颇高的水果，含有维生素C，大量的钙、磷及维生素A、纤维素等，是恢复体力的最好水果之一。
7. 香蕉：香蕉在供给低热量、低脂肪方面是非常有益的果物。它还含有丰富的钾元素。
8. 胡萝卜：胡萝卜中富含的胡萝卜素有"维生素A源"之称。维生素A对视力、骨骼的发育以及免疫系统功能等方面均有不可低估的作用。
9. 马铃薯：又称土豆，它的营养价值曾被人们误解。它除含有丰富的淀粉外，还含有维生素C及镁、铁、磷、钾等物质。
10. 矿泉水：优质矿泉水能补充水和矿物质。

二、膳食营养对体能的影响

膳食营养与体育运动是维持和促进健康的两个重要条件。以科学合理的营养为物质基础，以体育运动为手段，用锻炼的消耗过程换取锻炼后的超量恢复过程，可以使机体积聚更多的能源物质，提高各器官系统的机能。此时获得的健康，较之单纯以营养获取的健康上升到一个新的高度。因为，膳食营养加体育运动在获得健康的同时，也获得了良好的身体素质。

在大学生体育运动活动中，因各个项目对体能的需求不同，从而对膳食营养有着不同需求。

1. 速度性运动

速度性运动的代谢特点是能量代谢率高，能量主要来源于糖原。因此，膳食中应含有较多易吸收的碳水化合物、维生素 B_1 和维生素 C。为了肌肉和神经代谢的需要，还应食用含较多的蛋白质和磷的食物。蛋白质的供给量最好在 2 克/（日·千克体重）以上，优质蛋白质至少在 1/3 以上。为了增加体内碱储备，应吃蔬菜、水果等碱性食物，其供给的热量最好达到一日热量的 15%～20%。

2. 耐力性运动

耐力性运动项目的训练具有持续时间长、运动中无间隙，物质代谢以有氧氧化为主，以及运动中能量消耗量大等特点。膳食应提供充足的热量，多餐次对提高运动能力有利，但加餐的食物应考虑平衡营养及营养密度。饮食应提供足够的蛋白质及含甲硫氨酸的食品，如牛奶、奶酪和牛、羊肉等。瘦肉、鸡蛋、猪肝、绿叶菜等含铁丰富的食物，有助于维持血红蛋白水平，防止缺铁性贫血，保证血液的输氧功能。运动前补液 40～700 毫升，运动中及运动后少量多次补液，对提高运动能力有利。副食中可适当增加一些盐渍的食品。食物中应有充足的维生素 B 和 C，维生素的供给量应随热能消耗量的增加相应提高。

3. 力量性运动

力量性运动需要肌肉有较大的力量和较好的神经肌肉协调性，并且要在极短的时间内爆发力量。食物应提供丰富的蛋白质，蛋白质的供给量应提高到 2 克（日·千克体重）以上，其中优质蛋白质至少占 1/3。体内应有充足的碱储备，含丰富的碳水化合物、维生素和无机盐。食物中应含有丰富的钾、钠、钙、镁等电解质，蔬菜和水果的供热量应提高到总热能的 15%。

4. 灵巧性运动

灵巧性运动的能量消耗不高，食物应提供充分的蛋白质、维生素 B 族和钙、磷等营养。蛋白质的供应量应占总热量的 12%～15%，减轻体重期的蛋白质供给量应增加到总热量的 18% 左右（15%～20%）。维生素 B_1 的供给量应达到每日 4 毫克，维生素 C 应达到每日 140 毫克，还应保证充足的维生素 A，供给量应达到每日 6000～8000IU[⊖]，其中多数应来自动物性食物。

三、体育运动的卫生保健

体育与卫生是一个问题的两个方面，体育卫生是卫生保健最积极的预防手段，而卫生保健是保证开展体育运动的重要条件，两者缺一不可。只有这样，才能不断提高自己的健康水平。

⊖ IU：维生素的衡量单位 IU 是国际单位，各种维生素微克与国际单位的换算并不相同。

1 微克 维生素 A = 3.33 IU VA；1 微克 维生素 D = 40 IU VD

运动卫生包括个人卫生、精神卫生和运动训练卫生。了解并研究运动卫生的基本内容及其与人体健康、体育运动效果之间的相互关系，对保护和增进体育运动参加者的身体健康，尤其是培养青少年具有良好的个人卫生习惯，注意个人精神卫生和选择良好的锻炼环境的能力等方面具有重要意义。

1. 个人卫生

个人卫生是体育卫生的重要组成部分。体育运动参加者的个人卫生状况，不仅对增进人体健康和预防疾病具有重要意义，而且能促进身体锻炼的效能和对伤害事故的预防。

（1）建立科学的生活制度　生活制度是指对一天内的睡眠、饮食、工作（或学习）、体育运动等各项活动相对固定的时间安排。

1）保证睡眠卫生。睡眠时间要充足，睡姿要正确，睡前要刷牙、洗脚。

> **知识窗**　睡眠是人的一种生理需求，约占人生1/3的时间，皮质细胞中由于工作所消耗的能量、物质可在睡眠中得到恢复。一般来说，成年人每天应有8小时的睡眠，中学生约需9小时，小学生则需10小时左右。当身体活动量较大时，应适当增加睡眠时间。
>
> 向右侧睡较好，因为心脏位于胸腔偏左，这样可以使血液较多地流向身体右侧，减轻心脏负担，同时增加肝脏的血流，有利于新陈代谢和肝脏的健康。
>
> 睡前刷牙，清洁口腔，利于防龋齿。睡前洗脚，既可除污臭，又可促进血液循环，预防冻疮，利于消除疲劳。

2）养成良好的饮食卫生。良好的饮食卫生习惯，对保证消化系统的正常生理活动和营养物质的吸收具有重要意义。对体育运动者来说，还应注意进餐与体育运动之间应有一定的时间间隔。

3）科学地安排工作（或学习）和休息。工作和学习是一天中最重要的活动，对此应做出科学的安排。成人每天的工作、学习时间约以6小时为宜，在学习和工作中，尤其要注意张弛有度、劳逸结合。

4）坚持参加体育运动。在每天的生活中，应保证有一定的体育运动时间。每天安排适当的体育活动，对促进青年学生的正常生长发育具有重要意义。

（2）保护好皮肤　除了保护机体免受外界侵害外，皮肤还是一个感觉器官。皮肤里分布着丰富的神经末梢、大量的汗腺及皮脂腺。当汗腺和皮脂腺的开口被封堵时，就有可能因细菌的繁殖发生疖肿和毛囊炎，所以，体育运动后应洗澡或擦身，以保持皮肤清洁。皮脂腺分泌的皮脂具有润滑皮肤的作用，故洗澡时用碱性小的香皂为宜。

（3）保护视力、预防近视　为了保护青少年的视力，预防近视眼的发生，应注意培养他们形成良好的用眼卫生习惯。如应经常参加体育运动，全面增强体质；读书写字时，姿势要端正，眼与书本的距离要保持在30～35厘米，并尽可能使书本平面与视线成直角；切勿躺着、走路和在摇晃的车厢里看书读报，避免在昏暗或耀眼的光线下学习；看电视时间不宜过长。

（4）克服不良生活嗜好　青少年正处在生长发育的关键时期，身体各器官系统处于从量变到质变的复杂过程中。吸烟和酗酒等不良嗜好可导致许多疾病的发生，会严重地影响他们的身心健康，必须引起高度重视。在日常生活中，应提倡不吸烟，少饮酒，更应避免烟、酒同进。

2. 精神卫生

精神卫生也称心理卫生。人体并不是孤立的、不受外界影响的生物有机体，而是不断地与自然环境和社会环境相互作用的精神和身体的复合体。大量的医学试验和临床研究证明，心理与社会因素，如同遗传、生化、免疫等因素一样，在疾病的发生、发展、治疗和预防上都具有一定的作用。某些异常激烈的情绪变化，如过分忧郁，都可以引起人体的某些器官活动失调。

3. 运动卫生

（1）运动饮食卫生　在参加运动时，人体需要消耗较多的能量，因此必须进行合理、适度的营养补充。营养供给不足或过量，都不利于健康。运动的饮食卫生应该考虑以下几个方面：

1）平衡膳食，合理补充营养。

2）坚持科学的运动饮食卫生习惯。合理安排一日三餐；运动后不宜立即进餐，应在运动完30分钟以后进餐；饭后不宜立即进行剧烈运动，否则不仅容易消化不良，还会引起腹痛、恶心等症状，甚至引起胃下垂等疾病。

（2）运动饮水卫生　水是人体内含量最多的组成成分，它占成人体重的60%～70%。研究表明，人体若丢失水分30%以上，生命就将无法维持。水对人类的生存来说是最为重要的营养素之一。体育运动时由于大量出汗，体内缺少水分，必须及时补充，否则会影响人体正常的生理机能活动。因此，为了维持机体正常的循环，调节体温，运动前后应该合理补充水分。运动中或运动后提倡少量、多次饮水的方式。

（3）运动着装卫生　运动时最好不要穿着不吸汗的服装。运动衣和运动鞋应符合运动项目的要求，并具有透气性、吸湿性等性能。运动着装选择要轻便、舒适、美观大方。夏季以浅色运动衣裤为好，冬季应注意保暖，但又不妨碍运动。运动衣裤要勤换、勤洗，以免汗液和细菌污染机体。运动鞋应具有一定的弹性和透气性。

（4）运动环境卫生　空气是影响运动环境的主要因素之一，因此，一定要选择空气质量好、绿化较好、环境优雅的室外运动。如果在室内运动，要注意打开窗户通风。另外，还要注意光线、噪声及运动场地、设施等影响运动环境的因素。

> **知识窗**　冷环境对人体健康及运动能力影响：冷环境一般指气温在0摄氏度以下的环境。人们之所以能在寒冷的环境中劳动和生活，除了必要的衣着保护外，更重要的是依赖于自身的调节和适应能力。坚持在冷环境中运动可改善人体对寒冷的适应能力，提高耐寒力，有利于身体各系统机能的进一步加强。
>
> 如果长时间暴露在寒冷的环境中，低温的刺激会使机体发生损伤，一般分为局部性损伤（或称冻伤）和全身性损伤（或称冻僵）。在冬季或在寒冷地区运动的人应该十分注意机体的保暖，运动前增加热身活动可以提高机体的新陈代谢能力，使机体做好抵御寒冷的准备。

> 人从事体育运动时的最佳体温是 37.2 摄氏度，骨骼肌的温度是 38 摄氏度。在温度适宜的环境中从事体力活动，体温会因体内产生热量使体温升高达 40 摄氏度，剧烈运动时可能还要高。因此，在高气温、热辐射、高温度的环境条件下长时间剧烈运动（如超长距离跑或马拉松），由于体表散热效率低，易形成体内淤热而产生热疾患。为避免这种情况，热环境中的体育运动应尽量选择在早上和傍晚较凉爽的时候进行，并安排有规律的饮水和休息时间。

体育运动的场地卫生也应该受到重视，主要包括运动建筑设备的一般卫生要求、室内体育建筑设备的卫生要求和室外运动场地设备的卫生要求。

第四节 体育活动与社会适应

适应社会是决定事业成功的关键。一个人不管拥有多少知识，具有多强的业务能力，立了多么远大的志向，如果不具备适应社会的能力，都将与事业成功无缘。体育运动以其自身特点，对提高人的社会适应能力产生积极的影响。

一、现代社会的特征

现代社会是一个社会生产力迅速发展和生产方式发生巨大变革的社会。现代科学技术使生产朝着机械化、电气化、自动化、智能化的方向发展，人们的体力劳动逐渐被现代化的技术装置代替，脑力劳动在生产活动中所占比重增大，人们的闲暇时间大大增加，消费水平大大提高，消费结构发生重大改变。同时，都市化或城镇化使日常生活的现代化、智能化程度大大提高，节奏加快，人与人之间的直接交流不断减少。这一切都给生活方式带来了一些不利影响。人们深居简出，减少了与新鲜空气和阳光的接触，身体活动减少，交通拥挤，人口密集造成空气、环境污染等。

另外，由于科学技术的日新月异，人类社会已经进入知识大爆炸的时代。面对复杂庞大的网络信息、日趋激烈的生存竞争，人们在拓宽生活空间、寻求自我发展之际，必然要充分展现个性和才华，以达到实现自我并不断超越自我的目的，而这也使人们普遍感到工作和生活强度高、负担重、心理压力大。

综上所述，不难看出，现代社会生活的特征包含着压力大、节奏快、精神紧张、污染增加、消费水平和结构发生变化等诸多因素。

二、现代社会对人的适应能力的要求

现代社会的特征决定了生活在现代社会中的人必须具备良好的社会适应能力。人的社会适应能力表现为正确的价值观念，竞争意识与竞争能力，合作精神与能力，良好的人际关系，民主、平等和参与意识，积极向上的个性特征，崇拜知识和追求正面文化，丰富的情感生活等。作为生活在 21 世纪的青年学生，只有拥有正确的价值观、人生观，健康的情感和生活方

式，具备良好的竞争、合作意识和积极参与社会生活的意识，不断提高自身的学习、创造能力，与时代共同发展，才能更好地适应社会。

三、体育活动对社会适应能力的影响

1. 体育活动能够培养适应社会需要的正确价值观

体育活动有着统一的规则要求，各个运动项目有严格的技术分类、锻炼原则和裁判规则，因此参加体育运动能够规范人们的行为，使人们在潜移默化中形成公平竞争、遵规守纪的价值取向。

2. 体育活动能够培养适应社会需要的竞争意识和手段

在任何一项体育活动中，竞争都是不可避免的。对参与者来讲，不论资历、国籍、贫富，都是在统一的规则与要求下进行公平竞争，完全凭实力分出高低胜负。所以，参加体育运动能够培养人们吃苦耐劳、勇于拼搏的精神，不断提高身体技能、心理水平和把握机遇的能力，从而形成良好的竞争意识和手段。

3. 体育活动能够培养适应社会需要的合作精神

现代社会科学技术快速发展，各个学科相互渗透，知识与信息纷至沓来，社会分工的精细化与合作程度日益提高，这要求每一个现代人必须具备合作精神与能力。体育活动有明显的群体性，要求参加运动的人们，尤其是参加团体运动项目的人们，必须团结一致、齐心协力、共同拼搏，才能取得胜利。所以，经常参加体育活动能够促进人们合作精神的培养，提高相互间的合作能力。

4. 体育活动能够提高个体的人际交往能力

任何一个体育运动项目，都有其规定的技术动作和运动要求，都存在对技术动作的纠正和完善。参与者在学习和练习过程中都需要讲解与示范。而无论是自我纠正和完善，还是互相纠正与完善，都需要相互配合和主动沟通。特别是在集体项目中，个体能否在完成自身任务的同时与同伴相互协助配合，对竞赛的输赢关系重大，这也要求队员之间必须有良好的合作配合。所以，经常参加体育活动能提高人的沟通和交际能力，促进良好人际关系的形成。

5. 体育活动能够培养个体的民主参与意识

人们可以有年龄、种族、宗教信仰、健康状况、文化程度的不同，但是人人都有参加体育运动的权利，并且，这种权利在联合国教科文组织的《体育运动国际宪章》中已有详细说明。另外，体育竞赛的规则和竞赛文件，明确地与参与者形成一种契约关系，鼓励参与者战胜对手，同时允许对手平等与自己竞争；尽管竞赛结果有不确定性，但最终结果必须是透明的、公开的。因此，每一个参加体育活动的人都能从竞赛活动的组织和运动实践中感受到民主，从而形成良好的民主参与意识。

6. 体育活动能够培养参与者积极向上的个性特征

参加体育活动的人，其体力、智力、心理、情感均要投入到运动中去，在运动过程中会发现自己的优点和不足。因此，体育活动能够帮助参与者形成正确的自我认识，而为扬长避

短、不断进步所表现出的积极主动性又能够帮助参与者形成自我改造的意识。这些都能够锻炼和培养体育活动参与者积极向上的个性特征。

7. 体育活动能够促使人们崇尚知识和文化

体育活动含有速度、力量、技术、战术、心理、智力等因素的相互交融，使参加活动的人们在竞争的胜利和失败中领悟到综合素质与综合知识的重要性。人们意识到，要想在体育竞赛中取得胜利，不仅要追求体能优势，而且要不断增加知识优势，从而促使人们崇尚知识和文化。

8. 体育活动可以丰富人们的感情生活

现代人的感情表现为责任感、道德感、追求感、成就感等。体育活动以其群体约束力和积极主动性，激励着参与者必须具有高度的责任感，与同伴密切合作；以其严格的技术规范和比赛规则，规范着参与者的行为，促使参与者必须具有良好的道德意识；以其具有胜负要求的特性，促使参与者竭尽体力和智力去追求胜利的目标。在大众体育活动中，参与者可以得到对集体的信赖感和依托感；在家庭体育活动中，成员可以在和睦快乐的气氛中得到归属感和稳定感；在娱乐体育活动中，人们可以得到愉快感；在探险体育活动中，人们可以得到自豪感和征服感。所以，经常参加体育运动和锻炼，人们可以充分享受丰富的情感体验。

思考与练习

1. 体育、健康的概念是什么？体育的功能是什么？影响健康的因素有哪些？
2. 体育锻炼对身心健康有哪些影响？
3. 简要阐述体育运动与社会适应的关系，并举例说明。

第二章　体能与职业体能

内容概述　本章主要介绍体能与职业体能的概念；体能的测定与评价方法；职业体能的训练原则；坐姿、站姿、变姿、工厂操作类职业体能的训练方法等基本知识。

学习目标　通过本章的学习，能对体能的测定与评价方法、职业体能的训练方法有一定了解，为职业生活中的体育锻炼打下一定的理论基础。

第一节　体能及其测定与评价

体能是指人体各器官、系统在体力活动过程中表现出来的能力。它是衡量体质强弱的主要标志。各界对体能的含义理解不一，有的学者认为它是人类精神与身体对现代生活的适应能力，也有人认为其内容包括体格、内脏各器官的效率和运动适应能力。体能可分为两大类：与健康有关的体能，称为基本体能；与动作（劳动）技能有关的体能，包括运动员体能，称为职业体能。具体来说，体能包含以下两方面的内容：

1）身体素质，如力量、耐力、速度、灵敏性、柔韧性等。

2）身体基本活动能力，如走、跑、跳跃、投掷、悬垂支撑、攀登爬越、负重等。

体能的测定与评价方法包括六个方面的内容，分别是身体成分的测定与评价、肌肉力量的测定与评价、肌肉耐力的测定与评价、心肺功能的测定与评价、柔韧性的测定与评价、灵敏度的测定与评价。

一、身体成分的测定与评价

1. 腰臀比测试

过多的腹部脂肪与疾病（如心脏病和高血压等）的发生是直接相关的。因此，腹部有大量脂肪堆积的人腰臀比高，比腰臀比低的人更容易患心脏病和高血压。

测试方法与步骤：

1）测量工具为无弹性的卷尺。站立，不要穿宽大的衣服，否则会使测量结果产生偏差。测量时，卷尺紧紧地贴在皮肤上，但不能陷入皮肤，测量数值应精确到毫米。

2）测量腰围时，把卷尺放置于肚脐水平处，并在呼气结束时测量。

3）测量臀围时，把卷尺放在臀部的最大周长处。

4）完成测量后，用腰围除以臀围，得出腰臀比。

腰臀比的等级评定如表2-1所示。

表 2–1　腰臀比的等级评定

等级（病的危险性）	男	女
高危险	>1.0	>0.85
较高危险	0.9~1.0	0.8~0.85
较低危险	<0.9	<0.8

2. 身体质量指数测试

身体质量指数（body mass index，BMI）是与体内脂肪总量密切相关的指标，主要反映全身性超重和肥胖。由于 BMI 计算的是身体脂肪的比例，所以在测量身体因超重而面临心脏病、高血压等风险上，比单纯的以体重来认定更具准确性。其计算公式为

$$BMI = 体重（千克）/身高的平方（平方米）$$

例如，如果一个人体重 60 千克、身高 1.70 米，那么此人的 BMI 比值为

$$BMI = 60 \text{ 千克} \div 1.70^2 \text{ 平方米} = 20.8$$

> **知识窗**
>
> 肥胖的世界标准：BMI 在 18.5~24.9 时为正常范围，BMI 大于 25 为超重，BMI 大于 30 为肥胖。
>
> 肥胖的亚洲标准：亚洲人体格偏小，用肥胖的世界标准来衡量不适宜。比如，日本人的 BMI 为 24.9 时，高血压危险就增加 3 倍。专家认为，亚洲人的肥胖标准应该是 BMI 在 18.5~22.9 时为正常水平，BMI 大于 23 为超重，BMI 大于 30 为肥胖。
>
> 肥胖的中国标准：我国专家认为，中国人虽属于亚洲人种，但体重指数的正常范围上限应该比亚洲标准低些。有专家建议，中国人 BMI 的最佳值应该是大于等于 18.5 小于 24，BMI 大于等于 24 小于 28 为超重，BMI 大于等于 28 为肥胖。

特别要强调的是，不是每个人都适用于 BMI 测试标准。下列人员就不适合用 BMI 指数来衡量：未满 18 周岁的青少年、运动员、正在做重量训练的人、怀孕或哺乳中的妇女、身体虚弱或久坐不动的老人。

3. 身体成分的评价

研究表明，对男性而言，理想的体脂率[①]在 10%~20% 的范围内；对女性而言，则是 15%~25%。此体脂率的范围被称为最适范围。在这个范围内，与体脂有关的各种疾病的发生率较低；若体脂率高于最适范围，就容易产生疾病。

值得注意的是，体脂率低于最适范围，同样也是不佳的。事实上，体脂率低也会出现各种健康问题，这是因为体脂所占比例低往往与营养不良和肌肉功能减弱有关。

---

① 体脂率是指人体内脂肪重量在人体总体重中所占的比例，又称体脂百分数（比），它反映人体内脂肪含量的多少。

二、肌肉力量的测定与评价

肌肉力量不仅能提高运动的成绩,而且对普通人的日常工作也很有用。评价肌肉力量可采用一次重复最大量(1RM)测试,即测试一次能举起的最大重量。

1. 一次重复最大量测试

虽然这种测试肌肉力量的方法被广泛应用,但对上了年纪的或身体条件较差的人并不适宜。由于这种测试会导致损伤,被测者应在经过力量练习,并且技术和力量方面都有所提高的情况下进行测试,以免受伤。年纪较大的或脑力劳动者需进行6周的力量练习,而大学生只需1~2周的力量练习便可参加1RM测试。

1RM测试旨在测验被选定的局部肌肉群的力量。测试方法如下:
1)先做5~10分钟有关肌肉群的准备活动。
2)选择毫不费力举起的重量进行练习,并逐渐增加重量,直到只能举起一次。
计算测试成绩即肌肉力量分数的公式是

$$肌肉力量分数 = 1RM 重量(kg) / 体重(kg) \times 100$$

例如,一位68千克的男子,他的仰卧推举成绩为80千克,那么他的肌肉力量分数为

$$肌肉力量分数 = 80 千克 \div 68 千克 \times 100 \approx 118.2$$

2. 肌肉力量的评价

测试完肌肉力量后,应对结果做出评价。如果目前肌肉力量处于一般水平以下,要坚持有规律的锻炼,提高自己的肌肉力量。当最初的力量测试完成后,应设置短期和长期的目标,在坚持练习6~12周后,重新测试肌肉力量。当实现了短期目标后,人的自信心会增强,坚持力量练习,最终实现长期目标。

三、肌肉耐力的测定与评价

在日常生活中,某个人可能有足够的力量把一个沉重的箱子放到货车上,但他却不一定有足够的肌肉耐力多次完成这一动作。由于每天有许多工作需要肌肉的重复收缩,所以提高肌肉耐力对工作和健康都有好处。

测量肌肉耐力有许多方法,其中俯卧撑、仰卧起坐和仰卧起身是三种简单易行的方法。其中,俯卧撑测量的是肩部、臂部和胸部的肌肉耐力,而仰卧起坐或仰卧起身则主要测量腹肌的耐力。

1. 俯卧撑测试

俯卧撑测试需要找一同伴计数,计时(60秒),同伴要高声数出俯卧撑的次数,并提示剩余时间(每隔15秒)。

测试方法与步骤:
1)测试前,先做一些俯卧撑练习来热身,休息2~3分钟,听到"开始"的口令后正式开始。

2）身体呈俯卧姿势，用两手撑地，手指向前，两手间距与肩同宽，两腿向后伸直，用脚尖撑地。

3）屈臂使身体平直下降，使肩与肘接近同一平面，躯干、臀部和下肢要挺直。

4）当胸部离地 2.5～5 厘米时，撑起恢复到预备姿势为完成一次。

俯卧撑如图 2-1 所示。

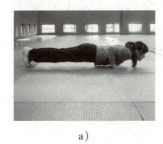  

a)　　　　　　　　　　　b)　　　　　　　　　　　c)

图 2-1　俯卧撑

5）完成测试后，根据表 2-2 评价肌肉耐力等级。

表 2-2　1 分钟俯卧撑测试评价肌肉耐力的参考性标准（男）

肌肉耐力等级 年龄组（岁）	1 分 （差）	2 分 （一般）	3 分 （较好）	4 分 （好）	5 分 （优秀）
20～24 岁	7～12	13～19	20～27	28～40	>40
25～29 岁	5～10	11～17	18～24	25～35	>35
30～34 岁	4～10	11～15	16～22	23～30	>30
35～39 岁	3～6	7～11	12～19	20～27	>27

注意事项：只有完成正确的动作才能计入总数，因此，要正确完成每一个俯卧撑动作。

2. 仰卧起坐测试

仰卧起坐测试是应用最广泛的一种评价腹肌耐力的实地测试。在仰卧起坐过程中主要是腹肌在起作用，然而腿部肌肉（如髋部屈肌）也参与了工作，因此这种测试既评价了腹肌耐力，也测量了髋部肌肉耐力。

做仰卧起坐测试前，被测试者可先做几个仰卧起坐来热身，休息 2～3 分钟，听到口令后正式开始并坚持 60 秒。同伴高声计数，并每隔 15 秒提示一次剩余时间。

测试方法与步骤：

1）被测试者仰卧于垫上，两腿稍分开，屈膝成 90°，两手交叉置于脑后，由同伴压住被测试者两踝关节处。

2）同伴计时计数，同时压住被测试者的踝部，固定在地板上。

3）起坐时，以两肘触及或超过两膝为完成一次；仰卧时，两肩必须触垫。只有完成正确的动作才能计入总数。

仰卧起坐如图 2-2 所示。

4）完成测试后，根据表 2-3 评价肌肉耐力等级。

图 2-2 仰卧起坐

表 2-3　1 分钟仰卧起坐测试评价肌肉耐力的参考性标准（女）

肌肉耐力等级 年龄组（岁）	1 分 （差）	2 分 （一般）	3 分 （较好）	4 分 （好）	5 分 （优秀）
20～24 岁	1～5	6～15	16～25	26～36	>36
25～29 岁	1～3	4～11	12～20	21～30	>30
30～34 岁	1～3	4～10	11～19	20～28	>28
35～39 岁	1～2	3～6	7～14	15～23	>23

注意事项：一般认为，仰卧起坐是一种比较安全的体能测试，但测量时需要注意三点：首先，在起身阶段应避免对颈部产生过大的压力，也就是说，应腹肌用力而不是颈部用力；其次，在恢复原位的时候，应避免头后部敲击地面；最后，禁止使用肘部撑垫或借助臀部上挺和下落的力量起坐，到 1 分钟时，被测试者虽然坐起，但两肘还未触及或超过两膝时，不计该次数。

3. 仰卧起身测试

仰卧起坐主要测试腹部肌肉力量，然而在向上移动身体时，腿部肌肉同样参与了工作；而通过完成一个不完整的仰卧起坐（即仰卧起身），腿部肌肉的利用被排除。仰卧起身与仰卧起坐的不同之处在于：第一，前者在上升阶段时，上体与垫子的角度不超过 40°（即肩部抬起 15～25 厘米）；第二，仰卧起身避免了背部承受过大的压力。因此，仰卧起身在国外正逐步取代仰卧起坐，成为更常用的测量腹肌耐力的方法。

测试方法与步骤：

1）被测试者仰卧于垫上，两腿稍分开，屈膝成 90°，两臂伸直，在指尖处贴一胶带，靠近脚的方向再贴一条平行于第一条的胶带（间距为 8 厘米）。

2）抬起上体使指尖触到第二条胶带，再返回原来的位置。

仰卧起身如图 2-3 所示。

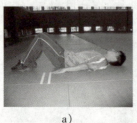  

图 2-3 仰卧起身

3）根据表2-4评价肌肉耐力的等级。

表2-4　1分钟俯卧起身测试评价肌肉耐力的参考性标准

肌肉耐力等级 年龄组（岁）	1分 （差）	2分 （一般）	3分 （较好）	4分 （好）	5分 （优秀）
男					
<35	15	30	45	60	75
35~44	10	25	40	50	60
>45	5	15	25	40	50
女					
<35	10	25	40	50	60
35~44	6	15	25	40	50
>45	4	10	15	30	40

注意事项：

1）听到"开始"的口令后，按照节奏完成仰卧起身的动作，尽量达到75次的目标。

2）仰卧起身测试没有时间限制，但要在一个较慢的、20个动作/分钟的节奏下完成，这个节奏由一个40次/分钟敲击的节拍器引导（身体起升时一次敲击，下落时紧接着一次敲击）。

4. 肌肉耐力的评价

肌肉耐力的等级范围由差到优秀或由1分至5分。如果测试的成绩是"差"（或1分）或"一般"（或2分），说明被测试者现在的肌肉耐力水平要低于同龄人的平均值；如果测试成绩是"较好"（或3分），则意味着被测试者目前肌肉耐力的水平要高于平均值；如果测试成绩是"好"（或4分），则显示被测试者的肌肉耐力水平相当出众；只有15%的个体能达到"优秀"（或5分）的等级。

四、心肺功能的测定与评价

心肺功能作为当代健康与体质评价的重要内容已得到举世公认。就心脏功能的测评方法来讲，传统的方法主要为基于VO_2max①直接测定心肺功能，但由于其操作复杂且仪器昂贵，难以在基层社区、学校、医院和运动队广泛使用。而间接测定心血管系统功能的方法有很多，影响较大的有库珀12分钟跑、台阶试验、2米往返跑等。本书选择应用最广泛的台阶试验进行介绍。

台阶试验可以在室内进行，适合不同程度身体条件的人，且不需要昂贵的设施，并可以在很短的时间内完成。男台阶高度为30厘米，女台阶高度为25厘米，根据男女身高的不同，台阶还可做适当调整。

---

① 最大摄氧量（VO_2max）：人体在进行有大量肌肉参加的长时间激烈运动中，心肺功能和肌肉利用氧的能力达到本人极限水平时，单位时间内所能摄取的氧气含量。

测试方法与步骤：

1）被测试者正对相应高度的台阶站立，听到电子台阶试验仪的节拍提示音后，左脚上，右脚上，左脚下，右脚下为一次，以 30 次/分钟的频率上下台阶 3 分钟，要求膝盖和髋关节都伸直，如图 2-4 所示。

 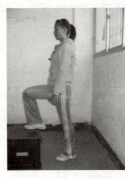 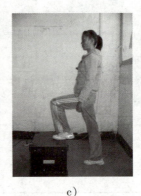 

　　　　a)　　　　　　　　　b)　　　　　　　　　c)　　　　　　　　　d)

图 2-4　台阶试验

2）运动结束后被测试者在坐姿状态下，由电子台阶试验仪直接显示运动结束即 1～1.5、2～2.5、3～3.5 分钟的心率，代入公式即可算出被测试者的评定指数。计算公式为

评定指数 = 登台阶运动持续时间（秒）×100/2 ×[(1～1.5) + (2～2.5) + (3～3.5)]

3）根据表 2-5 对心肺功能水平进行评价。

表 2-5　18～25 岁年龄段台阶试验评价心肺功能水平的参考性标准

适应能力等级	男	女
1 分（差）	45.0～48.5	44.6～48.5
2 分（较差）	48.6～53.5	48.6～53.2
3 分（一般）	53.6～62.4	53.3～62.4
4 分（较强）	62.5～70.8	62.5～70.2
5 分（强）	>70.9	>70.3

五、柔韧性的测定与评价

柔韧性程度与特定的关节相关，也就是说，一个人的某一关节具有良好的柔韧性，但另一关节的柔韧性可能较差。进行柔韧性测试，可以了解自身各关节的柔韧性程度。柔韧性越好，关节的活动幅度就越大，关节灵活性越强。一般来说，年龄越小，柔韧性越好，随着年龄的增长，柔韧性越来越差。人体的柔韧性的测评通常通过测量躯干和肩部柔韧性来加以评价。

1. 躯干柔韧性测评

坐位体前屈测试主要用于评价躯干弯曲的能力，这一方法牵拉的是背部浅层肌肉和大腿后部肌肉。

测试方法与步骤：

1）上体垂直坐着，两腿伸直，脚跟并拢，脚尖分开 10～15 厘米，用整个脚底面顶着盒子。

2)两手并拢,两臂和手伸直,渐渐使上体前屈,并尽可能地用两手指尖轻轻地推动标尺上的游标向前滑动,直到不能继续前移为止,保持这一姿势 3 秒钟。

3)测量 3 次,取最好成绩,记录的成绩以厘米为单位,数值精确到小数点后 1 位。

注意事项:在测试前,应做短时间的牵拉练习作为热身活动。为了预防受伤,应避免在测试中快速运动。

4)根据表 2-6 对躯干柔韧性进行评价。

表 2-6 坐位体前屈测试评价躯干柔韧性的参考性标准

柔韧性等级 年龄组(岁)	1 分 (差)	2 分 (一般)	3 分 (较好)	4 分 (好)	5 分 (优秀)
男					
20~24 岁	-3.5~1.7	1.8~8.9	9.0~14.1	14.2~20.1	>20.1
25~29 岁	-5.5~0.9	1.0~7.8	7.9~13.4	13.5~19.7	>19.7
30~34 岁	-7.0~0.1	0.0~6.4	6.5~11.9	12.0~18.3	>18.3
35~39 岁	-8.7~-2.4	-2.3~4.9	5.0~10.7	10.8~17.1	>17.1
40~44 岁	-9.4~-3.8	-3.7~3.9	4.0~9.9	10.0~16.2	>16.2
女					
20~24 岁	-2.1~2.8	2.9~9.4	9.5~14.3	14.4~20.2	>20.2
25~29 岁	-3.5~1.9	2.0~8.2	8.3~13.9	14.0~19.7	>19.7
30~34 岁	-4.0~1.6	1.7~7.9	8.0~13.3	13.4~19.2	>19.2
35~39 岁	-8.7~-2.4	-2.3~4.9	5.0~10.7	10.8~17.1	>17.1
40~44 岁	-5.9~0.1	0.2~6.5	6.6~11.9	12.0~17.9	>17.9

2. 肩部柔韧性测试

肩部柔韧性测试评价的是肩关节的活动范围。

测试方法与步骤:

1)站直后,举起右手,前臂向体后下方弯曲,并尽量向下伸展。

2)同时用左手在体后去触及右手,尽可能地使两手手指重叠。

3)完成右手在上的测试后,以相反的方向进行测试(即左手在上)。一般总是一侧的柔韧性要好于另一侧。

4)两手手指所重叠的距离就是肩部柔韧性测试的得分(单位:厘米)。测量手指重叠的距离应取近似值。比如,某一重叠距离为 1.9 厘米,得分应记为 2.5 厘米;如果被测试者的两手手指不能重叠,得分应记为 -2.5 厘米;如果被测试者的两手手指刚好碰到,则得分为 0。

注意事项:在测试前,应做短时间的牵拉练习作为热身活动。为了预防受伤,应避免在测试中快速移动。

5)根据表 2-7 对肩部柔韧性进行评价。

表 2-7 评价肩部柔韧性的参考标准

右手在上得分	左手在上得分	柔韧性等级
<0	<0	很差
0	0	较差
+2.5	+2.5	一般
+5	+5	较好
+7.5	+7.5	好
+10	+10	优秀

3. 柔韧性的评价

实际上，经常参与体育锻炼的人，其躯干和肩部柔韧性也可能比较差。只有经常进行牵拉练习，才可能有超过一般水平的柔韧性。所以，不论一个人目前的柔韧性如何，只要经常进行牵拉练习，其柔韧性就能得到提高。

六、灵敏度的测定与评价

灵敏度是指人体在各种复杂的条件下，快速、准确、协调地改变身体姿势、运动方向和随机应变的能力。灵敏度测评可采用立卧撑测评法。该测评法需要特定的场地和器材——室内地板或室外平坦地面、秒表。

测试方法与步骤：

1）被测试者取立正姿势，听到"开始"口令后，双手于脚尖前 15 厘米处扶地成蹲撑，双腿向后伸直成俯撑，再收腿成蹲撑，然后还原成立正姿势，即为完成一次动作。

2）连续做 10 秒，记录动作合格次数，动作不符合要求不予计数。

3）将一个完整动作分解为蹲撑、俯撑、还原成蹲撑、还原成立正姿势 4 个动作，各记 1 分，共 4 分。如动作不合格则扣分。

立卧撑如图 2-5 所示。

图 2-5 立卧撑

4）完成测试后，根据表 2-8 进行身体灵敏度评价。

表 2-8　立卧撑测试评分标准

等级	大学男生	高中和大学女生	高中男生
优	34 及以上	30 及以上	32 及以上
良	29～33	26～29	28～31
中	17～28	14～25	16～27
下	12～16	10～13	11～15
差	0～11	0～9	0～10

注意事项：成俯撑时，背、腿必须伸直，不得弓背或塌腰；开始和结束姿势必须立正。

知识窗　　　　　　　　　　常用体能测试项目

警察类：4×10 米往返跑、800 米（女）/1000 米（男）、立定跳远、引体向上（男）/仰卧起坐（女）。

公务员、事业单位：100 米、800 米、实心球、身体形态指标、台阶试验、握力、闭眼单脚站立。

第二节　职业体能及其训练

职业体能是指与职业（劳动）有关的身体素质和心理素质以及在不良劳动环境条件下的耐受力和适应能力。依据人力资源和社会保障部认定的职业分类，结合各职业岗位劳动（工作）时的主要身体姿态进行相对的分类，职业体能可分为五类：

1）静态坐姿类，主要是会计、文秘、行政办事员、IT 行业等。
2）静态站姿类，主要是营业员、酒店前厅接待等。
3）流动变姿类，主要是营销（推销）员、导游、记者等。
4）工厂操作姿态类，主要是机械、生产线操作工等。
5）特殊岗位姿态类，主要是警察、空中乘务员、野外作业人员等。

一、职业体能的训练原则

高职院校以培养国家需要的实用型高技能人才为主要目标，学生在校时不仅要学习掌握较高的职业技术，而且要通过体育训练形成与职业岗位相适应的身体素质。

训练职业体能要遵循以下基本原则：

1．适量性原则

适量性原则是指体育锻炼要有适当的生理和心理负荷。影响运动负荷的因素有负荷量和负荷强度两个方面。负荷量是指完成练习的数量、次数、时间、距离和重量等；负荷强度是指在单位时间内完成练习所用力量的大小和机体的紧张程度。它包括练习的密度、完成练习所用的速度、所负的重量、投掷的距离、跳的高度等。锻炼时，过小的运动负荷不能引起机体功能的变化，过强的运动负荷不仅不能增强体质，相反，还会损害健康。因此，只有适当的负荷，才能对人体产生良好的影响。

2. 循序渐进原则

循序渐进原则是指体育锻炼必须按人体自然发展、机体适应性规律和超量恢复原理，逐步积累增强体质。体质的增强是日积月累的漫长过程，是机体不断接受锻炼、适应刺激的结果，这种刺激是在机体能承受的范围内。机体所承担的运动负荷是按超量恢复的原理变化的，经过一段时间锻炼后，原来的负荷会变得不再适应，需要做适当的调整，才能达到锻炼身体的目的。

每个人对锻炼负荷的承受水平不尽相同，什么样的速率增长才是安全的，并没有明确的答案。但是，可以遵循"10%规则"，即每周运动强度或持续时间的增加不能超过前一周的10%。体育锻炼符合"用进废退"的规律，即停止锻炼，体能水平就会随时间推移而回到锻炼前的水平。

3. 针对性原则

针对性原则是指体育锻炼必须根据个人的具体实际，有针对性地付诸实践。体育锻炼必须从个体实际出发，针对年龄、性别、职业、健康状况、体育基础、生活条件、地理环境、传统习惯、兴趣爱好等因素，在综合考虑后，确定合适自身的锻炼项目、内容、方法、负荷量、强度、次数等，不可千篇一律、强求统一。设计运动处方应当严谨，执行应当严格，并注意阶段性调整。

4. 自觉性原则

自觉性原则是指体育锻炼者必须有明确的锻炼目的，确信"生命在于运动"的科学道理，自觉积极地进行体育锻炼。体育锻炼是一种自我锻炼、自我完善，并总是伴随着克服自身惰性、战胜各种困难的过程。同时，还要有一定的作息制度做保证。只有把体育锻炼当作生活中不可缺少的一部分，才能获得愉悦的情感体验。

二、常见职业体能的训练方法

1. 坐姿类职业体能的训练

从事坐姿类职业的人员主要有文秘、财务会计、计算机操作人员等。此类工作人员由于较长时间坐在室内、低头、含胸、颈前屈、眼部高度紧张，容易引起许多疾病，也可能导致精神压抑。坐姿类职业体能训练的基本要求是：①通过各种相应活动伸展脊柱、活动关节、放松肌肉，以消除局部疲劳，同时也应注意眼部保健；②重视室外体育锻炼；③通过全身活动锻炼，提高心肺功能和身体各部分的协调能力。

从事坐姿类职业的人员可采用俯卧撑、爬楼梯、骑自行车健身等简易的体能训练方法。

（1）俯卧撑　俯卧撑可分为膝俯卧撑、地上俯卧撑和支架俯卧撑。两手分别紧握撑架或倒立架的扶手或两手撑地,身体俯卧背挺直,头保持正直,两手相距一般与肩同宽或稍宽于肩,从直臂开始,屈肘向下,背部要低于肘关节,然后再撑起来还原,重复动作。如感觉轻松易做,可加高放脚的位置,使身体重心前倾,或背上放置重物,逐渐增加难度。

(2) 爬楼梯　如果想健身而又缺少运动锻炼的机会,可以试试爬楼梯。爬楼梯相当于垂直健走,可以锻炼体力,强化骨骼,能迅速有效地减轻体重。从事坐姿类职业的人员由于处于坐姿的时间较长,再加上平时主要以交通工具代步,难免会造成腿部肌肉的"用进废退",因而应注重下肢的运动。爬楼梯能有效地增加膝关节周围的肌肉力量,延缓腿部肌肉萎缩,而且能大大提高心肺功能。

(3) 骑自行车健身　用自行车进行健身运动的方法较多,有自由骑车法、间歇骑车法、有氧骑车法等。自由骑车法不限时间、不限速度,主要目的是放松肌肉,加深呼吸,从而达到缓解身心疲劳的作用。间歇骑车法指先慢骑几分钟,再快骑几分钟,交替循环。有氧骑车法指以中速骑车,一般要骑 30 分钟左右,用此方法锻炼时应注意加深呼吸。利用自行车锻炼能有效地提高心肺功能。

2. 站姿类职业体能的训练

站姿类职业以站立或行走为主要身体姿势,从事此类职业的人员主要集中在服务、烹饪、售货等行业。由于长时间的站立,很容易出现下肢肿胀、酸痛,甚至可能出现腰肌劳损、腰椎间盘突出症等。站姿类职业体能训练的基本要求为:①经常进行下肢有节律性活动,如工间操、太极拳、按摩等,改善下肢血液循环,消除下肢肌肉紧张;②重视全身性的健身活动,如健身跑、球类运动等,以提高各机体功能和身体各部位的协调能力;③在运动中,要重视上肢肌肉力量的增强。

从事站姿类职业的人员可采用引体向上、跳绳、健身跑等简易的体能训练方法。

(1) 引体向上　双手握住单杠,握距同肩宽或稍比肩宽,可采用正握或反握,两臂悬垂,先用两臂的力量向上引拉至两臂双屈,然后慢慢落至两臂伸直还原,如此重复动作,如图 2-6 所示。练习时,下肢放松不能摆荡,尽量靠上肢力量上拉。

a)　　　　　　　　　b)　　　　　　　　　c)

图 2-6　引体向上

(2) 跳绳　经常跳绳,可以使四头肌、腿筋、腿肚的肌肉得到锻炼,提高心肺功能,增强耐力。绳子可长可短,单人跳绳以脚踩绳子两手持绳于腰部以上、肩部以下为宜。跳绳时应注意身体放松，目视前方；保持膝盖弯曲，肘部弯折在身体两侧；不要跳得过高，以恰好越过绳子为佳，这样可节省体力，不易疲劳。跳绳时应穿胶底运动鞋或无后跟的鞋，不要总在硬地上跳。连续跳4分钟，然后放松1分钟，掌握技巧后逐渐延长时间。另可做原地屈膝跳和不屈膝跳、摆绳跳等。

（3）健身跑　跑步时要尽量放松身体，让双手在体侧自然摆动。如果是刚刚开始这项运动，可跑5分钟后走2分钟，跑走交替进行，以后逐渐延长运动时间，最后达到20分钟以上。跑步时要求衣着合适，穿轻软而有弹性的跑鞋，而且不要捏紧拳头。健身跑可在室内进行，但如果天气晴朗，尽量到室外运动。健身跑可使臀部肌肉、腿部肌肉都得到锻炼，提高循环和呼吸系统的功能。

3. 变姿类职业体能的训练

变姿类职业的工作人员无固定身体姿势，兼有坐姿类和站姿类职业的特点，其疲劳多为全身性的。从事此类职业的人员包括营销（推销）员、导游、记者、运输、水上作业、农业技术人员等。该类人员体能训练的基本要求为：①通过各种有氧运动项目，增强心肺功能；②通过各种全身性的活动，提高身体各部位的协调性和灵活性；③通过相应的练习，消除局部疲劳。

从事变姿类职业的人员可采用慢速跑健身法、有氧舞蹈、游泳等简易的体能训练方法。

（1）慢速跑健身法　跑步时，呼吸要深、长、细、缓、有节奏。呼吸的节奏可为两步一呼、两步一吸或三步一呼、三步一吸。呼吸时，要尽量用腹深呼吸，吸气时鼓腹，呼气时尽量吐尽。跑步时，步伐要轻快，全身肌肉放松，双臂自然摆动。

（2）有氧舞蹈　有氧舞蹈的第一次普及是在20世纪70年代。从那时起，有氧舞蹈逐渐发展成为广受欢迎、具有强烈节奏感的爵士舞、拉丁舞和街舞等。有氧舞蹈是一种以锻炼身体为目的、以徒手运动为基础、结合舞蹈动作并在音乐伴奏下进行的健身活动。锻炼者可根据自己的年龄特点、体能状况和锻炼目的等，选择或自编有氧舞蹈进行锻炼。

（3）游泳　游泳和跑步在锻炼价值上有很大的相似之处，不同之处在于，游泳在以手臂和腿的运动推动人体在水中前进的同时，还必须花费一定的能量使身体免于下沉，因此完成同等距离的运动时，游泳消耗的能量是跑步消耗能量的4倍多。此外，由于水的浮力减轻了人体承重关节的负荷，所以从这一方面来讲，游泳是一种较为安全的健身方法。

4. 工厂操作类职业体能的训练

从事工厂操作类职业的人员一般要在高温、高湿、高寒、辐射和噪声等恶劣环境下工作，工业自动化程度相对较低，仍以手工操作为主，体力劳动需求仍然较大，且存在不良姿势、过于用力和振动等诸多职业性疾患危险因素。该类人员体能训练的基本要求如下：①通过各种有氧运动项目，增强心肺功能；②通过各种球类活动，提高身体各部位的协调性和灵活性；③通过相应的练习，消除局部疲劳。

从事工厂操作类职业的人员可采用健身走、跑楼梯、打篮球等简易的体能训练方法。

（1）健身走　健身走是在自然行走的基础上，躯干伸直、收腹、挺胸、抬头，肘关节随走步速度的加快而自然弯曲，以肩关节为轴自然前后摆臂，同时腿朝前迈，脚跟先着地，再过渡到前脚掌，然后推离地面。健步走时，上、下肢应协调运动，并配合深而均匀的呼吸。健步走的速度快慢是决定锻炼效果的关键因素，通常可分为慢步走（70~90步/分钟）、中速走（90~120步/分钟）、快步走（120~140步/分钟）、疾步走（140步/分钟以上）。

（2）跑楼梯　先做30~60秒原地跑的准备活动，然后用正常跑步的动作跑楼梯。跑楼梯时，脚步要用力均匀，前脚掌着地，先进行2~3层跑楼梯练习，往返80~90级台阶，逐渐过渡到4~5层。每趟3~4分钟，每次锻炼不超过5趟，时间为15~20分钟，每趟间歇时间不超过2分钟。跑楼梯的运动量比较大，适合于中青年人。

（3）打篮球　篮球是一项全身性的运动项目，在工作闲暇之余，一场篮球赛有利于增强肌肉力量，锻炼反应能力，提高身体协调性和灵活性，而且还有易于大家交流，以此方便日后工作的开展。

思考与练习

1. 什么是体能和职业体能？二者是如何分类的？
2. 简述坐姿类、站姿类、变姿类和工厂操作类职业体能训练的区别与联系。

第三章　职业病与体育疗法

内容概述　本章主要介绍了一些常见职业病及其诊断程序；三种常见的职业病——颈椎病、腰椎间盘突出症和肩周炎的发病症状及发病原因；以及如何通过体育疗法进行康复保健，并做到进一步的预防。

学习目标　对职业病的预防有初步了解，掌握颈椎病、腰椎间盘突出症和肩周炎的体育保健和康复方法。

第一节　常见职业病及其诊断

一、常见职业病简介

根据《中华人民共和国职业病防治法》的法律界定，所谓职业病"是指企业、事业单位和个体经济组织等用人单位的劳动者在职业活动中，因接触粉尘、放射性物质和其他有毒、有害因素而引起的疾病"。

1957年，由我国卫生部（2013年撤销）颁布的《关于试行"职业病范围和职业病患者处理办法"的规定》中规定了14种为法定职业病。2013年，国家卫生和计划生育委员会（2018年撤销）、国家安全生产监督管理总局（2018年撤销）、人力资源和社会保障部、中华全国总工会联合调整、颁发的《职业病分类和目录》共列出职业病10类132种。

1. 职业性尘肺病及其他呼吸系统疾病

（1）尘肺病　包括矽肺、煤工尘肺、石墨尘肺、炭黑尘肺、石棉肺、滑石尘肺、水泥尘肺、云母尘肺、陶工尘肺、铝尘肺、电焊工尘肺、铸工尘肺，以及根据《尘肺病诊断标准》和《尘肺病理诊断标准》可以诊断的其他尘肺病，共13种。

（2）其他呼吸系统疾病　包括过敏性肺炎、棉尘病、哮喘、金属及其化合物粉尘肺沉着病（锡、铁、锑、钡及其化合物等）、刺激性化学物所致慢性阻塞性肺疾病和硬金属肺病，共6种。

2. 职业性皮肤病

包括接触性皮炎、光敏性皮炎、电光性皮炎、黑变病、痤疮、溃疡、化学性皮肤灼伤、白斑和根据《职业性皮肤病的诊断总则》可以诊断的其他职业性皮肤病，共9种。

3. 职业性眼病

包括化学性眼部灼伤、电光性眼炎、白内障（含辐射性白内障、三硝基甲苯白内障），共3种。

4. 职业性耳鼻喉口腔疾病

包括噪声聋、铬鼻病、牙酸蚀病和爆震聋，共 4 种。

5. 职业性化学中毒

包括铅及其化合物中毒（不包括四乙基铅）、汞及其化合物中毒、锰及其化合物中毒、镉及其化合物中毒、铍病、铊及其化合物中毒、钡及其化合物中毒、钒及其化合物中毒、磷及其化合物中毒、砷及其化合物中毒、铀及其化合物中毒、砷化氢中毒、氯气中毒、二氧化硫中毒、光气中毒、氨中毒、偏二甲基肼中毒、氮氧化合物中毒、一氧化碳中毒、二硫化碳中毒、硫化氢中毒、磷化（氢、锌、铝）中毒、氟及其无机化合物中毒、氰及腈类化合物中毒、四乙基铅中毒、有机锡中毒、羰基镍中毒、苯中毒、甲苯中毒、二甲苯中毒、正己烷中毒、汽油中毒、一甲胺中毒、有机氟聚合物单体及其热裂解物中毒、二氯乙烷中毒、四氯化碳中毒、氯乙烯中毒、三氯乙烯中毒、氯丙烯中毒、氯丁二烯中毒、苯的氨基及硝基化合物（不包括三硝基甲苯）中毒、三硝基甲苯中毒、甲醇中毒、酚中毒、五氯酚（钠）中毒、甲醛中毒、硫酸二甲酯中毒、丙烯酰胺中毒、二甲基甲酰胺中毒、有机磷中毒、氨基甲酸酯类中毒、杀虫脒中毒、溴甲烷中毒、拟除虫菊酯类中毒、铟及其化合物中毒、溴丙烷中毒、碘甲烷中毒、氯乙酸中毒、环氧乙烷中毒和上述条目未提及的与职业有害因素接触之间存在直接因果联系的其他化学中毒，共 60 种。

6. 物理因素所致职业病

包括中暑、减压病、高原病、航空病、手臂振动病、激光所致眼（角膜、晶状体、视网膜）损伤和冻伤，共 7 种。

7. 职业性放射性疾病

包括外照射急性放射病、外照射亚急性放射病、外照射慢性放射病、内照射放射病、放射性皮肤疾病、放射性肿瘤（含矿工高氡暴露所致肺癌）、放射性骨损伤、放射性甲状腺疾病、放射性性腺疾病、放射复合伤和根据《职业性放射性疾病诊断标准（总则）》可以诊断的其他放射性损伤，共 11 种。

8. 职业性传染病

包括炭疽、森林脑炎、布鲁氏菌病、艾滋病（限于医疗卫生人员及人民警察）和莱姆病，共 5 种。

9. 职业性肿瘤

包括石棉所致肺癌与间皮瘤、联苯胺所致膀胱癌、苯所致白血病、氯甲醚和双氯甲醚所致肺癌、砷及其化合物所致肺癌与皮肤癌、氯乙烯所致肝血管肉瘤、焦炉逸散物所致肺癌、六价铬化合物所致肺癌、毛沸石所致肺癌和胸膜间皮瘤、煤焦油和煤焦油沥青用石油沥青所致皮肤癌、β–萘胺所致膀胱癌，共 11 种。

10. 其他职业病

包括金属烟热、滑囊炎（限于井下工人）、股静脉血栓综合征和股动脉闭塞症或淋巴管闭塞症（限于刮研作业人员），共 5 种。

二、职业病的诊断原则和程序

1. 职业病的诊断原则

职业病的诊断应当综合分析病人的职业史及职业病危害接触史、现场职业病危害因素检测与评价、临床表现及实验室检查结果。这也是职业病诊断的基本要素,任何职业病诊断都不得排除这三个因素。基于职业危害因素种类的多样性和职业病的临床表现的复杂性,职业危害因素对每一个体产生的损害和程度不尽相同,以及临床表现的差异等,进行职业病诊断必须遵循以下原则:

第一,职业病诊断必须由取得省级以上人民政府卫生行政部门资质认定的医疗卫生机构依照确定的职业病诊断范围进行,承担职业病诊断的医疗卫生机构不得超出确定的诊断范围进行职业病诊断。

第二,为了有效保护劳动者的健康和权益,承担职业病诊断的医疗卫生机构对职业病诊断的基本因素依法进行综合分析后,没有证据否定职业病危害因素与病人临床表现之间的必然联系的,在排除其他致病因素后,应当诊断为职业病。

2. 职业病的诊断程序

职业病诊断程序一般要经历申请、受理、调查取证、诊断四个阶段。

(1) 申请 劳动者或用人单位(简称"当事人")提出诊断申请。申请时,当事人应当提供以下资料:①职业史、既往史书面材料;②职业健康监护档案复印件;③职业健康检查结果;④作业场所历年职业病危害因素检测评价资料;⑤诊断机构要求提供的其他有关资料。

(2) 受理 对当事人所提供资料审核符合要求的,予以受理;不符合要求的,应当通知当事人予以补正。

(3) 调查取证 在职业病诊断过程中,除当事人提供的资料外,必要时,诊断机构要深入现场,针对诊断中的疑点进行取证;用人单位应当按照诊断机构的要求为申请职业病诊断的劳动者提供有关资料;同时,进行临床检查和实验室检查。

(4) 诊断 参加诊断的医师应当根据临床检查结果,对照受理或现场取证的所有资料,进行综合分析,按照职业病诊断标准,提出诊断意见。

承担职业病诊断的医疗卫生机构在进行职业病诊断时要有三名或三名以上取得职业病诊断资格的执业医师共同诊断。

职业病诊断机构对劳动者做出职业病诊断,必须出具职业病诊断证明书。职业病诊断证明书是具有法律效力的文书。劳动者依据其诊断证明可依法享受职业病待遇。

第二节 常见职业病的预防及体育康复

本节主要介绍三种常见职业病——颈椎病、腰椎间盘突出症和肩周炎的发病原因、预防以及体育康复的基本疗法。

一、颈椎病的预防与康复

颈椎病主要是由于颈椎骨质增生或韧带变形，压迫神经血管而产生的功能和结构上的损害。它是一种老年人的常见病和多发病，但是如今发病年龄已出现越来越提前的趋势。

1. 颈椎病概述

颈椎病也称颈椎综合征，主要是因人体颈椎间盘逐渐发生退行性变化，颈椎骨质增生，或颈椎正常生理曲线发生改变，刺激、压迫颈部脊髓、神经根、交感神经，而造成其结构和功能损伤所引起的一组综合性病变。它可发生在任何年龄阶段，临床表现为颈、肩臂、肩胛及胸前区疼痛，手臂麻木，肌肉萎缩，甚至四肢瘫痪，严重者肢体酸软无力，甚至出现大小便失禁及瘫痪等症。因此必须了解颈椎病的发病机理及康复诊疗措施，以便做好预防和保健。

2. 颈椎病的发病原因

颈椎病的发病主要是由于头部长期保持一种姿势或长期频繁活动。例如，身体前屈，使肌肉、韧带、筋膜、关节囊等软组织长期处于紧张状态，颈椎间盘退行性改变或骨质增生，直接压迫相关的颈肩神经而引起疼痛。

3. 颈椎病的预防

长期伏案是颈椎病的重要诱因。因此，长期伏案作业的人需注意：工作、学习时调整好座椅的高度，尽可能保持自然的端坐位，定时改变头部体位，不定时地抬头远眺，加强肩颈部的肌肉力量练习。平时保证良好的坐姿、站姿、走姿，使整个脊柱处在正常的活动范围度内。另外在平时的体育锻炼中，需要注意做好准备活动，避免颈部突然大幅度前屈后伸和左右旋转活动造成意外受伤。劳累之余，可以学习简单可行的颈部保健操，放松颈部肌肉。

> **知识窗** 在站立时，人体上身应昂头挺胸、直背收腹，双臂肌肉呈紧张状稍向后垂直，双腿尽量靠拢、臀部上提，人体重心落在脚尖处，脚后跟稍抬起，抬头略往后仰的姿势，符合脊柱的生理状态。这个动作既是人体生理特点的需要，也是预防颈椎病的基本动作调理方式。

4. 颈椎病的体育康复疗法

常见的颈椎病自我保健康复疗法有颈部自我保健操、颈部放松操、颈部康复操、颈部力量训练、颈部哑铃医疗体操等。患者可以根据自己的具体情况，选择适合自己的疗法进行康复、保健理疗。下面列出几种常见且易于操作的治疗方法：

（1）太极拳练习法　练习太极拳时，需充分放松腕、臂、肩、胸、腹、背等全身各部位的肌肉，使脊柱经常处在活动状态中，以缓解骨质疏松、骨刺的生成、椎间盘的退行性改变、椎间孔变窄等症状的发生。

（2）原地数息跑练习法　原地跑步，大腿抬高，收腿富于弹性，脚尖轻轻落地，提踵，

脚跟不着地，利用反弹力量，使动作有节奏地进行，两臂自然前后摆动，头稍稍抬起，挺胸收腹，呼吸要自然。

（3）瑜伽练习法　常见的瑜伽练习可通过手臂伸展式、拜日式、屈肘旋肩式等基本姿势来加强肩颈部的肌肉和柔韧性练习。

（4）探戈舞练习法　探戈舞步中有较多的转头、转髋练习，通过探戈舞的练习，可以缓解肩颈部的肌肉紧张，起到缓解、放松作用。

（5）颈部运动练习法　颈部运动主要是颈部顺着不同的方向做前屈、后伸、左右侧屈、左右旋转等动作，使颈部尽可能在最大范围内活动，以增大颈椎活动范围。

（6）锁乳突肌动作练习法　双手缓慢向前向下沿胸锁乳突肌（颈部两侧）进行缓慢按压至胸前，中间均匀呼吸。

（7）旋颈拍肩动作练习法　两脚开立与肩同宽，两手自然下垂、含胸。右手向左上摆，掌心拍左肩背，同时头尽量转向左侧，至最大限度；左手向后摆，掌背叩打背俞穴（背部中央下方第二腰椎处），伴随向左侧旋腰。

> **知识窗**　倒走健身：倒走能帮人缓解腰疼。原因是倒着走比较符合人体的生理曲度，可使颈部、腰部的紧张得到一定程度的松弛，在增强平衡能力的同时，还能加强腰肌的练习。但是需要注意，初练者手臂要自然摆动，保持身体平衡。身体先向前倾，走路时腿自然下落，小心地先用前脚掌落地再过渡到全脚掌，重心放在前面，这样可避免摔跤。刚开始走的时候，步子要尽可能小，走的时间短。患有心脑血管病的人需要根据医生的意见来锻炼，做运动时，以身体微微出汗、不觉胸闷为宜，不能盲目加压，使身体不堪重负。

二、腰椎间盘突出症的预防与康复

腰椎间盘突出症又称腰椎纤维环破裂症，是指在始发于椎间盘的损伤、破裂、突出或退行性病变的基础上，产生椎间盘和相应椎间关节及其附属组织的一系列病理变化，由此引起腰伴随下肢放射性疼痛的临床症候群。90%以上的患者会出现腰背疼痛，主要是下腰部及腰骶部持久性的疼痛，严重者卧床不起、翻身困难。还有病人会有坐骨神经痛，疼痛部位由腰骶部、臀后部、大腿外侧部、小腿外侧至跟部或足背部出现放射性刺痛。

1. 腰椎间盘突出症的发病原因

引发腰椎间盘突出症的原因主要为：内在因素是腰椎间盘的退行性病变；外在因素是外伤、劳损。由于内外因素，椎间盘的纤维环破裂，髓核组织从破裂处突出，使周边的神经、骨髓等受刺激或压迫，产生腰疼，一侧或两侧下肢疼痛、麻木等症状。

2. 腰椎间盘突出症的预防

由于腰椎间盘突出症在短时间内难以根治，因此需要制定一个长期的预防保健方案，包括患者的生活起居、基本的身体姿态、运动锻炼、饮食宜忌等。如果能够持之以恒地坚持执行预防保健方案，就可以积极主动地预防腰椎间盘突出症的发生。

知识窗 早晨刷完牙后,可以做标准的站立姿势(站姿正确,可使脊柱体保持动态平衡,有效减低脑疲劳的程度),清嗓子干咳,并尽量深咳,反复几次;还可以配合着卡嗓子,发出重的"嗯"声,以脊柱整体合力带动全身使劲,头向后仰、提肛吸气、胸腹连动。同时,还可以做提脚后跟动作,配合双手反掌向上。这个动作可以较好地贯通人体末梢终端和脊柱,促进脉通、血通、气通、脊通。

3. 腰椎间盘突出症的体育康复疗法

(1) 游泳练习法　游泳是所有体育项目中对身体各部位的锻炼最为全面的一种锻炼方法。腰椎间盘突出症患者首选的体育项目是游泳,对其预防和缓解腰疼有良好的保健作用。人在水中运动,水的浮力、阻力、压力是对人体最好的一种按摩方式。

(2) 慢跑练习法　慢跑的正确姿势是两手微握拳,两臂自然下垂摆动,腿不宜抬得过高,身体重心要稳,步伐均匀有节奏,前脚掌着地。跑步时注意选择空气清新、道路平坦的路面。另外鞋子的选择注意,鞋底要厚、软,以便有效缓冲脚着地时的冲击力,减缓对腰椎间盘的震荡。

(3) 跳绳练习法　跳绳可从双腿同时跳(脚尖着地),过渡到两只脚轮流跳。后期可以变换跳绳的方式,如向后跳、交叉跳、双重跳等。

(4) 爬楼梯练习法　爬楼梯是一种省时的健身方法,可以增强腰背部和腿部的肌肉力量,尤其是下楼梯时重心后倾,腰部肌肉收缩舒张,对腰椎生理弯曲的保护很大。

知识窗 爬楼梯比乘电梯益处多:爬楼梯是一项简单易行、效果显著的运动项目。爬楼梯时,两臂用力摆动,腰、背、颈、腿的各个关节、肌肉都在不停地活动,可增大肺活量,加速血液循环,消耗体内脂肪,促进人体的能量代谢,有利于增强心肺功能、增强肌肉、关节的力量、弹性和灵活性,对于减肥和预防肥胖病、冠心病、高血压、糖尿病等都有好处。但是,爬楼梯需讲究科学的方法,时间不宜过长,根据身体状况以15~30分钟为宜,同时以慢步登梯为主,速度均匀,步态沉稳而有节律。

(5) 交谊舞练习法　交谊舞可以增强腰腿部的肌肉力量,协调腰部和腹部的紧张关系。跳舞时腰身扭摆,两腿轻弹滑动,加速周身的血液循环和新陈代谢,对全身的肌肉、肌腱、关节、腰背、四肢都起到很好的锻炼作用。

(6) 倒退走练习法　连续向后退着走路,可以强化腰背部肌群的力量,加强腰椎的灵活性和稳定性,防止腰椎的生理曲度变直或后突;同时,可以改善腰部血液循环,促进腰部组织的新陈代谢,对腰椎间盘突出症有一定的辅助治疗效果。

(7) 锻炼腰背部肌肉练习法　采用俯卧撑法、俯卧跷腿、俯卧前后摆腿等练习方法,可加强腰背部的肌肉练习。

(8) 瑜伽练习法　瑜伽练习中的骆驼式、直角式、三角伸展式、举肢脊柱式、脊柱扭动式等方法都可以有效改善腰背部的肌肉和韧带的柔韧性,起到良好的保健作用。

提示：选择鹅卵石、沙地赤脚走路可刺激足底肌肉、筋膜、韧带、穴位及末梢神经，从而调节人体各项功能，达到强身保健、康复、防病及辅助治疗的作用。

> **知识窗**
>
> 科学运动16字令：跷脚、举手、屈腿、收腹、反弓、立掌、挺腰、弹动。
> 科学运动口诀：弯腰先行屈腿步，惯用右手多改正；站立改用脚尖力，走路迈步腰背挺；坐姿直立挺腰背，立掌收腹腿紧绷；躺卧反弓收腹力，挺腰直背弹起动；健康长寿并不难，点滴做起我定能。

三、肩周炎的预防与康复

肩周炎全称肩关节周围炎，又称"五十肩"（50岁左右人常见）、"漏肩风"（风寒侵蚀肩部，气血运行不畅所致）、"肩凝症"（肩关节活动障碍，肩部像被冻结）。主要临床特征为肩臂疼痛和活动受限，是肩关节周围肌肉、肌腱、韧带和滑囊等软组织的慢性无菌性炎症，是一种多部位、多滑囊的病变。

1. 肩周炎发病原因

造成肩周炎的原因复杂多样，既有肩关节内在病变、外伤制动、姿势失调，也有邻近部位的疾病、内分泌紊乱、免疫功能方面的改变、神经系统疾病，以及受凉、心理因素等的影响。归结起来原因主要有：姿势单调，尤其是脑力劳动者长期伏案作业，易引起肩部筋膜劳损；运动锻炼前准备活动不充分或过度体力劳动，也会使得肩、颈部的软组织出现不同程度的创伤性炎症，如突然的弹跳、挥臂等；长期缺乏体育锻炼也会使得肩部的肌肉和肌腱耐受力差，尤其是遇到风寒、雨淋、晚间凉、冷气吹拂等风寒侵袭时易发生；再就是睡姿不当，过高的枕头也会引起肩酸背痛。

也有资料统计说明，肩周炎的发病与老、静、伤、寒四要素有关。"老"是指骨骼和软组织出现退行性改变，如骨质增生、骨赘生成，出现肌腱、韧带的变性老化等；"静"是指静而少动，平时缺乏足够的肩臂肌肉锻炼所致；"伤"是指急性扭挫伤等强外力的伤害性刺激、慢性疲劳损伤等；"寒"是指外界的风、寒、湿等因素的侵袭。因此，肩周炎的预防主要从这四个方面做到辩证性的预防，避免这些因素对肩颈部的侵袭、干扰。

> **知识窗**
>
> 单侧肢的运动模式会加重脊柱体的不对称、不平衡现象。因此，在进行功能训练和康复时，需要注意加强双侧肢体的练习，练习的组数、强度和密度均需保持一致。

2. 肩周炎的预防

积极参加体育锻炼，使全身肌肉、骨骼得到充分伸展和锻炼，组织的耐受力和抗损伤能力会得到提高和增强。常见的较好锻炼方法有太极拳、跑步、广播体操、武术、健身操、划船动作、弓步扩胸等。另外，日常生活中也应加强营养，增强体质，提高机体免疫功能，避免慢性损伤和注意防寒保暖，日常工作中应注意量力而行，劳动强度不宜过大，防止或延缓退行性病变的发生。在风、寒、湿、闷的环境中劳作，需注意保护肩关节，避免肩部受风着凉。

3. 肩周炎的体育康复疗法

适宜肩周炎患者的体育康复疗法很多，患者需要根据自己的年龄、病情、体力等具体情况选择适宜的运动项目、康复疗法。当然，疗法的选择需要根据病情的不同因时而异。例如，在肩周炎的疼痛期，除了采取必要的药物治疗、针灸理疗等方法治疗，同时也可自行选择运动幅度较小的锻炼方法，如肩关节的徒手运动等；患者慢慢适应后，可逐渐加大运动量，以达到舒筋通络、消除疼痛，预防功能障碍的目的。恢复期应选择运动强度稍大的训练，如肩颈操、八段锦等，以缓解肩颈的肌肉、韧带粘连，发展肩带肌群力量，增强肩关节周围肌腱、韧带的弹性，恢复肩关节的活动度。下面列出常见且易于操作的几种治疗方法：

（1）穴位按摩疗法　可以按摩手三里穴（屈肘成直角，肘横纹外端与肱骨外上髁连线中点向下两寸处）和印堂穴（在额部，两眉头正中），用拇指和食指指腹按压穴位，上下左右揉动；也可以揉压阿是穴（痛点处），即用一侧的手指捏住对侧肩部的压痛点，用力深压，前后左右揉动。

（2）旋摩肩周练习法　用一侧的手掌旋摩对侧的肩部肌肉，使之产生温热感。

（3）扩胸分肩练习法　两足站立与肩同宽，两手置于胸前，两肘与肩平直，手背在上，背心朝下，扩开胸怀，分开双肩，保持胸廓节律性地开与收。

（4）两手抱头练习法　两足站立与肩同宽，两手环绕抱紧后脑，两肘张开与身体平行，两肘收拢夹紧头颈，节律性地开合、收拢。

（5）前后摆臂练习法　两足分开与肩同宽，两臂前后交叉交替摆动。

（6）患肢画圆练习法　双足站立，患肢以肩关节为轴心，做环转画圈运动。

（7）背后拉毛巾练习法　两手拿条毛巾置于背后，像搓澡动作一样左右来回拉。

以上几种疗法都有舒筋活血、消肿止痛、强化肩周关节功能的作用，患者可根据自己的病情进展，针对性地治疗。

知识窗　以扎马步的姿势来代替弯腰动作，可以保护腰椎不受损伤。屈腿时应注意侧面方向用"弓箭步"，正面方向用"马步"。在扎马步和弓箭步时，人体的大腿部形成桥梁墩柱式的支架，受力点通过支架的曲线，将承受的负重力转移、延伸到地面。

思考与练习

1. 简要说明职业病的诊断程序。
2. 说明三大常见职业病的常见的临床症状。在日常生活中，如何预防这些病症的发生？
3. 颈椎病有哪些体育康复疗法？
4. 腰椎间盘突出症有哪些体育康复疗法？
5. 肩周炎有哪些体育康复疗法？

第四章　体育锻炼与运动处方

内容概述　随着学校体育的不断发展和完善，对学生而言，科学地进行体育锻炼显得尤为必要。本章主要介绍体育锻炼、运动性疾病、运动处方等相关知识，以便学生了解科学的体育健身方法。

学习目标　掌握体育锻炼的基本原则和方法，以及常见的运动性疾病的预防和处理；了解运动处方的组成；能够结合个人的身体状况开出适合自己的运动处方。

第一节　科学地进行体育锻炼

本节主要介绍体育锻炼的含义、内容、特点、方法和锻炼原则，要求学生能够掌握科学的体育锻炼方法。

一、体育锻炼的含义

体育锻炼是以身体练习为运动手段，以增强体质、增进健康、促进身心健康为目的，达到身体、心理、社会适应和道德完美发展的一种综合性的社会实践活动过程。

"生命在于科学运动"，体育锻炼是人体未来发展过程中最积极、最有效的因素，它有益于人类向自己进化的更高水平发展。

二、体育锻炼的内容

体育锻炼的内容，即体育健身运动的作用对象，一般需要根据不同锻炼者的不同训练目的确定。常见的内容有以下几方面：

（1）健身运动　它一般是健康者为了强身健体而进行的身体锻炼。健身者在锻炼过程中，经常采用各种竞技运动项目或者日常生活中一些有价值的动作进行锻炼。

（2）健美运动　它是在健身运动的基础上，为了增加身体美感而进行的身体锻炼。健美运动的针对性较强，一般结合锻炼者的不同目的，需要进行专门性、针对性的练习。

（3）医疗体育　它主要是指疾患者为了治愈某些疾病而进行的身体锻炼。在运动过程中，锻炼者需要针对不同的疾病特点、疾病性质采用相应的锻炼手段，避免运动中避重就轻、本末倒置。

（4）矫正体育　它主要是锻炼者为了弥补身体某些方面的缺陷或者为了克服功能障碍而进行的身体锻炼。练习内容可以根据锻炼者身体的特殊情况进行专门安排，如轻度驼背可采用脊柱矫正操进行锻炼。

（5）娱乐体育　它主要是人们为了丰富业余文化生活，调节情绪，缓解精神紧张，善度余暇而进行的身体锻炼,如攀岩、蹦极、定向越野、游泳、钓鱼、棋牌等一些运动项目。

(6) 防卫体育 它是人们为了防范各种自然和人为危害,提高应变能力和机体适应能力而进行的身体锻炼,如女子防身术、擒拿术、拳术、摔跤等。

三、体育锻炼的原则和方法

1. 体育锻炼的原则

体育锻炼的原则是人们在不断训练中摸索出来的一整套系统化、合理化的原则,是人们运动成功经验的概括和总结。

体育锻炼的原则归纳起来主要有以下几个方面:

(1) 积极主动原则 体育锻炼是一个自我锻炼、自我完善、自我发展的过程。积极主动原则主要是指参与锻炼者必须有明确的锻炼目的,确信"生命在于科学运动"的道理。所以在锻炼中,一方面把它当作学习、生活中的自觉需要,激发锻炼的主动性、积极性、自觉性;另一方面还需要培养自己对体育的兴趣和爱好,适当发展一两项自己喜欢并擅长的体育项目,作为步入社会后培养体育意识、进行体育运动的兴趣点和开拓点。

(2) 循序渐进原则 循序渐进原则就是在锻炼过程中需严格遵守人体的生理特点和生理适应规律,从不同的主客观条件出发,安排适宜的运动负荷,在渐进练习的基础上提高锻炼效果和水平。要求锻炼者在训练过程中,依据个人的年龄、性别、健康状况、体质水平、项目特点和锻炼目的等,学习动作由易到难,运动负荷由小到大,做到锻炼的科学性、合理性和连贯性。

(3) 持之以恒原则 体育锻炼贵在持之以恒,养成良好的运动习惯。如果在锻炼过程中三天打鱼,两天晒网,锻炼效果就很难体现。因此,锻炼者在练习中需要不断强化自己的体育意识,不断培养自己对体育运动的热爱,从而达到理想的锻炼健身效果。

(4) 运动适宜原则 锻炼者在锻炼中需要恰当合理地安排运动负荷,使之既能达到运动训练的目的,又符合自身的实际接受能力。运动负荷安排是否得当,直接影响运动训练的效果。负荷过小,刺激不能引起机体的加能反应,达不到强身健体的目的;负荷过大,则很可能引发运动损伤。因此,运动一定要实事求是,从实际出发,切忌盲目求大求高。

> **知识窗** 体育锻炼时的 FIT 原则,即次数(Frequency)、强度(Intensity)和时间(Time)。F:每周锻炼 3~5 次或隔日进行为佳;I:强度达到个人最大心率的 60%~80% 为宜;T:每次锻炼至少要做持续 20~30 分钟的有氧运动。
>
> 有氧运动和无氧运动的区别:①运动强度不同,无氧运动为最大或次最大强度;②运动持续时间不同,无氧运动时间不超过 3 分钟,有氧运动持续时间可达数小时;③个人感觉不同,无氧运动中感到很累,且心慌气短、大汗淋漓,有氧运动少量出汗,感觉不太累或有点累。

(5) 全面锻炼原则 全面锻炼原则要求锻炼者追求身心的全面协调统一发展,使身体形态、机能、身体素质及心理素质得到全面和谐的发展。锻炼者在运动中应尽可能考虑身体的全面发展,努力掌握多种运动技能,切忌以偏概全。

2. 体育锻炼的方法

体育锻炼的方法是根据人体发展规律,运用各种身体练习和自然因素以发展身体的途径和方法。常见的科学体育锻炼方法有下列几种：

（1）重复锻炼法　重复锻炼法是指锻炼者在相对固定的条件下，按照锻炼的计划和要求多次重复某种练习的方法。重复的次数和时间是决定健身效果的关键。锻炼时，需要注意合理安排重复练习的要素，如练习的次数、强度、间歇时间等；切实保证每次重复练习的质量和效果；注意克服练习中的由于反复练习造成的枯燥厌烦情绪，防止机械呆板。

（2）间歇锻炼法　间歇锻炼法是指两次练习之间有合理规定的休息时间，在锻炼者机体尚未完全恢复的情况下，接着进行下一次练习的方法。它是提高锻炼效果的一种常用方法。锻炼时，需要注意正确确定间歇时间，具体可根据个体的身体状况和锻炼水平决定，但是注意下一次练习前最好将心率控制在120次/分钟左右；同时注意在训练间歇期内安排轻微的活动，如慢跑、按摩、深呼吸等，进行积极性的休息和放松。

（3）变换练习法　变换练习法是指在改变训练内容、强度和环境的条件下，变化锻炼项目、练习要素、改变运动负荷等进行锻炼，以提高锻炼效果的一种方法。锻炼时，需注意以锻炼的实际需要为前提，特别是结合锻炼的长期和近期目标有针对性地变换；变换中需要灵活掌握变换锻炼的计划，注意积累有关材料和反馈信息，及时观察，不断总结，为新的锻炼计划制订提供参考依据。

（4）持续锻炼法　持续锻炼法是指在较长的时间内，锻炼者采用较小的运动强度不断进行身体锻炼的方法。采取持续锻炼法时应注意，选择锻炼的项目要适合锻炼者的年龄、生理特点和体质基础。初次锻炼者或体弱者，运动时间不宜过长，经过一段时间的练习之后，可以适当加大练习强度；同时，还需要在练习中充分结合自己的体力状况和身体反应，及时调整运动强度和练习方法，以防出现运动损伤和过度疲劳。

（5）循环练习法　循环练习法就是把各种类型的动作、具有不同练习效果的手段组成一组锻炼项目，按照一定顺序循环往复进行锻炼的方法。注意要合理安排各个练习点，安排的内容需简单易行，合理规定各个练习点的次数、规格和要求；同时还要注意不同练习项目之间的衔接。

（6）竞赛表演法　竞赛表演法是指锻炼者面对观众，在相互比较、彼此竞争的情况下进行锻炼的方法。但是它不同于正式的竞技体育比赛，对于培养锻炼者的锻炼热情，巩固锻炼效果，培养团结、合作、顽强、果断和自信心、自制力等方面具有特殊的价值和意义。

（7）直观法　传统的直观法有示范、挂图、电视、模型等；现在可以利用电子计算机模仿、仿真模型来分析发展运动能力的方法，或者通过网络视频、影像资料进行模仿学习。

知识窗　运动后不宜立即做的几件事：

1. 急于暴饮：剧烈运动后暴饮会使血容量增加过快，突然加重心脏负担，导致体内的钾、钠等电解质紊乱，甚至出现心力衰竭、心闷腹胀等不适症状。

2. 急于饮酒：剧烈运动后饮酒会使身体更快地吸收酒精成分进入血液，对肝、胃等器官的危害会比平时更甚。长期如此，易引发脂肪肝、肝硬化、胃炎、胃溃疡等病症。

3. 急于立即休息：剧烈运动后立即停下来休息会造成血压降低，出现脑部暂时性缺血，引发心慌气短、头晕眼花、面色苍白甚至休克等症状。因此，剧烈运动后需继续做一些小运动量的放松活动，待呼吸和脉搏基本回复到正常后再停下来休息。

4. 急于大量补糖：运动后过多吃甜食会使体内的维生素B_1被大量消耗，人易感到疲倦、食欲不振等，影响体力的恢复。因此，剧烈运动后最好多补充点富含维生素B_1的食品，如蔬菜、蛋、动物肝脏等。

5. 急于吸烟：运动后，人体新陈代谢加快，体内各器官处于高水平工作状态，此时吸烟会使烟雾大量进入体内，还会因运动后机体需大量氧气却又得不到满足而更易受一氧化碳、尼古丁等物质的危害。

第二节 运动中的生理反应和疾病

体育锻炼中，人体的生理平衡受到暂时性破坏，并出现某些生理反应及相关疾病。本节主要描述几种常见的运动中的生理反应和疾病的症状及其预防、处置措施。

一、"极点"和"第二次呼吸"

"极点"和"第二次呼吸"是长距离运动中常见的生理现象，只要坚持运动和处理得当，"极点"现象是可以得到延缓和减轻的。

1. 极点

训练不足及体适能状态较低的人，通常在运动（特别是长跑运动）开始后不久，就会有两腿发软、全身乏力、呼吸困难等感觉。运动生理学中将这种现象称为"极点"。

极点的产生主要是内脏器官的惰性引起的，体内各器官及系统都需要一段时间来适应剧烈运动。因此，这是一种正常的生理现象。人体从相对安静状态转变为剧烈运动时，四肢肌肉能迅速适应，进入工作状态，而内脏器官，如呼吸、循环系统等，则不能很快发挥其最高的机能水平，这就造成体内缺氧，大量的乳酸和二氧化碳积聚，使自主神经中枢和躯体性神经中枢之间的协调遭到暂时破坏，表现为极点的产生。

极点的出现与训练水平、运动前的准备活动有关。经常参加锻炼的人，极点出现得晚，持续时间短，身体反应也较轻；反之，极点出现得早，且持续时间长，身体反应也较重。训练水平低及运动前的准备活动不足，都会增加出现"极点"现象的机会。因此，运动前需要做好充分的准备活动。

2. 第二次呼吸

极点出现后，如依靠意志力和调整运动节奏继续运动，不久不适应的生理反应将消失或者减轻，动作变得轻松有力，呼吸也均匀自如。这种状态被称为"第二次呼吸"。

"第二次呼吸"产生的原因主要是运动中内脏器官的功能惰性逐步得到缓解，氧供应量增加，乳酸得到逐步清除；同时，运动速度的下降使得运动的每分钟需氧量下降，减少了乳酸的产生，从而改善机体的内环境，破坏了的神经系统的协调得以重新恢复。

二、运动性腹痛

运动性腹痛是中长距离运动中常见的一种生理反应。根据腹痛的原因及症状的轻重，疼痛部位及严重程度会有所不同。若预防及处理措施得当，症状可以得到适当改善。

1. 运动性腹痛的症状

运动中出现腹痛，其特点为除腹痛外一般不伴随其他症状。多数人安静时不痛，运动时才痛。它与运动过程中肝脏瘀血、呼吸肌痉挛或活动紊乱、胃肠道痉挛或功能紊乱有关。疼痛程度与运动量大小和强度成正比，一般活动量小、强度低时疼痛不明显，负荷量加大时疼痛才逐渐加剧；调整运动量和强度，做深呼吸或按压腹部，疼痛多可减轻。

> **知识窗**　运动时，脐部周围或下腹部钝痛、胀痛，多数是肠痉挛。此时只要停止运动，疼痛即可减轻。用手按揉双侧合谷穴（别名虎口），每个穴位按摩 5 分钟，或用热水敷脐区 10～20 分钟，也可止痛。为防止肠痉挛的发生，在运动前应做好充分的准备活动，忌食生冷食物。

2. 运动性腹痛的处置和预防

一旦运动中出现腹痛，应减慢运动速度、降低运动强度，加深呼吸，调整呼吸与动作的节奏，用手按压疼痛部位，一般疼痛即可减轻。如无效或疼痛剧烈，则应停止运动，同时可针刺或点掐内关穴、足三里穴等穴位以缓解疼痛，必要时口服止痛药。

锻炼要讲究科学，循序渐进，膳食要合理安排，饭后 30 分钟才可以进行剧烈运动。运动前不要吃得过饱，不要大量喝水；运动前准备活动要充分，运动中要注意呼吸节律等。

饭后不需百步走。饭后马上去散步，血液需要运送到全身其他部位，对胃肠的血液供应就相应减少，导致食物得不到充分消化。而胃里的消化液是由吃进的食物的条件反射产生的，饭后运动，势必会有部分血液分布到运动系统去，这样就延缓了消化液的分泌，破坏胃的正常消化功能，使得胃部的食物得不到充分消化和吸收。尤其是年老体弱者，心脏和血管的供血功能已经降低，"饭后百步走"会加重供血负担，给健康带来不利影响。

三、肌肉痉挛

肌肉痉挛俗称抽筋，是指肌肉不自主地突然性强直收缩，肌肉变得异常坚硬，引起局部疼痛和活动障碍的现象。运动中最容易发生痉挛的肌肉是小腿腓肠肌，其次是足底的屈拇肌和屈趾肌等。

1. 肌肉痉挛发生的原因

肌肉痉挛发生的原因有下列几种：

1）肌肉受到低温的影响，兴奋性会增高，易使肌肉发生强制性收缩。因此，寒冷刺激或准备活动不充分，易引发肌肉痉挛。

2）运动中大量排汗，特别是长时间的剧烈运动或在高温季节运动时，人体内的电解质从汗液中大量丢失。电解质与肌肉的兴奋性有关，丢失过多，肌肉兴奋性增高过快，可能发生肌肉痉挛。

3）肌肉连续过快收缩，而放松时间太短促，以致收缩与放松不能协调地、成比例地交替，从而引起肌肉痉挛。

4）身体疲劳会影响肌肉的正常生理功能，疲劳的肌肉往往血液循环和能量物质代谢有改变，肌肉中会有大量的乳酸堆积，而乳酸不断地对肌肉的收缩物质起作用，致使痉挛产生。

2. 肌肉痉挛的处置和预防

不太严重的肌肉痉挛，只要以相反的方向牵引痉挛的肌肉，一般能使其缓解。牵引时切忌用暴力，用力宜均匀、缓慢，以免造成肌肉拉伤，在处理过程中要注意保暖。另外，游泳时发生肌肉痉挛，不要惊慌，如自己无法处理或缓解，可先深吸一口气，仰浮于水面，并立即呼救。发生肌肉痉挛后，一般不宜再继续游泳，应上岸休息、保暖，并进行局部按摩。

运动前必须认真做好准备活动，对容易发生抽筋的肌肉可事先做适当的按摩。冬季锻炼时要注意保暖，夏季运动时，尤其是进行剧烈运动或长时间运动时，要注意电解质的补充和维生素 B_1 的摄入。疲劳和饥饿时不宜进行剧烈运动。在运动过程中，要学掌握会肌肉放松的方法和技巧。

> **知识窗** 跑步姿势不对伤身体：跑步时，人的上身应稍向前倾，这样做不仅能减轻关节负担和运动强度，还能延长运动时间，前倾的幅度应以自然、舒适为佳。应避免跑步步幅过大，步幅过大会造成腾空时间长、重心起伏大、落地力量重，这样对人体的震动也会增大。不要内外八字，内八字和外八字都会使膝盖和脚尖不能保持在同一个方向上，会加重膝关节负担。不要全脚掌着地，这样落地没有缓冲和过渡，很容易伤脚，也容易振荡颈椎。

四、肌肉酸痛

一次运动量较大的锻炼以后，或是停止锻炼很长时间又开始锻炼之后，往往会出现肌肉酸痛。这种酸痛一般发生在运动结束 1~2 天后，因此也称运动性延迟肌肉酸痛。

1. 肌肉酸痛的症状

肌肉酸痛常见的症状除了酸痛外，还有肌肉僵硬，轻者仅有压疼，重者可能肌肉肿胀，妨碍正常的活动。任何骨骼肌在剧烈运动后均可发生延迟性肌肉酸痛，尤其是长距离跑后更易出现。长跑者可能出现髋部、大腿部和小腿前侧伸肌和后侧屈肌的疼痛，在肌肉远端和肌腱连接处症状更明显。在炎热的夏天进行极量运动后，除肌肉疼痛外，还可能出现脱水、低钙、低蛋白等症状。

2. 肌肉酸痛的原因

引发肌肉酸痛的原因主要有以下几个方面：

1) 肌肉的张力和弹性急剧增加，引起肌肉结构的物理性损伤。
2) 新陈代谢增加，代谢废物堆组织的毒性增加。
3) 肌肉的神经调节发生改变，使肌肉发生痉挛而致疼。

3. 肌肉酸痛的处置和预防

锻炼安排要合理，根据不同体质、不同健康状况，科学地安排肌肉锻炼负荷。做好准备活动和整理活动，准备活动中，注意对练习时负荷重的局部肌肉充分活动。整理运动除进行一般性放松练习外，还应重视进行肌肉的伸展牵拉练习，这有助于预防局部肌纤维痉挛。锻炼时，尽量避免长时间集中练习身体某一部位，以免局部肌肉负担过重。对酸痛局部进行静力牵拉练习，保持伸展状态2分钟，然后休息1分钟，重复进行，每天做几次这种伸展牵拉练习有助于缓解肌肉痉挛。此外，口服维生素C有促进结缔组织中胶原合成的作用，有助于加速受损组织的修复和缓解酸痛。充足的维生素供应不仅能提高运动效果、预防运动性疾病，还能使肌肉得到充分的恢复和休息。

五、运动性晕厥

在运动中或运动后，由于脑部一过性⊖供血不足或血液中化学物质的变化引起突发性、短暂性意识丧失、肌张力消失并伴有跌倒现象，称为运动性晕厥。

1. 运动性晕厥的症状

运动性晕厥主要是由于剧烈运动或长时间运动，使得大量血液积聚在下肢，回心血量减少所致，同时也与剧烈运动引起的低血糖有关。

运动性晕厥表现为全身无力、头晕耳鸣、眼前发黑、面色苍白、失去知觉、突然晕倒、手足发凉、脉搏变得慢而弱、血压降低、呼吸缓慢等相应的症状。

2. 运动性晕厥的处置和预防

发生运动性晕厥，应使患者立即平卧，足部略高于头部，同时进行由小腿向大腿、心脏方向推摩或拍击，手指点压人中穴、合谷穴等穴位。如有呕吐者，应将患者的头部偏向一侧；如停止呼吸，应立即进行人工呼吸。

平时需要经常进行体育锻炼，以增强体质。同时注意：长时间下蹲后，不要立即站立；不要带病参加运动；进行高强度运动后，不要立即停下来；不要在饥饿的情况下参加剧烈运动。

六、运动中暑

运动中暑往往是在高温环境或者烈日暴晒下运动而发生的一种疾病。

⊖ 一过性：某一临床症状或体征在短时间内一次或数次出现，往往有明显的诱因，随着诱因的去除，这种症状或体征会很快消失。

1. 运动中暑的症状

中暑早期可有头晕、头痛、恶心、呕吐等现象,逐步发展为体温升高、皮肤灼热干燥。严重者甚至出现精神恍惚失常、虚脱、手足抽搐、心律失常、血压下降,还会昏迷以致危及生命。

2. 运动中暑的预防和处置

在高温炎热的季节进行锻炼,锻炼者需要做足充分的准备。例如,尽可能穿浅色系列的宽敞衣物,戴好帽子;避免在烈日直射下进行锻炼;如果训练中遇到不适情况,可减小运动量;运动后补充含有电解质的矿物饮料。

若有运动中暑的情况发生,应立即将患者扶至阴凉通风处休息,同时还需采取果断的降温消暑措施,如解开紧身衣物、冰袋冷敷,并适当补充生理盐水或者葡萄糖生理盐水等。患者情况严重的,经过临时处理后,还需迅速送至医院做进一步的观察治疗。

七、运动性贫血

运动性贫血是指由于运动引发的血液中血红蛋白含量减少的现象。

1. 运动性贫血的症状

运动性贫血发病缓慢,其症状主要表现为头晕、恶心、呕吐、气喘、体力下降,以及运动后心悸、心率加快、面色苍白等症状。

2. 运动性贫血发病的原因

长期进行高强度的耐力训练会引起血浆容量增加,高强度的运动会造成红细胞破坏加剧,加上训练中大量出汗增加了铁的丢失,以及铁摄入量不足等原因,容易导致运动员发生"运动性贫血"。通常情况下,发生运动性贫血症状的,女生多于男生;另外,从事中长跑项目的运动员发生运动性贫血的概率较大;而女性运动员由于生理周期的原因,通过经血丢失铁较多,更容易发生贫血症状,从而影响训练效果和运动员的身体健康。概括起来,运动性贫血的发病原因可以归结为:运动时,脾脏释放的溶血卵磷脂能使红细胞的渗透性增加,加之剧烈运动使得血流加速,更易引起红细胞破裂,致使红细胞生成、凋亡之间的稳态遭到破坏;再加上运动时肌肉对蛋白质和铁的需求量增大,一旦需求量得不到满足,即可引起运动性贫血。

3. 运动性贫血的处置和预防

如果运动中出现头晕、无力、恶心呕吐等相关症状时,应适当减小运动量,必要时需要停止训练,并适当补充富含蛋白质和铁的食物,口服硫酸亚铁、生血中药等,以期得到缓解。预防运动性贫血,需在运动训练后及时补充水分、电解质和维生素,也可选取一些专业运动饮料;另外,还要加强训练期间的营养补充。

第三节 » 常见的运动损伤的预防和处理

体育运动过程中发生的损伤,称为运动损伤。它的发生与运动训练安排、运动项目的技术动作、运动训练水平、运动环境和条件等因素有关。运动损伤的种类很多,不同的运动项目各有其发生损伤的症状特点。本节主要介绍运动过程中一些常见的运动损伤的预防和处理，要求学生掌握紧急处理的基本方法和技巧。

一、运动损伤的分类

运动损伤的分类方法很多，常用的分类方法是将其分为软组织损伤、关节脱位、骨折类三大类；按照有无创口分为开放性软组织损伤、开放性关节脱位、开放性骨折和闭合性软组织损伤、闭合性关节脱位、闭合性骨折。

二、运动损伤发生的原因

造成运动损伤的原因很多，既与锻炼者自身的体质状况、采取的锻炼方法有关，也与运动项目的战术特点、技术难度及运动环境有关，同时还与运动内容的安排、运动量、运动强度及运动负荷（密度）等有一定的关系。

1．主观因素

造成运动损伤的主观因素有：

1）思想认识不足，如对损伤的认识不足，运动中不注意事先检查场地、器材设施是否到位。

2）准备活动不足，如运动前的准备活动不足，导致肌肉弹性差、韧带和关节的活动性小而出现肌肉、韧带拉伤。

3）身体素质较差，身体状况不佳，运动负荷过大，缺乏运动经验和自我保护。

4）运动情绪低下，伴有畏惧、恐惧、害羞、过分紧张等情绪，致使运动过程中注意力不能集中。

2．客观因素

造成运动损伤的客观因素主要有：教学中存在的问题；保护方法不正确、不到位；动作粗野、违反活动规则；场地设备出现老化、场地设施不到位；运动服装和设备不佳；不良的气候环境，等等。

三、运动损伤的预防

运动损伤的预防需要在思想认识、准备活动、场地设施等多个方面进行强化。避免在运动中出现损伤，具体可从以下几方面着手：

1）加强安全意识。克服麻痹大意的思想，提高预防损伤的意识。

2）认真做好准备活动。运动前一定要做好准备活动，活动关节，提高肌肉温度，让浑身有一种温热感。

3）加强运动中的保护和帮助。在项目练习中，要树立相互保护和帮助的意识和能力。

4）合理安排每次活动的运动内容和运动量。

5）加强医务监督。

6）运动前检查场地设施。运动前应查看场地是否平整、质地软硬是否合适、场地是否有杂物障碍、器械是否合格、服装是否合适、护具是否合格。

四、常见的运动损伤与急救

1. 软组织损伤

软组织损伤是运动损伤中常见的一种,根据损伤组织是否有创口与外界相通,可分为开放性损伤和闭合性损伤。前者主要有擦伤、撕裂伤、刺伤等;后者有挫伤、肌肉和筋膜拉伤、关节囊和韧带扭伤、肌腱腱鞘炎和滑囊损伤等。

(1) 擦伤 皮肤受到外力急剧摩擦引起的表面被擦破出血或者组织液渗出称为擦伤。小面积擦伤可用生理盐水或冷开水洗净创伤口,或用70%酒精棉球消毒,然后涂抹红药水或紫药水即可;大面积擦伤需先进行消毒处理,再用消毒布遮盖,最后用纱布包扎。

(2) 撕裂伤、刺伤、切伤 撕裂伤主要是剧烈运动中受到钝物击打引起皮肤和软组织的撕裂,伤口边缘不规则,常见损伤有眉际撕裂、跟腱撕裂等。刺伤是尖细物件刺入体内所致。切伤是因锐器切入皮肤。这些伤口,轻者可用消毒液涂抹伤口;创口面较大者,需手术缝合,必要时注射破伤风疫苗,如跟腱断裂,则需手术缝合治疗。

(3) 挫伤 挫伤一般是撞击器械与练习者之间相互碰撞而造成的。单纯挫伤的损伤处出现红肿,皮下瘀血,并伴有疼痛。但是当内脏器官出现损伤时,易导致面色苍白、心慌气短、四肢发凉、烦躁不安,严重者甚至出现休克等症状。遇到这种情况,需要在24小时内冷敷或加压包扎,24小时之后可进行按摩理疗,恢复期内可进行一些功能性锻炼以促进康复。如果出现严重的内脏损伤,需在临时性处理之后,立即送至医院做进一步的检查和治疗。

(4) 肌肉拉伤 肌肉拉伤通常是因为外力作用导致肌肉过度收缩或被动拉长引发的,尤其是准备活动不充分、动作不协调,更易拉伤。损伤后伤处出现肿胀、压痛、肌肉痉挛,触摸时会发现硬块。常见的拉伤出现在大腿后群肌、腰背肌、大腿内收肌等。严重的肌肉拉伤可导致肌肉撕裂。轻者需要立即进行冰袋冷敷或者流水冲洗,局部加压包扎,抬高患肢,24小时之后可进行按摩理疗。如果肌肉出现断裂,在急救处理之后,需立即送往医院做进一步的处理。

2. 关节、韧带损伤

关节、韧带损伤是指在外力作用下,关节骤然向一侧活动而超过其正常活动度时,引起关节周围软组织,如关节囊、韧带、肌腱等发生撕裂伤。常见的关节损伤主要发生在几个关节活动度大的关节,如肩关节、膝关节、踝关节、腕关节等。

(1) 肩关节扭伤 肩关节扭伤一般是关节用力过猛及反复劳损所致,或训练时因技术上的失误,违反解剖学而造成的。症状主要表现为压痛,急性期甚至出现肿胀、酸痛。单纯的韧带扭伤,可采取冷敷、加压包扎进行紧急处理。出现严重的韧带断裂时,需要在紧急处理之后,立即送往医院进行处理。当关节肿胀和疼痛适当减轻后,可适当进行功能性锻炼。

(2) 髌骨劳损 髌骨劳损也称为"髌骨软化"或"髌骨软骨病",主要是膝关节长期负重或反复损伤累积而成的,同时一次直接外力撞击致伤,如进行弹跳时,易导致髌骨损伤。髌骨劳损是膝关节常见的损伤。受伤初期应减少剧烈运动和下蹲,以保护膝关节,另外可采用中药外敷、针灸、按摩进行康复理疗。

（3）踝关节扭伤　踝关节扭伤主要是弹跳落地时失去平衡，使踝关节过度内翻或外翻所致，尤其是在准备活动不充分、场地不平的情况下容易发生。症状表现为伤处肿胀、疼痛、皮下瘀血等。早期可抬高患肢，进行冰敷（用冰袋冷敷或氯乙烷喷雾剂）包扎，以缓解疼痛和减少出血、肿胀，24小时后可用针灸、理疗等消肿、止痛。损伤严重者需要进行绷带包扎固定。

（4）腰闪伤　腰闪伤主要是因为重力超过躯干一时所能承受的压力，腰部突然发力引起部分肌纤维撕裂，造成腰肌急性拉伤，或者脊柱运动一时超过正常的生理范围。腰部出现损伤后，患者需要平卧，一般不能被立即搬动或移动，如剧烈疼痛，需要担架抬往医院诊治，也可采用针灸、拔火罐、外敷伤药或按摩。

（5）腕关节损伤　腕关节损伤多有明显的外伤史，伤后出现腕部无力、关节活动不灵活。轻者，一般无明显肿胀，仅在大幅度活动时感到疼痛；严重扭伤者，腕部会出现肿胀，疼痛较重。损伤处理方法参见踝关节损伤。

3. 脑震荡

脑震荡主要是脑受到外力打击后，神经细胞和神经纤维所引起的意识和功能的一时性障碍，不久即可恢复，无明显的解剖病理的改变。致伤时，会出现神志昏迷、脉搏徐缓、呼吸表浅、肌肉松弛、神经反射减弱或消失；清醒后，患者会有头痛、头晕、恶心呕吐症状。急救时，应让伤者平卧、安静，不可坐或站立；头部冷敷，身上保暖；若出现昏迷，可用手指掐人中穴、内关穴等穴位；呼吸障碍时，可进行人工呼吸。如果昏迷时间超过4分钟，或两侧瞳孔大小不对称，或耳、鼻、口内出血及眼睛紫青，或清醒后剧烈头痛、恶心呕吐，说明损伤严重，应立即送往医院诊治。

4. 骨折

骨折是指骨或骨小梁发生断裂。体育运动中发生的骨折，多为暴力作用引起的外力性骨折。骨折是较严重的损伤，常见的骨折出现在肱骨、前臂骨、手骨、大腿骨、小腿、肋骨、脊柱和头部等。骨折发生后，患处立即出现肿胀、皮下瘀血，活动时剧烈疼痛，肢体失去正常功能，肌肉产生痉挛，有时骨折部位发生变形，甚至有骨摩擦声。严重骨折时，还会伴有出血和神经损伤、发烧、口渴、休克等全身性症状。在进行急救时，需要防止休克，对伤者进行就地固定，避免断肢移动，伤口处如有出血，应先止血再包扎伤口。

第四节　运动处方

运动处方是个体化的运动方案，即每个人在运动中根据个人不同的体质状况和身体机能，采取不同的运动训练方法、训练内容等。在实际操作中，基本情况接近的人群可以采取类似的运动处方，同时在实践过程中，根据不同人的具体情况进行适当调整。本节主要介绍运动处方的概念、分类、制定原则和程序、运动处方的格式和内容，要求学生能够结合身体状况，开出适合自己健身锻炼的运动处方。

一、运动处方概述

运动处方是指针对个人的身体状况，采用处方的形式规定健身者锻炼的内容和运动量的方法。其特点是因人而异，对"症"下药。20世纪50年代，美国生理学家卡波维奇（Karpovich）提出了运动处方的概念。联邦德国的Holl－mann研究所从1954年起对运动处方的理论和实践进行研究，制定出健康人、中老年人、运动员、肥胖病等各类运动处方，社会效果显著。1960年，日本的猪饲道夫教授首先使用了"运动处方"术语。1969年，世界卫生组织（WHO）开始使用"运动处方"术语，从而在国际上得到认可。

1. 运动处方的概念

运动处方是康复医师或体疗师，对从事体育锻炼者或病人，根据医学检查资料（包括运动试验和体力测验），按其健康、体力及心血管功能状况，用处方的形式规定运动种类、运动强度、运动时间及运动频率，提出运动中的注意事项。运动处方是指导人们有目的、有计划和科学锻炼的一种方法。

2. 运动处方的种类

运动处方根据锻炼者不同的运动目的大致可以分为三类：

1）健身、健美运动处方。这主要是健康人群进行锻炼，以增进健康、增强体质为目的的运动处方。

2）竞技运动处方。专业运动员按照一定的运动处方进行训练，以提高专业运动成绩为目的。

3）康复运动处方。一些患者应用运动处方进行康复和治疗，促进机体康复。

> **知识窗**　步行是祛病的"良方"：步行可增强心肺功能，改善血液循环，预防动脉硬化等心血管疾病；还可改善大脑的能量供应，消除大脑疲劳症状；同时，步行时稍微出汗，可维持毛孔的缩张功能，排除体内的一些代谢产物。正确的步行姿势为：挺胸抬头，迈大步，每分钟走60～80米，手臂随着步子的节奏来回摆动。走的路线要直，不要左弯右拐。每天宜走半小时左右，强度根据个人体质而定，以微微出汗为宜。另外，步行的时候需要注意：肩放平、背放松、收小腹、不塌腰、缩下颌；保持头部直立，不前倾，不左右歪斜；上下摆动双手，使手臂、胸部及背部肌肉得到活动。

二、运动处方的组成

运动处方的组成要素主要包括运动目的、运动类型、运动强度、运动时间、运动频度和注意事项。

1. 运动目的

人们主要是通过有目的性的锻炼，从而达到预期的效果和目标。运动处方的目的有健身、娱乐、减肥、康复治疗等。在制定具体的运动处方时，个人应根据自己的运动需要来完成。

2. 运动类型

运动类型的选择需要结合多种因素综合确定。如结合具体的运动条件、场地设施、运动器材、运动项目、目的等，同时还需要结合个人的运动兴趣爱好。

3. 运动强度

运动过程中，一般采用心率作为运动强度的评价指标。通常 120 次/分钟以下为小运动强度，120~150 次/分钟为中等运动强度，150 次/分钟以上为大运动强度。按年龄预计运动适宜心率计相应吸氧量见表 4-1。适宜运动强度范围，可用靶心率进行控制：以本人最高心率的 70%~85% 的强度作为标准，靶心率=（220-年龄）×（70%~85%）。最适宜运动心率的计算公式为

$$最大心率 = 220 - 年龄$$

$$心率储备 = 最大心率 - 安静心率$$

$$最适宜运动心率 = 心率储备 \times 75\% + 安静心率$$

表 4-1 按年龄预计运动适宜心率计相应吸氧量

强度种类	占最大吸氧量百分比（%）	梅脱/MET①	心率（次/分钟）				
			20~29 岁	30~39 岁	40~49 岁	50~59 岁	≥60 岁
大	90	12	175	170	165	155	145
	80	10	165	160	150	145	135
	70	8	150	145	140	135	125
中等	60	6.5	135	135	130	125	120
	50	5.5	125	125	115	110	110
小	40	4	110	110	105	100	100

① MET 指能量代谢当量，音译为梅脱，是以安静、坐位时的能量消耗为基础，表达各种活动时相对能量代谢水平的常用指标，也是国际通用的身体活动量衡量标准。

> **知识窗**
>
> 50%~60% 最大心率为恢复区：轻度运动，可用于热身、训练中及训练后的恢复。
>
> 60%~70% 最大心率为低强度有氧区：中度有氧运动，能量来源以体内脂肪为主，能有效减肥。
>
> 70%~80% 最大心率为高强度有氧区：较强有氧运动，肌肉内糖原大量分解消耗。
>
> 80%~90% 最大心率为无氧区：大部分肌肉处于无氧供能状态，乳酸大量堆积。
>
> 90%~100% 最大心率为极限区：个人运动极限，会对身体系统造成严重冲击。此强度一般适用于专业运动员，体育爱好者在此强度下锻炼要十分谨慎。

4. 运动时间

运动时间是指每次锻炼的持续时间，与运动强度紧密相关。一般来讲，运动强度与运动时间成反比关系，运动强度越大，运动时间反而缩短。有氧运动的时间一般需要 30 分钟以

上，才可以达到较好的运动训练效果。

5. 运动频度

运动频度是指每周的运动次数。参照体育人口的界定，一般要求每周运动三次以上（含三次），隔日进行效果为佳。

6. 注意事项

以治疗和康复为目的的运动处方在运动前需要指出运动禁忌项目，在健身中要注意观察一些意外和特殊指征。

三、运动处方的制定原则

为了保证运动处方实施的有效性、安全性，提高锻炼的效果，达到增强体质、增进健康、健身、健心、健智、健美与防病治病、促进康复的目的，在制定运动处方时需要遵循下列原则：

1. 安全有效原则

为了保证处方的安全有效实施，除了了解锻炼者的既往疾病史、家族史和医学检查结果外，还需要通过调查针对性地了解不同锻炼者的禁忌。尤其是身体条件较差的锻炼者，在实施运动处方时，需要注意严格监控和医学监督，避免意外事故的发生；而对那些身体素质较好的锻炼者，运动项目和运动内容的选择可以适当灵活。

2. 区别对待原则

由于个体身体素质的差异性，运动处方的内容选择必须根据不同个体的具体情况，因人而异、区别对待。

3. 动态调整原则

对于初定的运动处方，锻炼者需要经过多次运动实践及调整之后，才能适合个人的身体条件，满足个人的锻炼需求。

四、运动处方的制定程序

运动处方的制定过程包括以下几个方面的工作：一般检查、临床检查、运动试验、体力测试、制定运动处方、运动中的医务监督、修改和实施运动处方等。具体程序如下：

> **知识窗**　青少年在运动后，身体的生长发育需要补充足够的蛋白质和糖类食物。同时，运动后身体会产生酸性代谢物质，造成身体的疲劳，如不能及时将这些酸性代谢物质排出，可能加重运动后疲劳的程度。因此，在运动后应选择多吃碱性食物，如豆类及豆制品、水果、蔬菜、牛奶及奶制品等，这些碱性食物在体内代谢后会生成碱性物质，能阻止血液向酸性方向变化，加快疲劳的消除，保持身体活力和健康。

1. 一般检查

一般检查即了解参加锻炼者或患者的基本状况和运动情况，包括询问病史及健康状况，了解运动史，了解健身或康复的目的和社会环境条件等。

2. 临床检查

临床检查主要包括运动系统检查、心血管系统检查、呼吸系统检查、神经系统检查等。其中，运动系统检查包括肌肉力量的检查和评定、关节活动度的检查等；心血管系统检查常见的检查指标为心率、心音、血压、心电图等，心血管系统检查一般采取定量负荷试验，常用的有台阶试验、一次负荷试验、联合机能试验、PWC 170 试验等；呼吸系统检查主要包括呼吸运动检查、上呼吸道检查、胸部和肺的检查等；神经系统检查包括自主神经系统功能检查、体表感觉神经功能检查、反射及神经肌肉功能检查等。临床检查另外还涉及肾功能检查、肝功能检查、代谢功能检查等全面综合系统的检查。

3. 运动试验

运动试验是评价心脏功能、制定运动处方的重要依据，一般采用跑台或者功率自行车进行，逐级递增运动负荷。

4. 体力测试

运动试验无异常的人才可以进行体力测试。体力测试包括运动能力测试和全身耐力测试。目前采用较多的体力测试方式为 12 分钟跑测试。

5. 制定运动处方

根据不同的健身锻炼目的，确定运动类型、运动目的、运动时间、运动强度、运动频度和注意事项等。

6. 运动中的医务监督

处方实施过程中，应对锻炼者进行医务监督，以确保处方的安全性。健康状况好的锻炼者，可在自我监督的情况下进行运动；而对于那些心血管系统疾病、呼吸系统疾病、慢性病、临床症状不稳定的患者等，在实施运动处方时，应在有医务监督的情况和条件下进行。

7. 修改和实施运动处方

运动处方的制定最初并不固定，应先设置一个"观察期"，观察锻炼者实施运动处方之后的反应；再在"调整期"内进行反复调整、修改并确定；最后，在"相对固定期"内实施最佳运动处方。

> **知识窗**
>
> 有雾的天气最好不要在户外锻炼。雾珠中不仅溶解了一些酸、碱、盐、胺、苯、酚等有害物质，同时还沾带了一些尘埃、病原微生物等有害的固态小颗粒。当人们在雾中做长跑等剧烈运动时，身体某些敏感部位接触了这些有害物质并大量吸入，可能会引起气管炎、喉炎、眼结膜炎和过敏性疾病。

五、运动处方的内容和格式

1. 运动处方的内容

目前，运动处方没有统一的规定，但是处方的制定需要遵循全面、安全、简明易懂的原则。主要包括以下内容：

1）一般资料。
2）临床诊断结果。
3）临床检查和功能检查结果。
4）运动试验和体力测试结果。
5）运动目的和要求。
6）运动内容。
7）运动强度。
8）运动时间。
9）运动频度。
10）注意事项。
11）医师签字。
12）运动处方的制定时间。

2. 运动处方的格式

运动处方可根据不同的需要采用不同的格式，但在处方中必须指出禁止参加的运动项目、锻炼的自我监控指标及出现异常情况时停止运动的准则等。大学生常见的锻炼处方卡如表4-2和表4-3所示。

表4-2 大学生锻炼处方卡（正面）

姓名： 性别： 年龄：
健康状况：
功能检查：20次/30秒蹲起 30次/30秒下蹲 哈佛台阶试验 功率自行车 （以上测试项目可任意选择）
测试结果：
锻炼内容：
每次锻炼持续时间：
锻炼时最高心率（次/分钟）： 每周运动次数：
注意事项： 禁忌运动项目：
复查日期：自我检查

医生健身指导教师签名： 年 月 日

表4-3 大学生锻炼处方卡（背面）

日期	锻炼情况	身体反应情况

签名： 年 月 日

六、常见的运动处方

本节主要介绍两种常见的运动处方的制定模式，即提高有氧运动能力的运动处方和发展肌肉力量的运动处方。要求学生可以根据自己的需要掌握运动处方制定的基本步骤和基本要素。

1. 提高有氧运动能力的运动处方

（1）运动项目　运动项目（方式）的选择最好结合自己的兴趣爱好，选择最感兴趣的并且能够长期坚持的运动项目。常见的有氧运动项目有步行、散步、慢跑、骑自行车、游泳、健身操、太极拳等。

（2）运动频率　最好是每隔一天进行一次，一周3次，每次20~45分钟就可以促进有氧运动能力的提高。但是，随着负荷和运动持续时间的增加，要继续改善有氧运动能力，运动频率需有所增加，一周3~5次为佳。

（3）运动强度　强度的控制需要结合个人的主观感觉进行判断，也可以结合运动适宜心率表格进行确定。一般运动强度需要达到最大心率的70%~85%或最大吸氧量的50%~70%。

（4）运动时间　运动时间取决于运动强度，低强度的运动每次活动时间必须超过30分钟，而高强度的运动至少需要持续20分钟甚至更长的时间。

（5）运动处方的实施　每次开始活动前需要做好充分的准备活动，以减少肌肉酸痛和受伤。锻炼后期，随着有氧运动能力的增强，处方也需要进行适当的调整，如改变处方的运动强度、时间、频率等。

> **知识窗**
>
> 切莫走进运动误区：
> 1. 出汗越多越能减肥：单纯的出汗并不能有效减肥，适量的增加些器械练习配合饮食控制才可真正达到减肥的目的。
> 2. 女性只能跳健美操，男性只能练器械：健美操可提高柔韧性和协调性，并能增加心肺功能；而器械练习课训练耐力、速度，改善体形、增强活力。
> 3. 反复锻炼同一部位能最快增强力量：反复锻炼身体的某一部位，很容易造成该部位的损伤，最好的方法是训练某一部位时，对这个部位周围的肌肉也加强锻炼，使身体得到全面、协调发展。

2. 发展肌肉力量的运动处方

（1）运动项目　不同的锻炼目的采取的练习方式也有所不同。例如，发展腹肌肌力需要采取的练习方式有：①仰卧起坐；②悬垂摆腿或抬腿；③仰卧抬腿；④俯卧撑；⑤杠铃提放。腰背肌肌力的练习方式有：①背屈；②仰卧抬腿；③侧屈。腿部肌力的练习方式有：①负重下蹲；②负重跳台阶；③仰卧屈小腿；④仰卧上下摆腿；⑤立姿屈小腿等。以上各动作均以10~20个为一组进行练习。

（2）运动频率和运动持续时间　每周锻炼3~5次，每次锻炼时间为1小时左右。

（3）运动强度　每次练习可以选取2~3个动作，每个动作练习4~6组，每组练习15~

20次，组与组的间歇时间一般为30～40秒，最多不超过50秒。

（4）运动处方的实施　每次运动前需要做好充分的准备活动，避免肌肉或韧带的拉伤。刚开始练习时，负荷不一定大，随着练习的加大，可以逐渐加大负荷量和练习强度。

（5）注意事项　肌力练习需要长时间的练习才能达到目的，锻炼时需要注意局部锻炼和全身锻炼相结合、力量锻炼和耐力锻炼相配合，使得全身各部位的肌肉都能够得到锻炼和提高；同时，还需要在锻炼的过程中加强营养，保证充足的睡眠和休息，避免机体出现过度疲劳。

> **知识窗**
>
> 肌肉力量的练习应注意：大重量、低次数、多组数、长位移、慢速度、高密度、念动一致、顶峰收缩、持续紧张、组间放松、多练大肌肉群、训练后多进食蛋白质类食物、休息48小时之后再进行下次锻炼。

思考与练习

1. 体育锻炼的健身方法有哪些？
2. 谈谈你在运动过程中遇到的一些急性运动生理反应。应该如何预防与处理？
3. 常见的运动损伤有哪些？平时的体育锻炼中应该如何处理和预防？
4. 运动处方指什么？制定运动处方的基本程序是什么？

第五章　大学生体质健康评价与测量方法

内容概述　本章主要介绍大学生体质健康的基本概念，《国家学生体质健康标准》测试的内容与理念、测试方法及评价指标体系。

学习目标　树立正确的体质健康观，了解体质测评的依据和参考标准，能够结合评价标准，对自己的体质做出正确、合理的评估。

第一节　大学生体质健康概述

进行体质健康评价的目的，是了解和掌握个体与群体的体质与健康状况，以便更有效地实现增强体质、增进健康的目的。本节主要介绍体质的概念、体质与健康的关系，使学生树立正确的体质健康观，能够了解体质与健康的不同概念和定位。

一、体质的基本概念

结合对健康定义的概括，形成体质的概念，即人的质量，它是指机体在遗传变异和后天获得的基础上所表现出来的人体形态结构、生理功能和心理素质综合的、相对稳定的特征。

二、体质的范畴

体质包括体格、体能和适应能力几个方面。

体格是指人体的形态结构方面。它包括人体生长发育的水平、身体的整体指数与比例（体型）及身体的姿态。

体能是指人体各器官系统的机能在肌肉活动中表现出来的能力。它包括身体素质（力量、速度、灵敏、柔韧、耐力等）和身体基本活动能力（走、跑、跳、投、攀登、爬越、举起重物等）。

体质是人的生命活动和劳动工作能力的物质基础。简要地说，体质是指人体自身的质量，是人体在形态、生理、生化和行为上相对稳定的特征。体质可以反映人体的生命活动、运动能力的水平，是选择健身运动的依据。

"体质"和"健康"的概念不同。同样是健康的人，其体质却千差万别。对一个人的体质强弱要从形态、功能、身体素质、对环境气候适应能力和抗病能力等多方面进行综合评价。

体质的综合评价指标包括以下几个方面：

1）身体形态发育水平，即体格、体型、姿势、营养状况及身体组成成分等。

2）生理生化功能水平，即机体的新陈代谢功能及各系统、器官的工作效能。

3）身体素质和运动能力水平，即身体在运动中表现出来的力量、速度、耐力、灵敏性、柔韧性等素质，以及走、跑、跳、投、攀等身体运动能力。

4）心理发展状态，包括本体感知能力、个体意志力、判断能力。

5）适应能力，如对外界环境条件的抗寒、抗热能力，对疾病的抵抗力等。

影响体质强弱的因素是多方面的，它与遗传、环境、营养、体育锻炼等有着密切的关系。遗传只为体质的状况和发展提供了可能性或前提条件，体质的强弱则有赖于后天环境、营养、卫生和身体锻炼等因素。因此，有计划、有目的地进行体育锻炼，是增强体质最积极有效的手段。

三、健康

健康，是从古至今人们孜孜以求的理想目标，也体现了人类想不断突破自我的追求。在整个人类社会发展史上，人类一方面在同疾病、周围恶劣的环境做着激烈、坚强的斗争，即为生活、生存而努力奋斗；另一方面，人类还在为如何更好地延续生命、繁衍后代、保存种族延续而战。因此，在整个人类发展史中就蕴含着人类与健康发展之间的二维互动关系，健康与人的生存、发展是息息相关、一脉传承的。

在高速度、快节奏、强耦合、多关联的现代社会中，人类的健康发展面临着诸如高科技、高知识、快节奏的竞争压力和升学、就业、提升等多重因素的挑战。社会竞争表现在大学生身上的将不仅是社会的高度挑战和竞争压力，更多的是新的、不可预测的多方面的潜在因素，影响着当代大学生的身心健康和谐发展。因此，大学生要灵活面对并处理、化解、消融这些压力，不仅要具备丰富的知识储备和文化积淀，更重要的是要为具备足够的生命长度和生命宽度做好充足的心理、生理、社会适应等方面的多重准备。

随着全球产业链条的发展和高新技术的拓展运用、经济的繁荣、空气的污染、生活节奏的加快、竞争的加剧和人际关系的复杂，人类生产、生活及行为方式发生了巨大改变。市场观念的冲击，社会竞争激烈，使人的价值观念随之发生改变，心理应激明显增多，这些因素都在潜移默化中不断地影响着人类健康。这些影响人体健康的因素的变化，导致医学模式也随之发生了转变，由单一的生物医学模式，转变为生物–社会–心理医学模式。健康的概念也因此得到多维、多角度的拓展。

四、体质与健康之间的相互关系

体质和健康是从不同的侧面、范畴、角度来综合反映人体状况的两个相互关联的概念。从某种层面上讲，健康的范畴大于体质的范畴。从体质范畴来看，它更趋向于人体的形态发育、生理机能、心理发展、身体素质、运动能力，以及对内外环境的适应和抵抗疾病的能力等；从健康范畴来说，它除了包括体质的范畴之外，还进一步突出强调了对环境（自然环境和社会环境）的适应、心理卫生、对疾病的预防、卫生保健，以及生活方式对健康的影响等。

五、大学生体质健康现状及改善措施

当前我国教育部、国家体育总局、卫生健康委员会、国家民族事务委员会和科学技术部每年都对全国各个省市的部分学校的学生体质健康状况进行结构抽调。从上报结果来看，目前学生体质健康调研中发现如下问题：学生的肺活量水平呈现下降的趋势，速度、爆发力、耐力水平也相对下降，肥胖检出率持续上升，视力不良检出率仍然居高不下，等等。

综合以上学生体质健康方面出现的问题，各职能部门需要在今后的工作中不断开拓思维，进一步改善、提高学生的体质健康状况，使学生的体质水平向更优良的方向稳步发展。当然，学生体质健康水平的改善不是单一部门、单一集体的任务，而需要从多方面综合进行完善。具体可从以下几方面着手：

1）教育部门应进一步加强和重视学生的体质测试组织、宣传和指导工作。学生的体质测试工作，将对学生正确建立终身体育和健康意识产生积极而深远的影响。

2）学校要进一步加强学生的健康教育和健康促进工作。在现实生活中，需要进行多种渠道的宣传、教育，引导学生建立正确的生活方式。

3）在教学过程中，体育教师要具备教学改革意识。在体育教学过程中，不仅重视"三基"（基本知识、基本理论、基本技能）教学，更需要探索适合大学生提高身体素质的教育内容和教学方法；在教学中渗透、贯穿"健康第一"的同时，树立学生的体质健康观和增强自我健康促进意识。

4）不断加大体育场地、设施、器材的投入和开放力度。为学生进行健身锻炼提供充分的场所和场地设施，是保证学生能够积极主动地进行健身锻炼的前提和基础。同时，在此过程中，体育教师或体育爱好者也可适当地参与其中，对正确的健身方法和健身机能进行宣传、普及。

5）加强校园体育文化建设，构建健康和谐的锻炼氛围。充分发挥学生社团的体育宣传、普及功能，广泛开展学生喜闻乐见的健身活动；定期举办各种体能比赛、趣味运动、健康知识竞赛等；营造积极向上的校园体育文化氛围，有助于增强学生主动、自觉锻炼的意识。

第二节　学生体质健康测评

本节主要介绍学生体质健康测试的内容、方法和评价标准，要求学生能够根据标准评估自己的体质健康水平。

在实施《国家学生体质健康标准》（以下简称《标准》）的过程中，测试工作必然与所使用的测试仪器有一定的关系。现在测试器材多种多样，有全手工操作的，也有电子仪器。手工操作与电子仪器的操作流程不完全相同。如使用带有IC卡的测试仪器，可以减少测试人员的记录和计算工作。但无论使用何种仪器，对测试人员的基本操作要求是一致的。本节对《标准》中各个项目的基本测试方法及其操作要求进行介绍。对于不同的测试器材，可参考相应测试器材的说明书。

一、测试项目

根据《标准》要求，大学生必须完成五类测试，如表 5-1 所示。

表 5-1 大学生体质测试内容及各项测试所占权重

测试对象	单项指标	权重（%）
大学各年级	身体质量指数（BMI）	15
	肺活量	15
	50 米跑	20
	坐位体前屈	10
	立定跳远	10
	引体向上（男）/1 分钟仰卧起坐（女）	10
	1000 米跑（男）/800 米跑（女）	20

> **知识窗**
>
> 《国家学生体质健康标准》从身体形态、身体机能和身体素质等方面综合评定学生的体质健康水平，是促进学生体质健康发展、激励学生积极进行身体锻炼的教育手段，是国家学生发展核心素养体系和学业质量标准的重要组成部分，也是学生体质健康的个体评价标准。

二、操作方法

1. 身高

（1）测试目的 测试学生的身高，与体重测试相配合，评定学生的身体匀称度，评价学生生长发育的水平及营养状况。

（2）测试方法 被测者赤足，立正姿势站在身高计的底板上（上肢自然下垂，足跟并拢，足尖分开成 60°角）。足跟、骶骨部及两肩胛区与立柱相接触，躯干自然挺直，头部正直，耳屏上缘与眼眶下缘呈水平位。测试人员站在被测者右侧，将水平压板轻轻沿立柱下滑，轻压于被测者头顶。测试人员读数时双眼应与压板水平面等高，记录员复述后进行记录，以厘米为单位，精确到小数点后一位。测试误差不得超过 0.5 厘米。

（3）注意事项

1）身高计应选择平坦靠墙的地方放置，立柱的刻度尺应面向光源。

2）严格掌握"三点靠立柱""两点呈水平"的测量姿势要求，测试人员读数时两眼一定与压板等高，两眼高于压板时要下蹲，低于压板时应垫高。

3）水平压板与头部接触时，松紧要适度，头发蓬松者要压实，头顶的发辫、发结要放开，饰物要取下。

4）读数完毕，立即将水平压板轻轻推向安全高度，以防碰坏。

5）测量身高前，被测者应避免进行剧烈体育活动或体力劳动。

2. 体重

（1）测试目的　测试学生的体重，与身高测试相配合，评定学生的身体匀称度，评价学生生长发育的水平及营养状况。

（2）测试方法　测试时，测试仪应放在平坦地面上。被测者赤足，男性被测者身着短裤，女性被测者身着短裤、短袖衫，平稳站立在测试仪上。读数以千克为单位，精确到小数点后一位，记录员复述后记录读数。测试误差不超过0.1千克。

（3）注意事项

1）测量体重前，被测者不得进行剧烈体育活动或体力劳动。

2）每次使用杠杆秤时均需校正。测试人员每次读数前都应校对砝码标重以避免差错。

3. 1000米或800米跑

（1）测试目的　测试学生耐力素质的发展水平，特别是心血管呼吸系统的机能及肌肉耐力。

（2）场地器材　400米、300米、200米田径场跑道，地质不限；也可使用其他不规则场地，但必须丈量准确、地面平坦。秒表若干块，使用前需要校正，要求同50米跑测试。

（3）测试方法　被测者至少两人一组进行测试，站立式起跑，当听到"跑"的口令后开始起跑。计时员看到旗动开表计时，当被测者的躯干部到达终点线垂直面时停表。以分、秒为单位记录测试成绩，不计小数。

（4）注意事项

1）测试人员应向被测者报告剩余往返圈数，以免跑错距离。

2）测试人员应告知被测者在跑完后应继续缓慢走动，不要立刻停下，以免发生意外。

3）被测者不得穿皮鞋、塑料凉鞋、钉鞋参加测试。

4）对分、秒进行换算时要细心，防止差错。

4. 肺活量

（1）测试目的　测试学生的肺通气功能。

（2）场地器材　电子肺活量计。

（3）测试方法　房间通风良好；使用干燥的一次性口嘴（非一次性口嘴，则每换测试对象需消毒一次，每测一人后从口嘴下倒出唾液并注意消毒后必须使其干燥）。肺活量计主机放置平稳桌面上，检查电源线及接口是否牢固。

首先告知被测者不必紧张，并且要尽全力，以中等速度和力度吹气效果最好。令被测者面对仪器站立、手持吹气口嘴，面对肺活量计站立试吹1~2次。首先看仪表有无反应，还要试口嘴或鼻处是否漏气，调整口嘴和用鼻夹（或自己捏鼻孔）；学会深吸气（避免耸肩提气，应该像闻花似的慢吸气）。被测者进行一两次较平日深一些的呼吸动作后，更深地吸一口气，屏住气向口嘴处慢慢呼出至不能再呼出为止，防止此时从口嘴处吸气，测试中不得中途二次吸气。吹气完毕后，液晶屏上最终显示的数字即为肺活量毫升值。每位被测者测三次，每次间隔15秒，记录三次数值，选取最大值作为测试结果。以毫升为单位，不保留小数。

（4）注意事项

1）电子肺活量计的计量部位的通畅和干燥是仪器准确的关键。吹气筒的导管必须在上方,以免口水或杂物堵住气道。

2) 每测试 10 人及测试完毕后用干棉球及时清理和擦干气筒内部。严禁用水、酒精等任何液体冲洗气筒内部。

3) 导气管存放时不能弯折。

4) 定期校对仪器。

5. 50 米跑

(1) 测试目的　测试学生速度、灵敏性及神经系统灵活性的发展水平。

(2) 场地器材　50 米直线跑道若干条,地面平坦,地质不限,跑道线要清楚。发令旗一面,口哨一个,秒表若干块(一道一表)。秒表使用前,应用标准秒表校正,每分钟误差不得超过 0.2 秒。标准秒表选定,以北京时间为准,每小时误差不超过 0.3 秒。

(3) 测试方法　被测者至少两人一组测试。站立起跑,被测者听到"跑"的口令后开始起跑。发令员在发出口令同时要摆动发令旗。计时员视旗动开表计时,被测者躯干部到达终点线的垂直面停表。以秒为单位记录测试成绩,精确到小数点后一位,小数点后第二位数按非 0 进 1 原则进位,如 10.11 秒读成 10.2 秒,并记录之。

(4) 注意事项

1) 被测者测试时最好穿运动鞋或平底布鞋,赤足也可,但不得穿钉鞋、皮鞋、塑料凉鞋。

2) 如发现有抢跑者,要当即召回重跑。

3) 如遇风时一律顺风跑。

6. 立定跳远

(1) 测试目的　测试学生下肢爆发力及身体协调能力的发展水平。

(2) 场地器材　沙坑、丈量尺。沙面应与地面平齐,如无沙坑,可在土质松软的平地上进行。起跳线至沙坑近端不得少于 30 厘米。起跳地面要平坦,不得有坑凹。

(3) 测试方法　被测者两脚自然分开站立,站在起跳线后,脚尖不得踩线(最好用线绳做起跳线)。两脚原地同时起跳,不得有垫步或连跳动作。丈量起跳线后缘至最近着地点后缘的垂直距离。每人试跳三次,记录其中成绩最好的一次。以厘米为单位,不计小数。

(4) 注意事项

1) 发现犯规时,此次成绩无效。三次试跳均无成绩者,应允许再跳,直至取得成绩为止。

2) 可以赤足,但不得穿钉鞋、皮鞋、塑料凉鞋参加测试。

7. 坐位体前屈

(1) 测试目的　测量学生在静止状态下的躯干、腰、髋等关节可能达到的活动幅度,主要反映这些部位的关节、韧带和肌肉的伸展性和弹性及学生身体柔韧素质的发展水平。

(2) 测试器材　坐位体前屈测试计。

(3) 测试方法　被测者两腿伸直,两脚平蹬测试纵板坐在平地上,两脚分开 10~15 厘米,上体前屈,两臂伸直前伸,用两手中指尖逐渐向前推动游标,直到不能前推为止。测试计的脚蹬纵板内沿平面为 0 点,向内为负值,向外为正值。测试两次,取最好成绩。记录以厘米为单位,保留一位小数。

（4）注意事项

1）身体前屈，两臂向前推游标时两腿不能弯曲。

2）被测者应匀速向前推动游标，不得突然发力。

8. 仰卧起坐（女）

（1）测试目的　测试学生腹肌耐力的发展水平。

（2）场地器材　垫子若干块，铺放平坦。

（3）测试方法　被测者仰卧于垫上，两腿稍分开，屈膝呈90°角左右，两手指交叉贴于脑后。另一同伴压住其踝关节，以固定下肢。被测者坐起时两肘触及或超过双膝为完成一次，仰卧时两肩胛必须触垫。测试人员发出"开始"口令的同时开表计时，记录1分钟内完成次数。1分钟到时，被测者虽已坐起但肘关节未达到双膝者不计该次数，精确到个位。

（4）注意事项

1）如发现被测者借用肘部撑垫或臀部起落的力量起坐时，该次不计数。

2）测试过程中，测试人员应向被测者报数。

3）被测者双脚必须放于垫上。

9. 引体向上（男）

（1）测试目的　测试学生上肢肌肉力量的发展水平。

（2）场地器材　高单杠或高横杠，杠粗以手能握住为准。

（3）测试方法　被测者跳起，双手正握杠，两手与肩同宽成直臂悬垂。静止后，两臂同时用力引体（身体不能有附加动作），上拉到下颌超过横杠上缘为完成一次。记录引体次数。

（4）注意事项

1）被测者应双手正握单杠，待身体静止后开始测试。

2）引体向上时，身体不得做大幅摆动，也不得借助其他附加动作撑起。

3）两次引体向上的间隔时间超过10秒即停止测试。

三、评价标准

根据《国家学生体质健康标准》，可以查阅相关测试项目的得分情况来对自己的体质健康进行评价。

1. 大学身体质量指数（BMI）单项评分标准（见表5-2）

表5-2　身体质量指数（BMI）单项评分标准（单位：千克/米^2）

等级	单项得分	大学（男）	大学（女）
正常	100	17.9~23.9	17.2~23.9
低体重	80	≤17.8	≤17.1
超重		24.0~27.9	24.0~27.9
肥胖	60	≥28.0	≥28.0

2. 大学肺活量、50米、坐位体前屈评分标准（见表5-3）

表5-3 肺活量、50米、坐位体前屈评分标准

等级	单项得分	肺活量（男）/毫升		肺活量（女）/毫升		50米（男）/秒		50米（女）/秒		坐位体前屈（男）（厘米）		坐位体前屈（女）（厘米）	
		大一大二	大三大四	大一大二	大三大四	大一大二	大三大四	大一大二	大三大四	大一大二	大三大四	大一大二	大三大四
优秀	100	5040	5140	3400	3450	6.7	6.6	7.5	7.4	24.9	25.1	25.8	26.3
	95	4920	5020	3350	3400	6.8	6.7	7.6	7.5	23.1	23.3	24.0	24.4
	90	4800	4900	3300	3350	6.9	6.8	7.7	7.6	21.3	21.5	22.2	22.4
良好	85	4550	4650	3150	3200	7.0	6.9	8.0	7.9	19.5	19.9	20.6	21.0
	80	4300	4400	3000	3050	7.1	7.0	8.3	8.2	17.7	18.2	19.0	19.5
及格	78	4180	4280	2900	2950	7.3	7.2	8.5	8.4	16.3	16.8	17.7	18.2
	76	4060	4160	2800	2850	7.5	7.4	8.7	8.6	14.9	15.4	16.4	16.9
	74	3940	4040	2700	2750	7.7	7.6	8.9	8.8	13.5	14.0	15.1	15.6
	72	3820	3920	2600	2650	7.9	7.8	9.1	9.0	12.1	12.6	13.8	14.3
	70	3700	3800	2500	2550	8.1	8.0	9.3	9.2	10.7	11.2	12.5	13.0
	68	3580	3680	2400	2450	8.3	8.2	9.5	9.4	9.3	9.8	11.2	11.7
	66	3460	3560	2300	2350	8.5	8.4	9.7	9.6	7.9	8.4	9.9	10.4
	64	3340	3440	2200	2250	8.7	8.6	9.9	9.8	6.5	7.0	8.6	9.1
	62	3220	3320	2100	2150	8.9	8.8	10.1	10.0	5.1	5.6	7.3	7.8
	60	3100	3200	2000	2050	9.1	9.0	10.3	10.2	3.7	4.2	6.0	6.5
不及格	50	2940	3030	1960	2010	9.3	9.2	10.5	10.4	2.7	3.2	5.2	5.7
	40	2780	2860	1920	1970	9.5	9.4	10.7	10.6	1.7	2.2	4.4	4.9
	30	2620	2690	1880	1930	9.7	9.6	10.9	10.8	0.7	1.2	3.6	4.1
	20	2460	2520	1840	1890	9.9	9.8	11.1	11.0	-0.3	0.2	2.8	3.3
	10	2300	2350	1800	1850	10.1	10.0	11.3	11.2	-1.3	-0.8	2.0	2.5

3. 大学立定跳远、引体向上、一分钟仰卧起坐评分标准（见表5-4）

表5-4 立定跳远、引体向上、一分钟仰卧起坐评分标准

等级	单项得分	立定跳远（男）/厘米		立定跳远（女）/厘米		引体向上（男）(个)		一分钟仰卧起（女）(个)	
		大一大二	大三大四	大一大二	大三大四	大一大二	大三大四	大一大二	大三大四
优秀	100	273	275	207	208	19	20	56	57
	95	268	270	201	202	18	19	54	55
	90	263	265	195	196	17	18	52	53

（续）

等级	单项得分	立定跳远（男）/厘米		立定跳远（女）/厘米		引体向上（男）(个)		一分钟仰卧起（女）(个)	
		大一大二	大三大四	大一大二	大三大四	大一大二	大三大四	大一大二	大三大四
良好	85	256	258	188	189	16	17	49	50
	80	248	250	181	182	15	16	46	47
及格	78	244	246	178	179			44	45
	76	240	242	175	176	14	15	42	43
	74	236	238	172	173			40	41
	72	232	234	169	170	13	14	38	39
	70	228	230	166	167			36	37
	68	224	226	163	164	12	13	34	35
	66	220	222	160	161			32	33
	64	216	218	157	158	11	12	30	31
	62	212	214	154	155			28	29
	60	208	210	151	152	10	11	26	27
不及格	50	203	205	146	147	9	10	24	25
	40	198	200	141	142	8	9	22	23
	30	193	195	136	137	7	8	20	21
	20	188	190	131	132	6	7	18	19
	10	183	185	126	127	5	6	16	17

4．大学耐力跑评分标准（见表 5–5）

表 5–5 耐力跑评分标准

等级	单项得分	耐力跑（男）		耐力跑（女）	
		大一大二	大三大四	大一大二	大三大四
优秀	100	3′17″	3′15″	3′18″	3′16″
	95	3′22″	3′20″	3′24″	3′22″
	90	3′27″	3′25″	3′30″	3′28″
良好	85	3′34″	3′32″	3′37″	3′35″
	80	3′42″	3′40″	3′44″	3′42″
及格	78	3′47″	3′45″	3′49″	3′47″
	76	3′52″	3′50″	3′54″	3′52″
	74	3′57″	3′55″	3′59″	3′57″
	72	4′02″	4′00″	4′04″	4′02″
	70	4′07″	4′05″	4′09″	4′07″

（续）

等级	单项得分	耐力跑（男）		耐力跑（女）	
		大一 大二	大三 大四	大一 大二	大三 大四
及格	68	4′12″	4′10″	4′14″	4′12″
	66	4′17″	4′15″	4′19″	4′17″
	64	4′22″	4′20″	4′24″	4′22″
	62	4′27″	4′25″	4′29″	4′27″
	60	4′32″	4′30″	4′34″	4′32″
不及格	50	4′52″	4′50″	4′44″	4′42″
	40	5′12″	5′10″	4′54″	4′52″
	30	5′32″	5′30″	5′04″	5′02″
	20	5′52″	5′50″	5′14″	5′12″
	10	6′12″	6′10″	5′24″	5′22″

思考与练习

1. 试述体质与健康的相互关系。
2. 根据《国家学生体质健康标准》的测试结果，结合自身实际情况，设计个人课外体育锻炼的运动处方。

第二部分
实践篇

第六章 田径运动

内容概述 田径运动是历史最悠久的运动项目，也是世界上最为普及的体育运动之一，有"体育运动之母"之称。本章主要对田径运动的来源与发展、定义与分类、特点与健身价值、基本技术与练习方法等进行介绍，使学生对田径运动有整体的认识，并能在体育锻炼过程中正确运用，达到强身、健体、健心的良好效果。

学习目标 了解田径运动的发展、特点、健身价值和国内外重大田径赛事与正式比赛项目；掌握田径运动的定义和分类；基本掌握跑类、跳跃类和投掷类项目的技术动作要领与练习方法，并能在体育锻炼的实践中运用。

第一节 田径运动概述

一、田径运动的来源与发展

田径，英语为 track and field 或 athletics。田径运动是随着人类长期的社会实践一步步发展起来的。在与大自然及野兽的斗争中，人类不得不走或跑较远的距离，越过各种障碍，投掷石块和使用各种捕猎工具获取生活资料。由于不断重复这些动作，便逐渐形成了走、跑、跳跃和投掷等各种技能。随着社会的发展和进步，人们把走、跑、跳跃、投掷等作为游戏、锻炼和比赛形式。除此以外，在军事训练中也包含着跑、跳、投等身体技能的练习，这也是促成田径运动产生的一个重要因素。

知识窗

根据史料记载，最早的田径比赛是在公元前776年的第1届古代奥运会上进行的。当时只有一个比赛项目，即短距离赛跑，跑道为一条直道，长192.27米。随后，比赛项目逐渐增加了中长跑、穿盔甲跑和五项全能。跑步、跳远、铁饼、标枪和摔跤是五项全能的比赛项目。古代奥运会严禁女子参加和观看比赛，否则将处以极刑。

1894年，最早的现代田径运动国际比赛在英国举行；同年，现代奥运会组织在法国巴黎成立。

1896年，在希腊举行了第1届现代奥运会，田径的走、跑、跳跃和投掷等项目被列为主要竞赛项目。

1912年，国际业余田径联合会成立。

1928年，第9届奥运会增设了女子田径项目，此后，女子才参加田径项目的比赛。

田径比赛的项目不断增加，但自1932年后就基本固定下来。今天，田径、游泳和体操仍被视为奥运金牌三大项目。

现代田径运动于20世纪初被引入我国，于1910年举行的"中华民国"第一届全运会即有了田径比赛，但其组织、比赛规则的制定、裁判员和工作人员等，几乎由外籍传教士包办。从1924年的第三届全运会开始，田径赛由中国人自己主办，径赛距离和丈量田赛成绩都采用了米制单位。1930年的第四届全运会设立了女子田径比赛项目。我国短跑运动员刘长春还分别于1932年和1936年代表中国参加了洛杉矶奥运会和柏林奥运会，其10.7秒的100米全国纪录保持长达25年之久，直到1958年才被新中国运动员梁建勋打破。

新中国成立后，我国的田径运动得到较快发展，运动员的成绩有了大幅度提高。1957年，郑凤荣以1.77米的成绩创造了女子跳高世界纪录。改革开放以后，我国不少田径运动员，如朱建华、黄志红、巩立姣和苏炳添等，在世界田坛享有盛誉，为田径运动在我国的发展起到了重要的宣传和推动作用。

目前国际上重要的田径赛事主要有夏季奥运会田径比赛、世界杯田径赛、世界田径锦标赛和世界田径赛系列赛（黄金大奖赛）。世界重要的田径协会组织机构有国际田径联合会（简称国际田联，IAAF）。亚洲地区重要的田径赛事主要有亚运会田径比赛和亚洲田径锦标赛。国内重要的田径赛事主要有全国运动会田径比赛、全国田径冠军赛和全国青年田径锦标赛。

二、田径运动的定义和分类

1. 田径运动的定义

随着田径运动的不断发展，其定义也在不断更新。2005年国际业余田径联合会章程将田径运动界定为"径赛和田赛及公路跑、竞走、越野跑和山地跑"（track and field athletics, road running, race walking, cross country running and mountain running）。按照国际田联的定义，田径运动的定义应为"跑道和田径场上的运动及公路跑、竞走和越野跑"。我国对田径运动的定义没有统一的说法，但2003年以前的定义均认为田径运动是由一些竞赛项目组成的，而国际田联对"田径"定义的英文原意中并无"竞赛"的含义。因此，本书对田径运动的定义采用国际田联的定义。

2. 田径运动的分类

目前对现代田径运动有着不同的分类方法，但一般将田径运动分为径赛、田赛和全能三类，或者分为竞走、跑、跳跃、投掷和全能五大类。以时间计算成绩的田径项目叫径赛；以高度或远度计算成绩的田径项目叫田赛；全能运动项目则是以各单项成绩按《田径运动评分表》换算分数计算成绩的。

正式国际田径比赛的项目如下：

（1）竞走　竞走分为场地赛和公路赛。

1）场地赛：5千米、10千米。

2）公路赛：20千米、50千米。

（2）跑　在跑这一田径比赛的分类上，男子组与女子组的项目略有不同。具体项目分类如表6-1所示。

表 6-1 田径运动跑类项目一览表

分类	男子组			女子组		
短距离跑	100 米	200 米	400 米	100 米	200 米	400 米
中距离跑	800 米	1500 米	3000 米	800 米	1500 米	
长距离跑	5000 米	10000 米		5000 米	10000 米	
跨栏跑	110 米栏（栏高 1.067 米）	400 米栏（栏高 0.94 米）		100 米栏（栏高 0.84 米）	400 米栏（栏高 0.762 米）	
障碍跑	3000 米					
马拉松	42.195 千米			42.195 千米		
接力跑	4×100 米 4×400 米			4×100 米 4×400 米		

（3）跳跃　跳跃的项目具体分为跳高、撑竿跳高、跳远、三级跳远。

（4）投掷　投掷比赛按投掷对象分为铅球、标枪、铁饼和链球四项。此四项器械重量男女有别：

1）铅球。男子组器械重量为 7.26 千克，女子组重量为 4 千克。

2）标枪。男子组器械重量为 800 克，女子组重量为 600 克。

3）铁饼。男子组器械重量为 1.75 千克，女子组重量为 1 千克。

4）链球。男子组器械重量为 7.26 千克，女子组重量为 4 千克。

（5）全能　全能比赛分为男子十项全能和女子七项全能两类。所有比赛项目在两天内完成，比赛项目的具体分布为：

1）男子十项全能：①第一天：100 米、跳远、铅球、跳高、400 米；②第二天：110 米栏、铁饼、撑竿跳高、标枪、1500 米。

2）女子七项全能：①第一天：100 米栏、铅球、跳高、200 米；②第二天：跳远、标枪、800 米。

三、田径运动的特点与健身价值

1. 田径运动的特点

（1）普及性强、参与人数多　由于田径运动对提高人体健康水平和发展人的身体素质较为全面，且其项目众多，人们可以根据自身情况选择不同的单项进行锻炼。在学校体育教育中，田径运动是教学的重点内容；在群众体育中，它也很受欢迎且易被接受。

（2）竞争性强　田径运动竞赛是能力、技术和心理的较量，在高水平比赛中，这些特征更加明显。径赛运动员必须在同一起跑线上进行同等距离的较量；田赛运动员则可能依靠某一瞬间的出色发挥取得比赛胜利；公路赛和越野赛更多的则是考验人的意志力。因此，田径比赛的竞争性十分强。

（3）以户外运动为主　田径运动的大部分具体项目在户外进行。在与大自然亲近的过程中进行身体练习，对忙碌且缺乏锻炼的现代人而言是非常难得的。

（4）能力要求多样化　田径运动的基本运动形式为走、跑、跳、投，反映了人在速度、力量、耐力、灵敏和柔韧等方面的能力。由于田径运动的每一个具体项目都较突出地反映人某一方面的能力，对人的身体素质提出了不同的要求，因此优秀田径运动员的训练和比赛基本以一个项目为主。

（5）技术性强　虽然田径运动各项目的动作都较为简单，但要求精准，要取得优异的成绩，必须使个人技术既符合人体生物力学的合理性，又与个人特点相结合。在比赛中，运动员常常会因为一个小细节的偏差而导致成绩下降，甚至动作失败。因此，田径运动的技术性很强。

2. 田径运动的健身价值

（1）跑类项目的健身价值　跑可提高人体的最大摄氧量，同时有助于提高中枢神经系统的调节能力，从而增强心血管系统、呼吸系统和其他人体系统的工作能力。跑还是有效地发展速度、速度耐力、耐力、力量等身体素质，提高心肺功能及无氧和有氧代谢水平的重要手段。眼下十分流行的健身跑即是田径运动跑类项目的变化之一。

（2）跳跃类项目的健身价值　人体在做跳跃类动作时必须进行高强度的神经活动，肌肉须用力克服重力障碍，这些动作可提高身体控制和集中用力能力，是发展弹跳力、爆发力及协调性、灵敏性的首选手段。

（3）投掷类项目的健身价值　投掷类项目的健身价值主要体现在对人体力量的锻炼上。投掷练习可保持并增强肌肉力量，改善人体的灵活性。进行投掷练习能有效发展肩带、躯干、臀部和腿部等肌肉力量，还可以使身体线条更加完美。

实训设计

短跑途中跑训练

【目标】通过实训，掌握短跑途中跑技术，领会无氧供能原理。

【内容】短跑途中跑腾空阶段、着地缓冲阶段、弯道跑、终点跑练习。

【场地】田径场。

【步骤】1. 腾空阶段。小腿随着蹬地后的惯性和大腿的摆动，迅速向大腿靠拢，形成大小腿一边折叠一边前摆的动作。与此同时，摆动腿以髋关节为轴积极下压，膝关节放松，小腿随摆动腿下压的惯性，自然向前下伸展，准备着地。

2. 着地缓冲阶段。着地动作应是非常积极的。在途中跑时，头部正直，上体稍有前倾，两臂前后摆动要轻快有力。

3. 弯道跑。从直道跑进入弯道跑时，身体应有意识地向内倾斜，加大右腿的蹬地力量和摆动幅度，右臂也相应地加大摆动的力量和幅度，有利于迅速从直道跑进弯道。弯道跑中，身体应向圆心方向倾斜。后蹬时右腿用前脚掌的内侧用力，左腿用前脚掌的外侧用力。弯道跑的蹬地与摆动方向都应与身体向圆心方向倾斜趋于一致。

4. 终点跑。终点跑是全程跑的最后一段，任务是尽力保持途中跑的高速度跑过终点。终点跑的技术，要求在离终点线15～20米处，尽量保持上体前倾角度，加快两臂摆动的速度和力量。在跑到距离终点线一步时，上体急速前倾，用胸部或肩部撞终点线，并跑过终点，然后逐渐减慢跑速。

第二节 径赛类

径赛是田径运动的一类，是在田径场的跑道或规定道路上进行的跑和走类竞赛项目的统称。径赛必须沿逆时钟方向（即左手靠近田径场里圈）跑进。根据体育教学和日常锻炼的需要，本节主要介绍短距离跑、中长距离跑、跨栏跑和接力跑的技术动作要领、常用练习方法及易犯错误与纠正方法。

> **知识窗**
>
> **跑的专门性练习**
>
> 跑的专门性练习包括小步跑、高抬腿跑、后蹬腿跑及车轮跑。
>
> 1. 小步跑
>
> （1）动作要领 上体正直肩放松，两臂前后自然摆动；髋、膝、踝关节放松，迈步时膝向前摆出，髋稍有转动；当摆腿的膝向前摆动的同时，另一腿的大腿积极下压，足前掌扒地式着地，着地时膝关节伸直，足跟提起，踝关节有弹性。
>
> （2）主要作用 小步跑的主要作用有：体会足前掌着地；体会踝关节放松和交替用力；体会手臂放松及摆臂技术；体会髋、膝、踝放松及摆腿技术；发展速率。
>
> 2. 高抬腿跑
>
> （1）动作要领 上体正直或稍前倾，两臂前后摆动；大腿积极向前上摆到水平，并稍稍带动同侧髋向前，大小腿尽量折叠，脚跟接近臀部；在抬腿的同时，另一腿的大腿积极下压，直腿足前掌着地，重心要提起，用踝关节缓冲。
>
> （2）主要作用 高抬腿跑的主要作用有：发展高抬大腿的能力；发展上下肢协调配合的能力；发展腰髋肌群的力量和腿部力量；提高踝关节的力量及缓冲技巧。
>
> 3. 后蹬跑
>
> （1）动作要领 上体正直或稍前倾，两臂自然摆动；摆动腿积极向前上方摆出，带动躯干扭转，同侧髋带动大腿充分前送；在摆动腿的同时，另一腿大腿积极下压，足前掌着地，膝、踝关节缓冲，迅速转入后蹬；后蹬时摆腿送髋动作在先，膝踝蹬伸在后，腾空阶段重心向前，腾空时要放松，两腿交替频率要快。
>
> （2）主要作用 后蹬跑的主要作用有：体会积极着地技术与后蹬、摆腿、送髋技术；发展腿部力量和掌握膝、踝关节的缓冲技巧；提高后蹬能力，加大步长。
>
> 4. 车轮跑
>
> （1）动作要领 动作要领大体同高抬腿跑，但与高抬腿跑稍有区别的是：摆动大腿抬到水平，小腿随惯性向上方摆出，然后随着摆动大腿的积极下压，小腿积极向下刨扒，着地时膝关节可以稍有弯曲，上体可以稍有后仰，特别是做得距离较长时，用踝关节缓冲，有刨地动作。
>
> （2）主要作用 车轮跑的主要作用有：发展高抬大腿的能力；发展积极刨地的能力；发展腰髋肌群的力量。

一、短距离跑

短距离跑（dash），简称短跑，是田径运动的基础项目，对田径运动水平的提高，对其他运动项目的发展都有着重要意义。具体项目包括60米（室内田径赛短跑项目）、100米、200米和400米，它是在人体短时间大量缺氧情况下持续高速度跑的极限运动。以下对短跑的技术动作要领、常用练习方法及易犯错误与纠正方法进行介绍。

1. 短跑的技术动作要领

短距离跑有直道跑和弯道跑，60米和100米属于直道跑，200米和400米属于弯道跑。不管是直道跑还是弯道跑，其技术都可分为起跑、起跑后的加速跑、途中跑和冲刺跑四个阶段，只是200米和400米起跑后的加速跑及弯道跑的技术与直道跑有所不同。关于短跑的技术动作要领，下面分为起跑、起跑后的加速跑、途中跑、终点跑和弯道跑技术五个方面进行讲解。

（1）起跑　起跑是为了使身体在最短时间内摆脱静止状态，从而为之后的加速跑创造条件。在正规田径短跑比赛中，运动员必须采用蹲踞式起跑，还必须使用起跑器（见图6-1）。安装起跑器的目的是使脚有更加稳定的支撑并形成良好的用力姿势，有利于起跑时获得更大的前冲力，为加速跑创造更有利的条件。起跑器的安装分为"普通式"和"拉长式"，两种方式的区别在于前起跑器与起跑线的距离不同。但不管采用哪种安装方式，均应考虑到运动员个人的身高、体型、身体素质和技术水平等情况。

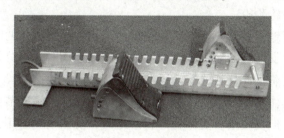

图6-1　起跑器

起跑指令包括"各就位""预备"和"鸣枪"三个阶段。

听到"各就位"（on your marks）后，运动员可做几次深呼吸，稍做放松，稳定一下自己的情绪，走到起跑器前，俯身，两手撑地，两脚依次蹬在起跑器的抵足板上，后膝跪地。之后将双臂收回至起跑线后支撑并伸直，两手间距离与肩同宽或比肩稍宽，双手虎口向前，四指并拢或稍分开与大拇指成"八"字形支撑。身体重心稍前移，肩与起跑线基本平行，头与躯干在一条直线上，颈部自然放松，两眼目视前方，注意听"预备"口令（见图6-2）。

听到"预备"（set）口令后，臀部抬起至与肩同高或比肩稍高，重心前移，身体重量落在两臂和前腿上。前腿的大小腿夹角为90°~100°，后腿的大小腿夹角为110°~130°，两脚紧贴抵足板，保持整体动作的稳定性，注意力集中，准备听枪声（见图6-3）。

图 6-2 "各就位"动作　　　　图 6-3 "预备"动作

听到枪声后,两腿迅速蹬离起跑器,两臂屈肘用力做前后摆动,使身体向前上方运动,躯干尽量前倾,与水平线夹角为 15°~20°。

(2) 起跑后的加速跑　起跑后的加速跑是从蹬离起跑器到途中跑之间使身体达到最高速度的一个阶段,这个阶段长度约为 30 米。加速跑的目的就是在最短时间内使身体获得最高速度。

当两腿蹬离起跑器后,躯干除了尽量保持前倾使身体获得更多的加速力量外,为使身体保持平衡并继续加速,须加快手臂的摆动和脚的蹬地动作。身体的前倾角度随着步长和跑速的增加逐渐减小,最后接近于途中跑的姿势。

起跑后的加速跑前面几步步长不要过大,第一步约三脚半长,第二步约四脚至四脚半长,随着速度的增加步长逐渐加大。加速跑过程中双脚的着地点并非在一条直线上,随着速度的增加逐渐合于一条直线上。

(3) 途中跑　途中跑是短跑过程中跑动距离较长的一个阶段,其目的是使身体保持最高跑速。加速跑结束后即进入途中跑阶段。

在途中跑中,脚以脚前掌落地,做出向下、向后的扒地动作,在支撑腿的膝关节缓冲过程中,只发生最低程度的弯曲,支撑腿的髋、膝、踝关节在蹬离地面时,充分伸展,摆动腿迅速将大腿摆至水平位置。腾空阶段可分为前摆阶段和回收阶段。在前摆阶段,摆动腿的膝向前向上摆动,帮助继续后蹬动作和增加步长;在回收阶段,支撑腿的膝关节明显弯曲,以形成小的摆动半径,摆臂积极,但要放松,支撑腿即将落地时,要主动向后用力,尽最大可能避免落地时发生的减速动作。

(4) 终点跑　终点跑是短跑的最后阶段,其目的是尽力保持途中跑的高速度跑过终点线。

终点跑应力求在疲劳情况下保持途中跑的正确技术,动员身体的全部力量,以最快的速度冲过终点线。在技术上要求上体适当前倾,并注意加强后蹬和两臂的用力摆动。到离终点最后一步时,上体迅速前倾,用躯干部位撞终点线(见图 6-4)。注意跑过终点后应逐渐减速,不要突停,以免跌倒受伤。

(5) 弯道跑　在 200 米和 400 米项目中,有一半的距离是在弯道上进行的,其起跑、起跑后的加速跑和弯道阶段的跑在技术上与直道跑略有不同。

1) 弯道起跑和起跑后的加速跑。为了能在弯道起跑后有一段

图 6-4　终点跑撞线动作

直线距离进行加速跑，起跑器应安装在跑道偏右侧处，起跑器对着弯道的切线。相应地，在听到"各就位"时，左手应撑在距起跑线后 5~10 厘米处。弯道起跑后的前几步应对着内侧分道线的切线跑进。加速跑的距离适当缩短，上体抬起较直道跑而言要早。进入弯道后应尽量沿着内侧分道线跑，身体及时向内侧倾斜。

2）弯道跑的技术。为了克服离心力，进行弯道跑时，整个身体向内倾斜，摆动腿前摆时，左膝稍向外展，以前脚掌外侧着地；右膝稍内扣，以脚掌内侧着地，同时加大右腿前摆的幅度。弯道跑过程中，左臂摆动幅度稍小，靠近体侧前后摆动；右臂摆动的幅度和力量稍大，且前摆时稍向左前方，后摆时肘关节稍向外。从弯道进入直道时，身体须逐渐减小内倾程度，放松跑 2~3 步，接着进入直道的途中跑阶段。

2. 短跑的常用练习方法及错误纠正

（1）起跑的常用练习方法

1）反应性练习：①保持某一姿势不动，听到教练员、教师或同伴的指令后迅速跑出；②采用站立式起跑姿势，教练员、教师或同伴变换各种信号（如声音信号、视觉信号和触觉信号）进行起跑练习，以提高起跑时的反应能力；③变换多种形式的起跑姿势，听指令或根据各种信号进行起跑练习。

2）专门性练习：①安装好起跑器后（无起跑器也可练习），采用蹲踞式起跑姿势进行"各就位"和"预备"姿势练习，并由教练员、教师或同伴检查和纠正技术动作（只练习"各就位"和"预备"姿势，暂不进行起跑练习）；②进行完整的起跑练习，即"各就位""预备"和起跑出去。

（2）加速跑的常用练习方法

1）摆臂练习：最快频率的摆臂练习，每组持续时间 5~15 秒。

2）双脚分开的站立式起跑——加速跑：两脚平行站立，听口令做快速频率的小步跑，完成距离 10~20 米。

3）身体自然前倾式加速跑：两脚平行站立，上体前倾至最大限度时，被动起跑，完成距离 10~20 米。

4）下颌夹纸片式起跑——加速跑：蹲踞式起跑，下颌夹纸片于胸骨，加速跑时不能让纸片掉落，快速起跑 10~20 米。

5）画线加速跑：按两条斜线逐渐会合成一条直线的轨迹，加速跑练习 20~30 米。

（3）途中跑的常用练习方法

1）摆臂练习：原地成弓步站立，做前后摆臂练习。练习时以肩关节为轴，前后自然摆臂，前摆时肘关节角度逐渐减小，后摆时肘关节角度逐渐加大，摆动协调有力。

2）弹性跑：跑时用前脚掌着地，做脚跟离地、富有弹性的慢跑，以后逐渐加大腿的摆动幅度并要求做出大小腿折叠前摆动作，速度由慢跑过渡到中速跑。

3）中等速度反复跑：采用中等跑速，动作放松、协调，在步幅逐渐加大的过程中体会摆动腿前摆动作要领，完成距离 60~80 米。

4）大步幅反复跑：在体会正确的摆臂和摆动腿的动作要领时，做出摆动腿带髋前送的动作。

（4）终点跑的常用练习方法

1）慢跑中做上体前倾撞线动作。

2）中速跑接撞线动作。

3）快速跑接撞线动作。

（5）弯道跑常用练习方法

1）弯道起跑完整练习：采用站立式或蹲踞式起跑动作，起跑后沿跑道内侧切线进入弯道，完成距离10～20米。

2）绕圆圈跑：在半径为10～15米的圆圈中变换速度沿线进行跑动练习，体会不同速度时身体内倾程度的变化，注意保持身体平衡。

3）直道进弯道跑：在直道上先跑20米左右，接着跑进弯道40米左右，反复练习以体会在弯道中加大右腿和右臂的蹬地和摆动力量，身体逐渐向内倾斜的感觉。

4）弯道进直道跑：以弯道顶点为起点起跑，接着进入直道30～40米，反复练习以体会在跑出弯道的前几步时身体逐渐正直的感觉。

（6）短距离跑的易犯错误与纠正方法　虽然短跑的技术动作比较简单，但对技术细节的要求特别高，故在练习过程中常出现一些错误动作，从而影响短跑成绩的提高。这里列出一些短距离跑中的易犯错误及纠正方法，希望可对大家提高短跑成绩有所帮助。

1）起跑抢跑。

纠正方法：练习中强调正确的"预备"姿势；调整起跑器的安装位置和角度；练习中适当延长或缩短发信号的时间；发展臂、腕、指的力量。

2）起跑的蹬离动作慢而无力。

纠正方法：调整前后起跑器的距离，并练习使身体的"预备"姿势处于最佳的发力状态；使用胶皮带牵引做起跑练习，体会蹬摆的配合；发展下肢力量。

3）加速跑的前几步上体抬起过快过高。

纠正方法：使用胶皮带牵引做起跑后加速跑练习，体会身体的合理前倾；发展腿部力量。

4）"坐着跑"。

纠正方法：练习时明确蹬地时髋、膝、踝关节的用力顺序和脚趾的"扒地"动作；加强腰、腹肌力量和髋关节柔韧性的练习；加强支撑腿力量练习。

5）踢小腿跑。

纠正方法：进一步讲清动作要领，摆动腿的大小腿应充分折叠，大腿先高抬然后下压，小腿自然伸展，反复做高抬腿跑。

6）跑时上体后仰。

纠正方法：增加腰腹肌力量的练习，平衡背阔肌、竖脊肌和腹直肌的力量，从而纠正上体后仰的错误姿态。

二、中长跑

中长跑包括中距离跑（middle distance running/race）和长距离跑（long distance running/race）两种。中距离跑对人的速度耐力要求较高，长距离跑对人的耐力要求较高，但近年随着中长跑训练方法的改进，训练水平和竞赛水平不断提高，中长跑对速度的要求也越来越高。若运动员平均速度快、冲刺能力强，即很可能会获得比赛胜利。中距离跑包括 800 米跑和 1500 米跑。长距离跑包括 5000 米跑和 10000 米跑，其中女子项目还包括 3000 米跑。在我国，中长跑不仅是各级各类学校体育教学和《国家体育锻炼标准》的重要内容，还是广大学生锻炼身体的重要手段之一。本节将对中长跑的技术动作要领、练习方法及易犯错误与纠正方法进行介绍。

1. 中长跑的技术动作要领

高步频、积极有效的伸髋和快速有力的摆动动作，是现代中长跑技术的主要特征。因此，中长跑的动作要保持身体重心稳定，动作经济、自然、合理，并要有良好的节奏。

中长跑各项目的完整技术均可分为起跑、起跑后的加速跑、途中跑和终点跑四个主要技术环节。

（1）起跑和起跑后的加速跑　中长跑采用站立式起跑（见图 6-5）。当听到"各就位"口令后，先做几次深呼吸，然后走到起跑线后，两脚前后开立，有力脚在前，紧靠起跑线的后沿，前脚跟和后脚尖之间的距离约一脚长，两脚左右间隔约半脚，身体重心落在前脚上，后脚用前脚掌支撑站立。眼睛看前下方 3~5 米处，身体保持稳定，集中注意力听枪声或"跑"的口令。

听到枪声或"跑"的口令后，两腿用力蹬地。后腿蹬地后迅速前摆，前腿迅速蹬直，两臂配合两腿动作做快而有力的摆动，使身体快速向前冲出，在短时间内获得较快的跑速，从起跑过渡至加速跑阶段。

图 6-5　站立式起跑

加速跑时两腿迅速用力蹬地，配合两臂积极摆动，在较短时间内达到预计的速度。一般中距离跑的加速距离稍长。无论是在直道上起跑（1500 米）还是弯道上起跑（800 米），都应尽量沿跑道内侧切线方向跑进，以抢占有利位置。注意：短跑不得抢道，但中长跑可以抢道（正式比赛中 800 米跑是过完第一个弯道后抢道，业余比赛中通常不分道直接抢道；1500 米直接抢道）。

（2）途中跑　途中跑是中长跑的关键环节，其质量直接影响到最终成绩，且其距离较长，因此途中跑的节奏要调整好，动作轻松合理。途中跑有一半以上的距离是在弯道上跑的。弯道跑的技术与短跑基本相同，只是动作的幅度与用力程度较小。

1）上体姿势。正确的上体姿势是正直或稍前倾，头部自然，眼平视，面部和颈部的肌肉应放松。

2）后蹬与前摆。当摆动腿通过身体垂直部位向前摆动时，支撑腿的各个关节要迅速蹬伸，首先伸展髋关节，再迅速有力地伸展膝关节和踝关节。后蹬结束时，腿几乎伸直或伸直。蹬伸的时间应短促，这样才可在蹬伸后及时向前摆腿。

3）腾空。后蹬腿蹬离地面后，身体进入腾空时期。当后蹬腿的大腿开始向前摆动时，小腿顺惯性自然摆起，膝关节弯曲，形成大小腿折叠的姿势。

4）脚的着地与缓冲。当摆动腿的大腿开始下落时，膝关节也随之自然伸直，并用前脚掌着地。

5）摆臂动作。中长跑时，两臂稍微离开躯干，肘关节自然弯曲，以肩为轴前后自然摆动，摆幅要适当。

(3) 终点跑　终点跑是临近终点的一段加速跑，进入最后的直道时，要尽全力进行冲刺跑。什么时间加速、从哪里开始加速，应根据比赛的距离、个人训练水平和临场表现以及赛前制定的战术决定。高水平运动员一般在最后一个弯道时即开始加速，而较低水平的运动员可能在进入最后一个直道时开始加速。对于普通大学生而言，大多数可在保持途中跑速度的基础上在离终点最后30~50米适当加速后冲向终点。

(4) 中长跑中的呼吸　在中长跑中，呼吸对最终成绩有较大影响，因此，参加中长跑练习和训练的人应掌握正确的呼吸方法。刚开始跑时，可在自然呼吸的情况下加深呼吸，呼吸节奏与跑的节奏相配合。一般是跑两至三步一呼气，再跑两至三步一吸气，并有适宜的呼气深度。随着疲劳的出现，呼吸的频率有所增快，应着重将气呼出。

2. 中长跑的常用练习方法及错误纠正

(1) 跑的专门性练习　可通过小步跑、高抬腿跑、后蹬跑和车轮跑进行跑的专门性练习。

(2) 变速跑　变速跑是一种有计划地改变速度，以改进跑的技术，提高一般耐力或速度耐力的常用练习方法。具体有：

1）20米快跑接40米慢跑，循环若干次。

2）50米快跑接50米慢跑，循环若干次。

3）100米快跑接60米慢跑，循环若干次。

4）突然加速并保持一段距离后转为匀速或慢跑。

5）由长距离到短距离的快跑和慢跑（或由短到长），如400米→300米→200米→100米→80米→60米→40米→20米。初学者快跑距离较短些，慢跑长些。随着练习者水平的提高，逐渐加长快跑距离。注意：变速距离的长短、速度的快慢、强度的大小应根据练习的目的、要求和练习者的水平而定。

(3) 间歇跑　间歇跑是一种用较大强度跑完规定的距离后，按计划休息一定的时间再跑，以增强心血管系统的机能和无氧代谢能力的常用练习方法。具体有：

1）200~400米段落的间歇跑，要求速度接近或超过比赛速度。

2）400~600米段落的间歇跑，要求速度慢于比赛速度。

注意：在间歇跑练习过程中，间歇跑的速度快于比赛速度时，休息时间长一些，当练习者心率接近120次/分时进行下一次练习；间歇跑的速度慢于比赛速度时，休息时间短些，心率没有接近120次/分时，就进行下一次练习。

(4) 定时跑　定时跑是一种发展人的一般耐力和跑的能力，掌握和改进跑的技术，增强内脏器官机能，培养练习者的速度感觉的常用练习方法。具体有：

1）规定跑的时间，不要求跑的距离。例如，田径场地内5分钟、10分钟、15分钟、20分钟定时跑；公路或田野30分钟定时跑。要求跑时动作放松，速度快慢自己调整，时间到了即结束。

2）规定时间内跑完规定距离。如在 12 分钟内跑完 1800 米，20 分钟内跑完 4000 米。注意跑时着重体会跑的节奏和速度感。

（5）反复跑　反复跑是一种发展人的速度和速度耐力的常用练习方法。具体有：

1）150 米跑 1～2 次。要求采用 70% 力量跑，休息 2～3 分钟。

2）600 米跑 1～2 次。要求采用 70% 力量跑，休息 3～4 分钟。

注意：具体重复次数应根据练习者的体力来定，恰当地掌握休息时间。

（6）利用自然条件做跑的练习　在自然环境中练习上坡跑、下坡跑、沙地跑、林间跑等，可增加练习者的兴奋性，从而提高练习效果。

（7）中长跑的易犯错误与纠正方法

1）途中跑的呼吸节奏和跑的节奏配合不好。

纠正方法：熟练途中跑的蹬、摆动作的协调配合；熟练呼吸节奏与跑的节奏配合，三步一吸、三步一呼或者两步一吸、两步一呼。

2）后蹬不充分，坐着跑。

纠正方法：进行跑的专门性练习，提高髋关节的灵活性和增强腿部力量。

三、跨栏跑

跨栏跑（hurdle race）比赛项目分为男子 110 米跨栏跑和 400 米跨栏跑两种，均在 1896 年被列为奥运会的正式比赛项目。奥运会女子跨栏跑项目分为 100 米跨栏跑和 400 米跨栏跑两种。以下将对跨栏跑的技术动作要领、练习方法及易犯错误与纠正方法进行介绍。

1. 跨栏跑的技术动作要领

跨栏跑的基本技术可分为起跑至第一栏的技术、过栏技术和栏间跑技术。

（1）起跑至第一栏的技术　起跑的过程与短跑基本相同，起跑至第一栏起跨点一般采用 8 步起跨，起跑时应把起跨脚放在前起跑器上。起跑后上体抬起要比短跑时来得快。

（2）过栏技术　过栏是跨栏技术的关键部分，它由起跨、腾空过栏和下栏着地等动作组成。

1）起跨。起跨前应保持较高的跑速，最后一步比前一步的步长小一点。当起跨腿脚掌着地时，摆动腿由体后向前摆动，大小腿在体后开始折叠，膝关节摆至超过腰部高度。两腿蹬摆配合完成起跨，运动过程中上体随之加大前倾，摆动腿异侧臂往前上方摆出，另一臂屈肘摆至体侧，形成"攻栏姿势"。

2）腾空过栏。腾空后身体重心沿着起跨所形成的腾空轨迹向前运行。起跨腿蹬离地面后，摆动腿大腿继续向前上方摆至膝关节超过栏架高度，小腿迅速前摆，当脚掌接近栏架时，摆动腿几乎伸直，脚尖微微上翘。摆动腿的异侧肩臂一起伸向栏架上方。上体加大前倾，使头部接近或超过摆动腿的膝略高于踝。

3）下栏着地。摆动腿积极下压，起跨腿加速向前提拉，以髋为轴完成两腿剪绞动作。摆动腿脚掌移过栏架的同时，起跨腿屈膝外展，小腿收紧抬平，脚尖勾起足跟靠臀，以膝领先经腋下加速前拉。当脚掌过栏后，膝继续收紧向身体中线高抬，脚掌沿最短路线向前摆出，身体成高抬腿跑的姿势，伸直下压的摆动腿在接触地面时，前脚掌做积极扒地动作。

（3）栏间跑技术　110米和100米栏间三步步长不等，每步步速和支撑、腾空时间的关系都有变化，这就构成栏间跑所特有的节奏。

栏间跑第一步的水平速度因过栏有所降低，蹬地起步时膝关节始终伸直，因而第一步短于后面两步；第二步的动作结构和支撑及腾空时间关系大致与短跑的途中跑相同；第三步因准备起跨形成一个快速短步，动作特点与跨第一栏的最后一步相同。

2．跨栏跑的常用练习方法及错误纠正

（1）跨栏坐　坐在地上做模仿过栏时的腿部和手臂动作，以初步建立过栏时手、腿配合的技术概念，发展柔韧性。

（2）攻摆练习　模仿跨栏步上栏动作的练习，以学习掌握攻栏时起跨腿充分蹬伸和摆动腿屈膝前摆高抬技术，提高积极攻栏意识。

（3）摆动腿过栏模仿练习（鞭打练习）　摆动腿前摆高抬积极下压，小腿前伸着地，以模仿摆动腿过栏的动作。

（4）原地起跨腿提拉过栏练习　学习掌握起跨腿的过栏技术，提高髋关节的柔韧性和灵活性。

（5）跨栏步模仿练习　在走步中模仿两腿的过栏动作，以强化过栏时上、下肢协调配合的完整技术。

（6）栏侧攻摆和提拉过栏练习　在走步中从栏侧完成过栏动作。

（7）栏间节奏跑模仿过栏练习　初步建立三步过栏和跑栏的概念。

（8）摆动腿过栏　学习摆动腿的攻栏、提拉过栏技术。

（9）放松跑过栏　以中等速度跑进，从栏侧和栏上做完整跨栏动作，以掌握正确的过栏技术。

（10）起跑6~8步过第一栏　学习起跑上第一栏及跨栏技术。

（11）起跑过3~5个栏　强化起跑上第一栏、过栏及栏间跑相结合技术。

（12）跨栏跑的易犯错误与纠正方法

1）直腿攻摆。

纠正方法：观看优秀运动员的录像，用摄像机拍摄自己的动作并与优秀运动员的动作进行比较并找出不足；面对肋木、墙壁多做攻摆练习，一定要有意识做大小腿折叠和向前上方摆动的动作；多做膝关节放松摆伸练习，熟练掌握攻摆动作。

2）跳栏。

纠正方法：确定适宜的起跨点，使起跨点距栏架不短于自己的七个脚掌长，适当加快栏前跑的速度；利用活动轻便的铝塑管代替栏架的横板做跨栏练习，消除害怕碰栏的顾虑，当有信心时转入正式栏架的练习；加强柔韧性练习，掌握摆动腿屈腿摆动的攻栏技术。

3）上栏前拉大步。

纠正方法：在第一步落地点画上标志，以加大下栏后第一步的步长，并注意下栏后要保持速度，强化过栏后紧接跑的意识；缩短栏间距或降低栏架高度，也可适当重复练习栏间5步跑的连续跨栏；发展腿部力量，提高弹跳力，注意改善平跑技术。

四、接力跑

接力跑（relay race）是田径运动中唯一的集体项目，也是田径运动中观赏性非常强的项目之一。它以队为单位，每队4人，每人跑完一定的距离，用接力棒或接力带进行传递，相互配合跑完全程。其起源有多种说法，有的认为起源于古代奥运会祭祀仪式中的火炬传递，也有的认为是从传递文书的邮驿演变而来。

目前，在田径场跑道上正式比赛的接力跑具体项目有男、女4×100米接力跑（4×100 the race relay to run）和4×400米接力跑（4×400 the race relay to run）。有时举行4×200米接力跑和4×800米接力跑。还有在公路上举行的接力赛，如公路马拉松接力赛。奥运会比赛项目分男、女4×100米接力跑和4×400米接力跑。1908年第4届奥运会上首次设立接力项目，但各运动员所跑距离不等。1912年第5届奥运会改设4×100米接力跑和4×400米接力跑。在接力跑比赛中，运动员必须持棒跑完各自规定的距离，并且必须在20米的接力区内完成交接棒。以下将介绍接力跑的技术动作要领、练习方法及易犯错误与纠正方法。

1. 4×100米接力跑的技术动作要领

（1）起跑　起跑可分为持棒起跑和接棒起跑两种。

1）持棒起跑。持棒起跑的起跑姿势为蹲踞式起跑，通常右手持棒，用右手的中指、无名指和小指握住棒的下端，拇指和食指分开，虎口朝前呈"人"字形撑地，起跑的基本技术与短跑相同。注意：不管是4×100米接力跑还是4×400米接力跑，均从弯道起跑开始。第一棒的选手是持棒起跑，而其他三棒的选手则是接棒起跑。

2）接棒起跑。接棒起跑一般采用半蹲踞式或站立式起跑姿势进行起跑。第二、四棒选手站于跑道外侧，第三棒选手站于跑道内侧。起跑时眼看传棒选手并进入加速跑状态。

（2）传、接棒技术　传、接棒技术是接力跑的关键技术之一，传、接棒顺利与否直接影响到接力跑的最终成绩。在2008年北京奥运会上，短跑实力强劲的美国田径队在男、女4×100米接力赛和男子4×400米接力赛中均因为掉棒而失去进入决赛的机会。因此，传、接棒技术是十分重要的。

4×100米接力跑传、接棒技术可分为三个阶段：预备阶段、加速阶段和传、接棒阶段。在预备阶段，传棒人须尽可能保持最大跑速，接棒人则须准确掌握起跑时机；在加速阶段，传棒人须继续保持跑进速度，接棒人则须尽最大能力进行加速，使二人的速度尽量一致；在传、接棒阶段，运用专门的技术在最短时间内完成接力棒的传、接。这里主要向大家介绍传、接棒方法。

传、接棒方法可分为上挑式和下压式两种。

1）上挑式。上挑式传、接棒技术的动作要领是：接棒运动员手向后伸出，基本与臀部同高；接棒运动员拇指张开，其余四指并拢，掌心朝向地面，传棒运动员将接力棒的中下端由下向上挑压在接棒运动员手中；传、接棒时二人距离小于1米（见图6-6）。采用此方法传、接棒时，接棒人相对轻松，易发挥速度，但容易掉棒。

2）下压式。下压式传、接棒技术的动作要领是：接棒运动员手向后伸出，手臂基本与地面平行；接棒运动员拇指张开，其余四指并拢，掌心朝向上，传棒运动员将接力棒的上端由上向下压在接棒运动员手中；传、接棒时二人距离大于1米（见图6-7）。采用此方法传、接棒时，接棒相对安全，但上肢躯干较为紧张，影响接棒人速度的发挥。

图6-6 上挑式传、接棒

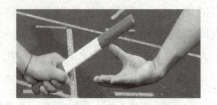
图6-7 下压式传、接棒

此外，还有混合式传、接棒。在4×100米接力跑中，第一棒采用上挑式将棒传出，第二棒采用下压式将棒传出，第三棒则继续采用上挑式。

传、接棒的时机也是非常重要的。若想掌握较理想的传、接棒时机，须做到以下几点：

1）传、接棒运动员须在30米区间内（包括预跑区和接力区）达到速度的一致，即二人的速度几乎相等。

2）初学者的交接棒位置一般在20米接力区的中间位置。

3）达到一定训练水平的运动员则根据各人的速度特点确定交接棒位置。通常传棒运动员速度快于接棒运动员时，交接棒位置应靠近接力区的后1/3处；如相反，则应靠近接力区的开始1/3处。

（3）接力人员的棒次安排　4×100米接力跑成绩主要取决于各队员的短跑速度和传、接棒技术。在棒次安排上，一般第一棒选择善于起跑和弯道跑的选手；第二棒则是传、接棒技术熟练且速度耐力较好的选手；第三棒选手除具备与第二棒相同的长处外，还应善于跑弯道；第四棒应选择短跑成绩最好、冲刺能力最强的选手。

2. 4×400米接力跑的技术动作要领

由于4×400米接力跑的速度较慢，故传、接棒技术相对简单。概括起来为：接棒运动员面向传棒运动员，左手后伸等待传棒运动员；接棒运动员根据传棒运动员的跑进速度进行加速跑；传棒运动员右手持棒将接力棒传给接棒运动员；接棒运动员接棒以后迅速将接力棒交换至右手。

在棒次安排上，一般将实力较强的选手放在第一棒，以便在第一棒过后成为领先者。第四棒选择实力最强的选手。第二、三棒选手实力大概相同。

3. 接力跑的常用练习方法及错误纠正

（1）起跑练习　对跑第一棒的运动员进行持棒弯道起跑练习，以增强起跑时对器械的感觉。

（2）起动练习

1）听信号起动练习。练习者在接力区后10米左右做半蹲踞式或站立式起跑姿势，集中注意力听教练员、教师或同伴的信号，听到信号后做加速跑练习。

2）模拟传、接棒起动练习。练习者在接力区后10米左右做半蹲踞式或站立式起跑姿势，头向侧后方看，看陪练队员跑进到后面标志线时，做加速跑练习，陪练队员的跑进速度应由慢到快。

（3）弯道跑练习　弯道跑主要是针对 4×100 米的第一、三棒运动员而言的。练习者应反复地持棒进行弯道跑练习，增加对器械的感觉，找到适合自己的持棒方式。

（4）传、接棒配合练习

1）配对分组：在接力跑每棒的人员确定后，第一棒与第二棒队员配对练习，第三棒与第四棒队员配对练习，在熟练掌握传、接棒技术后，第二棒与第三棒队员再配对练习。

2）步骤：画好接力区，50~80 米分段进行传、接棒练习（主要针对 4×100 米接力）。传棒运动员跑到标志点后发出口令，接棒人听到口令后，向后伸臂果断、稳定，不可左右晃动。传棒队员发出口令后，必须有一定的间隙，便于看清同伴伸出手后，准确传棒。通过反复练习，两名队员应确定起动标志点和传、接棒的方式。

（5）全队练习　分段练习熟练后，应集合全队进行完整练习，并在完整练习过程中发现问题，以便及时改进。

（6）接力跑的易犯错误与纠正方法

1）接棒人过早地超越传、接棒标志线，使传棒人无法向他（她）传棒。

纠正方法：全神贯注地起跑，缩短起跑标志线和接力区的距离，经常在高速跑的情况下练习传、接棒动作；正确判断同伴的跑速和自己的竞技状态。

2）接棒人未在接应跑的跑道一侧跑进，给传递接力棒造成困难。

纠正方法：反复讲解和示范各棒次队员正确的跑进路线和传、接棒技术，在队员形成正确的概念后再反复练习。

3）传棒人超过接棒人。

纠正方法：全神贯注地起跑，延长起跑标志线和接力区的距离，经常在高速跑的情况下练习传、接棒动作；正确判断同伴的跑速和自己的竞技状态。

4）传棒人持棒臂前送太早，或接棒人接棒臂后伸太早，或起跑时接棒臂就拖曳在后，影响跑速的发挥。

纠正方法：在特别强调应注意的动作与意义的情况下，反复进行传、接棒动作练习；消除紧张心理。

5）掉棒。

纠正方法：在中速跑中安全地传、接棒，传、接棒时严格按照先后次序；传棒人应负主要责任，必须握紧棒，直到安全送到接棒人手中为止；明确传、接棒时手持棒的正确部位。

实训设计

长跑中呼吸与步法的配合

【目标】通过实训，注意长跑中呼吸与步法的配合。

【内容】长跑过程中呼吸与手臂摆动、步伐的配合性训练。

【场地】田径场或空地。

【方法与步骤】1. 学习呼吸的方法和一些练习呼吸的辅助方法，如肺活量练习等，并慢慢过渡到与手臂的摆动配合，要求一次或者两次手臂摆动做一次呼吸配合。注意：刚开始摆臂的速度不要过快，经常性地进行反复练习，呼吸与手臂的配合就会慢慢协调起来。

2. 在进入中长跑练习的初始阶段，应突出强调呼吸自然就行。心静体松，呼吸与步子紧密配合，呼吸柔和细长。

3. 增强"呼吸"意识，突出呼吸与步子的紧密配合，克服"极点"。

第三节　田赛类

田径运动中的田赛项目包括跳跃类和投掷类两大类。其中，跳跃类项目包括跳远、三级跳远、跳高和撑竿跳高；投掷类项目包括铅球、标枪、铁饼和链球。本节将主要介绍跳远、跳高、推铅球和掷标枪的技术动作要领、常用练习方法及易犯错误与纠正方法。

一、跳远

跳远（long jump）是田径运动中最古老的项目之一，在公元前 708 年第 18 届古代奥运会上就设有跳远项目的比赛。近代跳远比赛则始于英国，1800 年，苏格兰运动会已有跳远比赛；1814 年 10 月 19 日，德国体操日的竞赛项目也设有跳远项目；1851 年，跳远被列为英国牛津大学的田径比赛项目，此后，它便成了田径家族中的一名成员。跳远在 1896 年第 1 届现代奥运会上即为比赛项目之一，但直至 1948 年女子才被允许参加奥运会的跳远比赛。

1. 跳远的技术动作要领

跳远技术可分为助跑、起跳、腾空和落地四个部分。

（1）助跑　跳远的助跑是一个加速的过程，其目的是获得高的水平速度，为准确、快速有力地踏板和起跳创造有利条件。

助跑时的起跑一般有两种姿势：一种是"半蹲式"，即两腿微屈，两脚左右几乎平行站立；另一种是行进间走几步或跑几步后再加速。此两种姿势各有利弊：第一种姿势有利于提高助跑的准确性；第二种姿势虽比较容易发挥跑动速度，但对助跑的准确性要求高。

助跑时的加速方法也分为两种：一种是积极加速；另一种是逐渐加速。其中，由于逐渐加速与一般加速跑类似，跑的动作比较放松、自然，踏板准确性较好，故为大多数跳远运动员所选用。助跑刚开始的几步身体前倾较大，脚积极扒地，双臂用力前后摆动；随着速度的增加，到助跑中段时身体前倾角度逐渐变小，腿和臂的幅度均加大，跑动有一定的弹性，每次的节奏步幅和频率不能相差太大，身体重心保持在较高的位置；最后几步在保持助跑中段动作的基础上加快步频，为踏板做准备。

（2）起跳　在助跑的最后一步，起跳脚采用像跑时那样的"扒地"动作，积极下落着板，脚跟与脚掌几乎同时触及跳板；脚着板后身体被迫缓冲，此时身体保持较直的姿势，使身体重心仍保持在较高的位置，以利于身体前移；当身体重心到达支撑脚上方时开始进行蹬伸动作，此时脚快速用力蹬地，同时两臂稍曲由后往前上方摆动，向前上方跳起腾空，并充分展体。

(3) 腾空和落地　目前跳远的腾空姿势包括蹲踞式、挺身式和走步式三种。在这里主要介绍蹲踞式和挺身式的动作要领。

1) 蹲踞式。在"腾空步"后，起跳腿逐渐向摆腿靠拢，然后两腿一起上举，使膝接近胸部。

2) 挺身式。起跳腾空后放下摆动腿，膝关节放松，大小腿向后摆；展髋挺胸，两腿放松，自然伸展并靠拢；两臂配合摆动腿大腿的放下动作由侧向上绕举，成斜上举，展胸并上体稍后仰，成空中挺身姿势，维持身体平衡；落地前，两臂由上向前下摆，同时收腹屈髋，大腿上举。

准备落地时向前伸举小腿，低头，上体前倾同时两臂向体侧后摆；落地时两脚并拢，脚跟触沙，后脚掌下压，同时屈髋、屈膝、两臂向前回摆，帮助身体重心快速前移，用前倒或侧倒的方法落地。

(4) 跳远的步点测量方法　跳远是一项技术性很强的项目，要想跳出好成绩，踏准步点是非常关键的。这里介绍两种常用的步点测量方法。

1) 走步法。在通常的情况下，采用自己的便步走（即平常走路的步子），助跑步数乘以 2 再减 2 等于走步数。如助跑 8 步，以走步数为 $8 \times 2 - 2 = 14$ 步。若助跑步数超过 10 步，则每多助跑一步增加走两步的距离。如助跑 12 步，以走步数为 $(10 \times 2 - 2) + 2 \times 2 = 22$ 步。经过反复助跑进行调整，最后确定下来。

2) 测量法。先把自己要跑的步数告诉同伴，然后从起跑点向起跳区加速助跑；同伴站在起跳区附近一侧，数助跑人一侧（左或右）腿跑至起跳区附近落脚的步数，看清最后一步的准确落脚处，立即做出标记，最后将步数乘以 2 即是实际准确跑的步数。经过几次练习调整好步点，确定起跳线。

2. 跳远的常用练习方法及错误纠正

(1) 上一步踏跳模仿练习　由摆动腿在前、踏跳腿在后站立开始，摆动腿后蹬、踏跳腿向前迈步做踏跳动作时，摆动腿很快向前上方摆起，提肩拔腰，两臂前摆，头稍扬起，下颌微抬，身体腾空后用摆动腿落地。

(2) 助跑 3~5 步，进行踏跳练习　在进行踏跳练习时，要求踏跳腿充分蹬直，动作快而有力。当身体腾空时，要注意头的正确姿态。熟练后进行短距离助跑踏跳练习，最后过渡至完整跳远练习。

(3) 蹲踞式跳远腾空与落地技术的练习方法

1) 原地纵跳屈膝团身，两手触脚，大腿尽量靠近胸部，落下时用前脚掌着地。

2) 短距离助跑起跳成腾空步后，起跳腿向摆动腿靠拢，双腿越过一定的高度（横拉的皮筋或栏架），然后落入沙坑。

3) 在低跳箱上向沙坑内做立定跳远，落地时小腿积极前伸，脚跟触沙后迅速屈膝，脚掌下压，双臂配合积极前摆。

4）利用弹簧板做短程助跑起跳，成腾空步后，起跳腿与摆动腿并拢完成空中蹲踞姿势，然后做伸腿落地动作。

（4）挺身式跳远腾空与落地技术的练习方法

1）原地模仿挺身式跳远的空中动作。支撑腿为起跳腿，摆动腿屈膝前摆，随即放腿并向右摆，髋部前展，同时两臂配合腿的动作向下侧后方绕摆至侧上方，注意体会放腿与展髋的动作。

2）起跳腿支撑站立，随口令做摆臂、摆腿、放腿、挺身、展髋的单足立定跳远，着重体会臂和腿的配合动作。

3）利用弹簧板做短程助跑起跳成腾空步后，下放摆动腿并落在沙坑内然后跑出，体会摆臂与展体的动作。

（5）跳远的易犯错误与纠正方法

1）助跑垫步上踏跳板。

纠正方法：练习时若发现垫步，立即由教练员、教师或同伴指出，并按正确步法练习。

2）助跑步点不准。

纠正方法：固定开始助跑姿势和加速距离，预先做好标志或固定加速步数，并注意场地、气候和练习者身体状态的变化。

3）助跑最后几步降速。

纠正方法：克服怕犯规的心理因素，提醒练习者在前程助跑时慢一些、放松些，最后不要降速。

4）起跳腿蹬不直，起跳向前不向上。

纠正方法：手扶肋木或栏杆等物侧向站立，做起跳腿蹬伸送髋动作；多做短距离助跑起跳，头触高悬物，并发展腿部力量。

5）蹲踞式跳远腾空时身体向前旋转。

纠正方法：连续做助跑起跳练习，着重改进摆腿和摆臂动作。

6）挺身式跳远中以挺腹代替挺身。

纠正方法：在两臂悬垂或支撑状态下做挺身式模仿动作。要求头部正直，下放摆动腿时应先向下伸展髋部，然后稍向后摆，而起跳腿屈膝稍向前提，形成摆动腿较直、起跳腿较稍屈膝的姿势。

二、跳高

跳高（high jump）起源于古代人类在生活和劳动中越过垂直障碍的活动。现代跳高始于欧洲，男子跳高在1896年第1届现代奥运会上就被列为比赛项目，女子跳高则在1928年被列为奥运会比赛项目。截至2021年，世界跳高纪录为：男子方面由古巴的索托马约尔保持室外世界跳高纪录2.45米和室内世界跳高纪录2.43米；女子方面由保加利亚的科斯塔迪诺娃保持室外世界跳高纪录2.09米，瑞典的博格奎斯特保持室内世界跳高纪录2.08米。1957年我国优秀女运动员郑凤荣采用剪式跳高姿势以1.77米的成绩打破了1.76米的女子跳高世纪录,成为我国田径史上第一个创造世界纪录的运动员;1981年我国男运动员朱建华采用背越式跳高越过2.30米高度,打破了当时的亚洲男子跳高纪录。1983年到1984年间,朱建华更是三破世界记录。

跳高技术由助跑、起跳、过杆和落地四个部分组成。由于过杆的动作不一,跳高主要分为跨越式跳高、俯卧式跳高和背越式跳高等形式。这里重点介绍跨越式和背越式两种跳高形式的技术动作要领、常用练习方法及易犯错误与纠正方法。

1. 跨越式跳高

(1) 技术动作要领

1) 助跑。跨越式跳高助跑线路是从横杆的侧面与横杆成30°~60°夹角的方向直线助跑,一般助跑6~8步,逐步加快助跑的节奏,远离横杆的腿做起跳腿。其中助跑线路的角度和步数,根据运动员不同情况可以自行调整。

2) 起跳。助跑的最后一步起跳脚快速有力的蹬地,以髋带动摆动腿积极朝助跑方向摆动,当摆动腿靠近起跳腿时,勾脚尖直腿向前上方高摆,手臂充向上摆动,顺势地完成起跳动作。其中,起跳脚先用脚跟着地,迅速的滚动到全脚掌;起跳点位置一般在距离横杆垂直面的60~80厘米,离近侧跳高架立柱约1米的地方。

3) 过杆。过杆时摆动腿伸直并向内转下压过杆,同时起跳脚向外旋迅速向上抬,上体适当前倾稍向起跳腿一侧扭转,帮助臀部顺利摆脱横杆从而完成过杆动作。

4) 落地。过杆后身体侧对横杆,摆动腿先落下,屈膝缓冲。

(2) 常用练习方法

1) 短距离助跑练习。加速跑20~30米,步幅大,平稳降低重心,最后三步加快节奏。

2) 手扶固定物摆动腿练习。起跳腿一侧手扶物体侧向站立,支撑腿由脚跟到脚尖滚动,摆动腿由体后向前上高摆,当大腿摆直与地面垂直时,直膝伸小腿勾脚尖快速前上摆,同时保持上体正直。

3) 起跳腿蹬伸练习。走或者慢跑做练习,起跳脚在后,然后起跳脚向前迈步,经放脚、着地、滚动、缓冲后快速蹬伸。

4) 原地起跳摆臂的模仿练习。两脚前后开立,起跳腿在前,两臂放在体侧后方,然后用力向前摆臂。当上臂摆至与肩同高时,要做"突停"动作,以提高身体重心。当熟练摆臂动作后,适时结合下肢动作进行练习,逐渐过渡到完整的起跳技术。

5) 过杆练习。原地或者慢跑起跳跨越橡皮筋,要配合躯干,手臂动作模仿过杆。

(3) 易犯错误与纠正方法

1) 助跑速度慢,步间节奏不准,动作不自然,步点不对,助跑与起跳不能正常衔接。

纠正方法:多练习短距离加速跑;反复练习助跑;在场地上按照标志助跑,熟练助跑步点;反复练习助跑最后三步连接起跳动作。

2) 起跳时屈髋后坐,摆腿无力,蹬地无力,起跳时制动不及时,身体前冲或向横杆倒体。

纠正方法:反复练习迈步起跳;加强腿部柔韧性练习;反复做助跑起跳摸高练习。

3) 腿部动作不协调,臀部不能顺利过杆。

纠正方法:锻炼腿部的柔韧性,增强髋部灵活性。

2. 背越式跳高

（1）技术动作要领

1）助跑。背越式跳高的助跑比较接近于普通跑，一般助跑8～12步，全程呈抛物线或直线接抛物线曲线。直线助跑段，一般跑4～5步，动作轻松、自然、有弹性，重心较高，后蹬、前摆的幅度较大；弧线助跑段，一般也跑4～5步，身体稍内倾，以前脚掌着地，节奏鲜明，摆臂与弯道途中跑相似；倒数第二步，步幅稍大，用全脚掌着地，最后一步稍小，速度要快，两臂配合积极摆动，准备起跳；起跳点距横杆垂直面70～100厘米。

2）起跳。助跑倒数第二步时，支撑腿以全脚掌着地，步幅稍大，重心稍下降，同时摆动腿积极擦地面前迈，向前上方推送髋关节，上体稍后仰，保持内倾；起跳腿踏上起跳点时，摆动腿顺势上摆，同时摆臂向上；起跳腿迅速蹬伸髋、膝、踝关节，起跳腿的异侧臂上伸，躯干充分伸展，整个身体几乎与地面垂直。

3）过杆。保持起跳腿蹬伸、摆动腿沿起跳腿异侧臂方向向上摆动、躯干充分伸展的身体姿势，继续向上；离地后，身体转动成背对横杆，起跳腿下垂，摆动腿逐渐放下；当头和肩越过横杆后，迅速沉肩，两臂置于体侧，髋关节向上挺起，形成"背弓"；这时两膝自然弯曲、分开，小腿自然下垂；当髋关节过杆之后，肩继续下潜，稍抬头，收腹，抬大腿，小腿自然上甩，使整个身体过杆（见图6-8）。

图6-8　背越式跳高过杆

4）落地。落地过杆后，以肩和背部落海绵包缓冲。

5）步点丈量方法。以左脚起跳为例，步点丈量方法分为走步丈量法和等半径丈量法两种。

方法一：走步丈量法。先确定起跳点。起跳点的位置一般在离近侧跳高架的立柱1米左右（或横杆长的1/4），离横杆投影点50～90厘米处。由起跳点沿横杆的平行方向向前自然走5步，再向右转成直角向前自然走6步做一标志，由此点向起跳点以约5米的半径画弧，即成最后4步的助跑弧线；从标记点再向前走7步自然步画起跑点，定为前段直线跑5步距离。全程共跑8步。

方法二：等半径丈量法。助跑距离为9～13步。起跑点离横杆15～20米，与内侧跳高架向外延伸线之间的距离为3～5米。助跑弧线的半径取决于助跑的速度，速度越快，半径越长。初学者变化幅度一般为6～8米。起跳点和横杆之间的距离视横杆的增高高度而向外移。

（2）常用练习方法

1）原地蹬摆练习。站立，一手抓支撑物，起跳腿在前，摆动腿在后，摆动腿向异侧肩的前上方摆动，起跳腿配合充分蹬伸。要求摆腿屈膝折叠并膝内扣，加速摆至最高点，异侧臂配合上摆，同时拨腰、顶肩，髋部前送并扭转。

2）绕圈走动起跳练习。站立，起跳腿在后，摆动腿在前，起跳腿向前迈步放脚，摆动腿积极向前摆动。要求沿直径为15～20米的圆圈走动，起跳腿积极主动向前迈步放脚，并在摆动腿与手臂的有力配合下迅速完成起跳。

3）弧线助跑起跳练习。在练习2的基础上分别用1步、2步、3步助跑转体1/4垂直纵跳，两脚落地。要求蹬摆配合协调一致，动作快速有力，助跑节奏清楚，最后两步和起跳连贯，体会弧线助跑转入起跳时上体由内倾到竖直的垂直用力感觉。双脚落地，是为了使摆动腿努力下沉，有利于按"桥"形完成过杆动作。此练习可在两个跳高架之间吊拉橡皮筋，高度宜控制在练习者起跳后头顶刚好能够触及。

4）原地倒肩挺髋练习。背对海绵包站立，倒肩挺髋成"桥"，肩背着垫。要求挺髋挺腹，两臂屈肘外展。

5）原地背越式跳高练习。背对海绵包站立，两腿屈膝半蹲，然后提踵发力向上跳起，形成典型的"桥"形腾空姿势，接着屈髋，向上积极甩小腿，用整个背落垫。要求在用力向上起跳之后，两臂配合上摆、挺髋、挺胸、肩后倒下沉，两小腿放松下垂，体会空中背弓的肌肉感觉。落地前两小腿积极上甩，动作自然放松。

此练习开始可以不用横杆，动作熟练后再用橡皮筋、横杆。另外，为了增加腾空高度，可站在低跳箱或起跳板上进行。

6）弧线助跑做背越式跳高练习。可采用先1步助跑，然后3步、5步助跑做背越式跳高练习。弧线助跑最后两步起跳要与过杆技术有机衔接。开始练习时，应将重点集中在起跳和腾空动作的正确结合上。初学者可在起跳点放置起跳板，增加腾空高度；另外，也可以增加垫子的高度。在技术上要求做到助跑点准确；起跳充分向上"旋转"；过杆时身体舒展成"桥"形，与横杆大致成十字交叉；头、肩、背和小腿依次越过横杆后，肩背领先落垫。

7）全程助跑起跳练习。采用7~9步助跑距离，即直线跑3~5步、弧线跑4~5步的方法进行助跑起跳练习。要求助跑速度快、节奏性强、步点固定。注意体会助跑与起跳的结合，尽量保持"旋起"动作至高垫顶上。

8）完整技术练习。在熟练掌握全程助跑与起跳节奏的基础上，先做较低高度过杆练习，熟练后逐渐增加横杆的高度。在完整技术练习中，要做到最后4~5步助跑的足迹落在弧线上，起跳脚的着地点要正，起跳力方向要正。起跳结束时，身体由倾斜转入直立姿势向上腾起。过杆时，后引双肩、挺髋，小腿放松下垂，完成"桥"的动作。助跑时身体重心移动要稳，过杆后肩背落垫要平稳。

(3) 易犯错误与纠正方法

1）助跑节奏紊乱，助跑与起跳结合不好。

纠正方法：改进直线进入弧线的助跑技术，调整适合自身特点的助跑步点，按画好的每步标志反复进行练习；跳越跨栏架的练习，采用栏间跑3、5、7步培养节奏感和目测距离的能力。

2）跳向前冲力太大而跳不起来。

纠正方法：多做短、中程助跑起跳的结合练习，改进起跳脚快速着地，摆动腿和摆臂的有力上摆、提肩、拔腰技术，提高助跑结合起跳的速度。另外，可多做弧线助跑结合起跳后身体落在高垫上的练习，强调身体从内倾迅速转成垂直和正确完成起跳后再做过杆动作。

3）跳时制动大，减弱水平速度，做过杆动作时，身体压杆。

纠正方法：多做弧线助跑起跳的模仿练习。弧线助跑起跳后用头触高物，强调起跳要积极，上体要正直。

4）"坐"着过杆，臀部及大腿碰落横杆。

纠正方法：利用跳板或跳箱，做立定背越式跳高，注意延长挺髋时间；逐渐增加高度，克服害怕心理，用肩背落垫。

5）斜交叉过杆。

纠正方法：结合摆臂动作多做原地蹬摆起跳模仿练习；弧线助跑起跳触高物转体 90°。短程助跑起跳过杆练习，在垫上画出落垫点，使肩背朝落垫点着垫。

6）杆上动作僵直。

纠正方法：加强柔韧性、灵敏性和协调性练习，提高动作和放松能力。在山羊或跳箱上做仰卧背弓、顺势屈小腿举小腿练习，立定背越式跳越橡皮筋练习，体会倒肩、抬臀、挺髋，屈小腿过杆后小腿自然上甩，肩背落垫的动作。还可以做中短距离助跑起跳过杆练习。降低横杆高度，用橡皮筋代替横杆，消除心理上的害怕等因素。

三、推铅球

推铅球（shot put）是速度力量型项目，要求运动员具有良好的力量素质和爆发力。推铅球的技术主要有侧向滑步推铅球、背向滑步推铅球和背向旋转推铅球。以下主要介绍前两种的技术动作要领、常用练习方法及易犯错误与纠正方法。

1. 推铅球的技术动作要领

（1）握球　五指自然分开，球在食指、中指和无名指的指跟处，拇指和小指在球的两侧，手腕背屈（见图 6-9）。这样可以增加握球稳定性，从而使铅球获得最大的速度。

（2）持球　以右手持球为例。握好球后，将球放在锁骨窝处，贴于颈部，右臂屈肘，掌心向前，上臂与肩齐平或略低于肩，左臂自然上举。

握球和持球动作比较细腻，对于细节之处，运动员可以根据自己的情况找到最舒适的动作，从而能更好地发挥肌肉力量。

（3）滑步前的预备姿势

1）侧向滑步预备姿势。侧对投掷方向，左腿弯曲站在投掷圈的后沿的直径线上，右腿外侧靠近投掷圈的后沿，身体重心在右腿上，左腿前脚掌着地，身体向右倾斜，眼看右下方（见图 6-10）。

2）背向滑步预备姿势。背对投掷方向，两脚前后开立，右脚在前，脚尖贴近投掷圈后沿，左腿屈膝，以前脚掌着地，上体稍前倾目视前下方，身体重心在右腿上（见图 6-11）。

图 6-9　握球　　　图 6-10　侧向滑步预备姿势　　　图 6-11　背向滑步预备姿势

(4) 滑步

1) 侧向滑步。做好预备姿势后，腿向投掷方向做一到两次预摆，当最后一次预摆左腿回摆时，降低重心，右腿弯曲；左腿回摆到靠近右腿时，右腿用力蹬地，左大腿带动小腿向投掷方向摆出，用蹬地摆腿的力量带动髋前移；右腿充分蹬直后，前脚掌沿地面滑至投掷圈中心附近，快速收小腿，左腿迅速地以前脚掌内侧着地，完成滑步（见图6-12）。

图 6-12　侧向滑步推铅球

2) 背向滑步。做好背向滑步预备动作之后，先做预摆，左腿自然弯曲，大腿用力向后上方平稳摆起，右腿伸直，前脚掌支撑体重，上体前倾；左腿摆到一定高度时，左腿回收，右腿逐渐弯曲；当左腿回收贴近右腿时，身体重心向后移，紧接着左腿大腿向投掷方向摆出，同时右腿用力蹬伸，身体重心随着惯性向推球方向移动；当右腿蹬直后，迅速收回小腿，右脚、右膝在收回的过程中向左转，右脚掌沿地面滑至投掷圈中心附近，左脚积极用前脚掌内侧着地，完成滑步（见图6-13）。

图 6-13　背向滑步推铅球

（5）最后用力　最后用力是推铅球的关键环节，动作的正确性与否直接影响着铅球出手的速度、角度和高度。

当滑步结束后，右髋积极向投掷方向转动，形成肩轴与髋轴的扭紧姿势，上体逐渐抬起并向推球方向移动，当身体左侧移至与地面垂直的一瞬间，左肩固定，右腿快速蹬直，形成以身体左侧为支撑的支撑轴；上体、头转向推球方向，右肩前送，抬头挺胸，以胸带肩，右臂迅速积极地将球推出；当球要离手时，右手屈腕，手指有弹性地拨球，加快球出手速度，将球从右肩上方沿 35°～40° 的角度推出去。

推铅球的重点是最后用力，难点是滑步和最后用力相结合的技术。

2. 推铅球的常用练习方法及错误纠正

（1）原地推球的练习方法

1）正面推球。用轻铅球或垒球等体会动作。正对推球方向，右手持球，贴于颈部，两脚前后开立比肩稍宽，左腿在前，脚尖略内扣，右脚在后，脚尖正对投掷方向，随后上体向右扭转，左肩和左臂向内稍扣，利用躯干和手臂的力量将球向前推出。

2）侧向原地推球。同样使用轻铅球或垒球等体会动作。左侧对推球方向，两脚左右开立，右脚与投掷方向成 90°，左脚与投掷方向成 45°，右脚跟与左脚尖几乎在同一直线，两脚打开约一肩半宽，身体向右倾斜，左脚前脚掌内侧着地并自然伸直，重心压在右腿上，然后右腿蹬转，结合躯干和手臂力量将球推出。

3）背向原地推球。同样使用轻铅球或垒球等体会动作。在侧向原地推球的基础上，两脚成外八字开立，加大躯干向右转的幅度，上体背对推球方向。

（2）侧向与背向滑步推铅球的练习方法

1）徒手预摆练习。侧对推球方向，两脚左右开立（背对推球方向两脚前后站立，右脚在前），上体前屈，右臂成持球姿势，重心落在右腿上，左手拉住同伴的手或拉住同肩高的物体，左腿屈膝预摆回收至贴近右腿时，用力向推球方向摆出，带动身体向推球方向移动。

2）徒手连续滑步练习。在上述练习的基础上进行完整的滑步练习，要求动作协调，有较长的滑步距离，并且在滑步结束后，重心要保持在右腿上。

（3）学习滑步与最后用力的结合技术　滑步与最后用力的结合技术即为上一步推铅球练习。右脚在前，左脚在后，上一步推铅球，体会最后用力；手持球（轻铅球或垒球等）完成侧向或背向滑步推球技术的完整练习；手持球（轻铅球或垒球等）在投掷圈内完成侧向或背向滑步推球技术的完整练习。

（4）易犯错误与纠正方法

1）持球时将球用手指包裹起来（尤其是女生），手指与铅球完全是包与被包的关系，从侧面看就形成了拿铅球的手形。

纠正方法：辅导投掷者多做些发展手指力量的练习，如指卧撑，连续抓提放铅球（抓提放动作都在空中完成）；要求投掷者持球时手指紧张并竖直分开。

2）滑步距离太短。滑步重心上下起伏过大；滑步时没有摆腿只有蹬伸，变成跳滑；滑步后不能保持正确的姿势，上体过早抬起，重心在两腿之间。

纠正方法：在地面上画出两脚落地标志进行针对性练习；徒手或持球连续滑步练习，体会蹬摆；要求练习者在滑步前重心先后移。加强摆动腿的练习，在摆动方向设置标志物；多做摆、蹬、收、压的练习；徒手或持轻球连续做滑步收腿练习；教师或同伴在练习者的右侧偏后拉住左手，进行滑步练习。

3）推球时手腕、手指用不上力，或挫伤手指；推球时身体向右倒；推球时出手角度过低。

纠正方法：通过器械练习来加强手腕、手指的力量；手腕、手指适当紧张，向下对地推球练习；多体会自下而上的用力顺序，滑步后保持上体正确姿势和左臂用力方向；投之前在一定远处和高处悬挂标志物，要求推出球触及标志物，推手时体会两腿充分蹬直。

4）最后用力时左肩后撤。

纠正方法：推球时强调身体左侧的支撑轴，可由同伴在后面用手抵住左肩。

四、掷标枪

标枪是一个比较复杂的多轴性旋转项目，全称是"掷标枪"（javelin throw）。掷标枪运动具有悠久的历史。在公元前708年的第18届古代奥运会上，掷标枪被列为正式比赛项目，是古代"五大竞技"之一。男子标枪和女子标枪分别于1908年和1932年被列为现代奥运会比赛项目。本节将介绍掷标枪的技术动作要领、常用练习方法及易犯错误与纠正方法。

1. 掷标枪的技术动作要领

掷标枪技术基本可分为握枪和持枪、助跑、最后用力和维持身体平衡四个部分。

（1）握枪和持枪

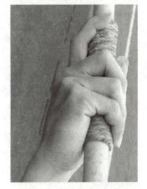

1）握枪。将标枪斜放在掌心上，大拇指和中指握在标枪把手末端第一圈上沿，食指自然弯曲斜握在标枪上，无名指和小指握在把手上（见图6-14）。也可将拇指和食指握在标枪把手末端第一圈上沿，其余手指按顺序握在把手上。

2）持枪。屈臂举枪于肩上，大小臂夹角约为90°，稍高于头，枪尖稍低于枪尾。

（2）助跑 助跑的距离应根据投掷者发挥速度的快慢而定，一般在25~35米，可分为两个阶段，即预跑阶段和投掷步阶段。

图6-14 标枪握法

1）预跑阶段。预跑阶段主要是加速，在跑进中上体稍前倾，用前脚掌着地，大腿抬得较高，后蹬力量强，动作轻快而富有弹性，持枪臂随着跑的节奏与左臂配合，自然前后摆动，并与下肢动作协调一致，在加速中进入投掷步。

2）投掷步阶段。五步投掷步的前四步一般步长是第一步大、第二步小、第三步大、第四步小。具体如下。

第一步：左脚踏上第二标志线，右脚积极前迈，同时，右肩后撤并开始向后引枪，左肩逐渐向标枪靠近，左臂自然摆至胸前，眼向前看，髋部正对投掷方向，持枪臂尚未伸直。

第二步：当右脚落地，左脚离地前迈开始了投掷步的第二步。左脚前迈时，髋稍向右转，右肩继续后撤并完成引枪动作，右手接近于肩的高度，枪身与前臂夹角较小，枪尖靠近右眉，保证标枪纵轴和投掷方向一致。

第三步：是由左脚落地开始的，左脚一落地，右腿膝关节自然弯曲，大腿带动小腿积极有力地向前摆出，当右腿靠近左腿时，左腿快速有力地蹬伸，促使右腿加快前迈；此时髋轴转向投掷方向，并与肩轴形成交叉状态；左臂自然摆至胸前，有助于左肩继续向右转动，加大躯干的向右扭转；右脚尖外转用脚跟外侧先落地，然后过渡到全脚掌，与投掷方向成45°左右；躯干和右腿成一条直线，整个身体向后倾斜与地面形成一定的夹角。

第四步：在交叉步右脚尚未落地之前，左腿就要积极前迈；右脚落地，体重落在弯曲的右腿上，接着右腿积极蹬地，加快髋部向水平方向移动，同时也加快了左腿的前迈。左腿前迈时，大腿不宜抬得过高，左脚用内侧或脚跟先着地，做出强有力的制动和支撑，左脚落地的位置应在右脚落地前投掷方向线的左侧20~30厘米处。

（3）最后用力　投掷步的第三步右脚着地后，由于惯性，髋部迅速向前运动，在超越了右腿支撑点之后（左脚未着地），右脚就开始最后用力；当左脚着地，便形成了以左脚到左肩的左侧支撑，为右腿继续蹬地转髋创造条件；右腿继续蹬地，推动右髋加速向投掷方向运动，使髋轴超过肩轴，同时髋部牵引着肩轴向投掷方向转动，在肩轴向投掷方向转动的同时，投掷臂向上转动，带动前臂、手腕向上翻转，当上体转为正对投掷方向时，形成了"满弓"姿势；此时投掷臂处于身后，约与肩高，与躯干几乎成直角，弯曲的左腿做迅速有弹性的蹬伸，同时胸部尽量前送，并带动小臂向前做爆发性"鞭打"动作，使全身的力量通过手臂和手指作用于标枪纵轴；标枪离手一刹那，手腕和手指的积极动作能使标枪沿着纵轴按顺时针方向自转，这可以保持标枪在空中飞行的稳定性，提高标枪的滑翔效果。标枪出手的适宜角度为30°~35°。

（4）维持身体平衡　标枪出手后，右腿应及时向前跨出一大步，降低身体重心，保持平衡。

2. 掷标枪的常用练习方法及错误纠正

（1）单手投轻器械　采用投掷标枪的动作，原地投、上步投、各种距离的助跑投、对投掷墙或投掷网投掷各种器械，如垒球、胶球、石子、胶管等。

（2）单手投重器械　练习方法同投轻器械，只是改为投小铁球、小铅球和橡皮砂心球等重器械。

（3）原地和上步掷标枪　在原地练习插枪，待熟练后进行原地侧向投枪，最后练习上步投枪。

（4）投掷步与掷枪动作结合　将投掷步与掷枪动作结合进行完整技术动作练习，注意动作应放松、自然，并保持标枪的稳定性。

（5）易犯错误与纠正方法

1）引枪时标枪离身体太远。

纠正方法：多做发展肩关节柔韧性的专门练习；多做第三、四步时左臂摆至胸前左肩转对投掷方向的练习。

2）第三、四步投掷步明显减速。

纠正方法：多做慢跑和加速跑中引枪，保持上体正直；反复练习第三、四步动作，强调动作节奏；在第三步右脚着地前，左腿应积极向前迈出。

3）超越器械不充分。

纠正方法：反复练习交叉步动作，要求有较大步幅；在跑道上连续做投掷步练习，强调第四步动作要快；原地做髋关节左右练习。

4）满弓动作不充分。

纠正方法：原地做"满弓"动作；左脚上前一步后结合做"满弓"动作。

5）只用投掷臂的力量掷枪，没有利用下肢和躯干力量。

纠正方法：多采用徒手和持器械的专门练习，如单手投掷实心球、沙袋等，体会用力顺序；多做上两步、三步掷枪练习；成投掷前的预备姿势，右臂后伸拉住橡皮筋，反复做最后用力动作；慢速短距离助跑，接投掷步重点体会超越器械而后掷出标枪。

6）最后用力时臀部下坐或收腹。

纠正方法：多做第三、四步的练习（或做出各步记号），改正两脚着地的位置；多做右腿蹬送右髋的动作。

7）最后用力不能通过标枪纵轴。

纠正方法：多做原地引枪和慢跑中引枪练习，持枪臂保持伸直并向上抬起约与肩高；多做徒手挥臂练习，或做打击前上方目标，保持肘略高于肩；反复进行"插枪"练习；发展肩关节柔韧性。

> **实训设计**
>
> ### 挺身式跳远的腾空技术
>
> 【目标】通过实训，掌握挺身式跳远的腾空技术。
>
> 【内容】挺身式跳远的腾空动作练习。
>
> 【场地】跳远场地。
>
> 【方法与步骤】1. 原地模仿挺身式跳远的空中动作。支撑腿为起跳腿，摆动腿屈膝前摆，随即放腿并向右摆，髋部前展，同时两臂配合腿的动作向下侧后方绕摆至侧上方，注意体会放腿与展髋的动作。
>
> 2. 起跳腿支撑站立，随口令做摆臂、摆腿、放腿、挺身、展髋的单足立定跳远，着重体会臂和腿的配合动作。
>
> 3. 利用弹簧板做短程助跑起跳成腾空步后，下放摆动腿并落在沙坑内然后跑出，体会摆臂与展体的动作。
>
> 4. 利用起跳板做短中程助跑挺身式跳远，要求摆动腿自然下放，髋部前移，展体挺身，收腹举腿落入沙坑。
>
> 5. 全程助跑挺身式跳远练习，体会完整的技术动作。

第四节 田径运动常识及主要竞赛规则

本节将介绍田径运动相关的常识及主要竞赛规则，希望大家通过本节的学习对田径运动及其规则有所了解。

一、田径运动常识

田径运动常识由场地规格、器材参数及气象条件的限制因素等内容构成。

1. 场地规格

田径运动的场地包括径赛场地、跳远场地、跳高场地、铅球场地、标枪等地等。各种场地规格如下：

（1）田径场规格 半圆式田径场是目前国内外普遍采用的竞赛场地。

半圆式田径场是由两个180°的半圆（弯道或称曲段）和两个对等的直段组成的（见图6-15）。第一分道计算线的周长为400米，故常称为"400米场地"；直道应有8～10条分道，弯道为8条分道；每一分道宽1.22～1.25米；所有分道线宽均为5厘米；跑道左右倾斜度不得超过1:100，跑进方向的前后倾斜度不得超过1:1000。

（2）跳远场地规格 由助跑道、起跳板、起跳显示板、橡皮泥显示板和落地区组成。助跑道长40～45米，用5厘米宽的白线标明，左右倾斜度不超过1:100，向跑进方向的总倾斜度不超过1:1000。落地区为沙坑，长6～9米，宽2.75～3米。在助跑道上距落地区近端1～3米处设置起跳板。距起跳板两侧0.3米处设置起跳显示板。在起跳板前沿凹槽内放置橡皮泥显示板，如无此装置可用沙台代替。

起跳板用木料制成，板长121～122厘米、宽19.8～20.2厘米、厚10厘米，板面涂成白色，与地面齐平。

（3）跳高场地规格 田赛场地设施之一，由起跳区、跳高架、横杆和落地区组成。起跳区为扇形助跑道，长15～25米，朝横杆中心的倾斜度不超过1:250。落地区用海绵垫铺成，

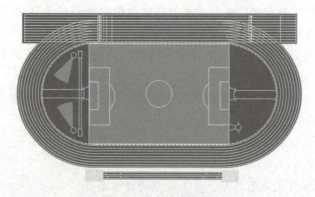

图6-15 标准田径场

一般性比赛或练习可用沙坑代替，面积至少3～5平方米。跳高架置于起跳区与落地区之间的中央地段，立柱离海绵垫至少有10厘米的间隙，两立柱相距4.00～4.04米。横杆置于立柱的横杆托上，与海绵垫近壁在同一垂直面上。沿横杆在地面的投影线向两端各画5米长的延长线。

（4）铅球场地规格　田赛场地设施之一，由投掷圈、限制线、抵趾板和落地区组成。投掷圈是用厚0.6厘米铁板、钢板或其他材料围成的直径2.135米的圆圈，漆成白色。圈内地面用混凝土、沥青或其他坚硬、不滑的材料铺成。限制线在投掷圈的两侧，长75厘米、宽5厘米、白色，后沿通过圆心的延长线并与落地区中心线垂直。抵趾板用木材或其他材料制成，漆成白色，安装在落地区两条白线之间的正中位置，固定在地面，其内沿与投掷圈内沿重合。落地区用煤渣、草地或能留下铅球落地痕迹的其他材料铺成，用宽5厘米的两条白色角度线标明，线宽不包括在落地区有效面积内，角度线的内沿延长线通过投掷圈圆心，夹角为40°。落地区地面沿投掷方向的向下倾斜度下得超过1:1000。在两角度线的外侧每隔1米放置距离标志牌。

（5）标枪场地规格　田赛场地设施之一，由助跑道、投掷弧、限制线和落地区组成。助跑道长30.0～36.5米、宽4米，用5厘米宽的两条平行白线标明，左右倾斜度不超过1:100。投掷弧用木料或金属制成（也可用油漆画出），漆成白色，宽7厘米，与助跑道的靠落地区端相接。圆弧半径8米，圆心在助跑道正中线上，限制线宽7厘米、长75厘米，与投掷弧相连，并与助跑道呈90°。落地区用宽5厘米的两条白色角度线标出，线宽不包括在落地区有效面积之内，内沿延长线通过投掷弧两端至圆心，两角度线上任意一点的弦长等于半径的一半。在两角度线的外侧每隔5米放置距离标志牌。

2. 器材参数

以下主要介绍接力棒和跨栏栏架的参数：

（1）接力棒相关参数　接力棒用木料、圆竹、金属或其他适宜材料制成，棒长28～30厘米，横截面周长12～13厘米，重量不少于50克，为空心圆管，两端密封，表面平整光滑，并漆上颜色。

（2）跨栏栏架相关参数　跨栏架用金属、木料或其他适宜材料制成，两根70厘米长的座脚和两根立柱构成两个"L"形，其间用横梁加固，座脚与跑进方向相反，底座装重量调整器。立柱可调整高度，两立柱顶端固定横木（栏板），最大长度120厘米、宽7厘米、厚1.0～2.5厘米，漆成黑白相间条纹，两端为白色，条纹宽22.5厘米，两端顶角抹圆。栏架高度：男子110米栏为106.7厘米，400米栏为91.4厘米；女子100米栏为84厘米，400米栏为76.2厘米。合格的栏架应是在不同高度时，在栏板中部施加35.3～39.2牛顿的力能将其推倒，可通过重量调整器进行调整。

3. 气象条件的限制因素

在100米、200米和100米栏、110米栏比赛中，如果顺风超过2米/秒，运动员创造的成绩就不能成为新的纪录。

二、主要竞赛规则

1. 田径比赛通则

1）参加比赛的运动员必须佩戴号码，否则不得参加比赛。

2）径赛项目运动员须沿跑道逆时针方向跑进。

3）径赛运动员挤撞或阻挡别人而妨碍别人走或跑进时，应取消其该项比赛资格。

4）如果一名运动员参加一个径赛项目，又参加一个田赛项目，或者参加一个以上的田赛项目，而这些项目又同时举行比赛时，有关主裁判可以允许运动员只在某一轮次（高度项目以一个高度为一个轮次，一个高度有3次试跳机会；远度项目以所有运动员按顺序试跳或试掷完一次为一个轮次）的比赛中以不同于赛前抽签确定的顺序先进行试跳（试掷）一次。回来后已错过的试跳（试掷）顺序一律不补。

5）判定名次和成绩相等判定名次的方法。径赛项目中，判定运动员到达终点的名次顺序，是以运动员躯干的任何部分到达终点线内沿的垂直面的先后为准。以决赛的成绩作为个人的最高成绩，而不以预、次、复赛的成绩判定最后名次。

> **知识窗**
>
> 田赛项目中，远度项目以比赛的6次试跳或试掷中最好的一次成绩作为个人的最好成绩，包括第一名成绩相等决定名次赛时的成绩，然后以各运动员的最高成绩排列名次。高度项目以每名运动员最好的一次试跳成绩，包括第一名成绩相等决定名次赛时的成绩，作为最后决定成绩。
>
> 全能运动项目以各运动员全部项目得分的总和排定名次。
>
> 如遇两人或两人以上成绩相等，应按下列规定处理：
>
> 在径赛的预、次、复赛中，按成绩录取最后名次时，有两人或两人以上成绩相等，如对下一赛次或决赛人数没有影响，则成绩相等的运动员都应录取；如有影响，则应抽签决定进入下一赛次的人选。此种抽签应在有关裁判长领导和组织下，成绩相等的运动员自己抽签决定。决赛中出现第一名成绩相等时，裁判长有权决定这些成绩相等运动员重新比赛，则名次并列；其他名次成绩相等时，则并列。
>
> 田赛高度项目比赛成绩相等的录取办法：在出现成绩相等的高度中，试跳次数较少者名次列前。如成绩仍相等，在包括最后跳过的高度在内的全赛中，试跳失败次数较少者名次列前。如成绩仍相等：如涉及第一名时，则令成绩相等的运动员在其造成成绩相等的失败高度中的最低的高度上，每人再试跳一次。如仍不能判定，则横竿应提升或降低，提升和降低的高度，跳高为2厘米，撑竿跳高为5厘米。他们应在每个高度上试跳一次，直到决出名次为止。决定名次的试跳，有关运动员必须参加。涉及其他名次时，成绩相等的运动员名次并列。
>
> 田赛远度项目的比赛如有成绩相等时，应以其次优成绩判定名次；如次优成绩相等，则以第三优成绩判定，余类推。如仍相等，并涉及第一名者，则令成绩相等的运动员，按原比赛顺序进行新一轮试跳，直到决出名次为止。

全能运动比赛如总分相等时，应以单项得分多的项目较多者名次列前。如仍不能判定时，则以任何一个项目单项得分最多者名次列前。

团体总分相等时，应以破纪录项目、次数多者名次列前；再相等，则以第一名多者列前。如仍相等，则以第二名多者名次列前，余类推。

2. 径赛主要规则

1）400米及400米以下包括4×100米接力的项目，运动员应采用蹲踞式起跑。犯规两次以上者取消比赛资格，全能运动员为三次。

2）在分道跑项目中，运动员跑出自己的分道，如没有获得利益，也未阻挡他人，一般不应取消比赛资格，否则应取消比赛资格。

3）在中长跑中，运动员擅自离开跑道后，不得继续比赛。

4）在跨栏跑中，运动员手脚低于栏顶面、跨越他人栏架、有意用手或脚碰到栏架，均属犯规。

5）在接力跑中，在接力区外完成接棒、捡棒时阻挡他人或空手跑过终点。

6）如用3只秒表计成绩，应以2只表所示成绩为准；如各不相同，则以中间成绩为准。如用2只表，应以成绩较差者为准。

3. 田赛主要规则

（1）跳高项目　跳高比赛时，应抽签排定运动员的试跳顺序。运动员必须用单脚起跳。

比赛开始前，主裁判应向运动员宣布起跳高度和每轮结束后横杆的提升高度，此计划直至比赛中只剩下1名运动员。除非比赛中只剩下1名运动员，并且他已获得该项目比赛的冠军，否则：

1）每轮之后，横杆升高不得少于2厘米。

2）横杆升高的幅度不得增大。

一旦比赛开始，运动员不得使用助跑道或起跳区进行练习。如有下列情况之一者，则判为试跳失败：

1）试跳后，由于运动员的试跳动作，致使横杆未能留在横杆托上。

2）在越过横杆之前，运动员身体的任何部位触及立柱以外的地面或落地区。如果运动员在试跳中一只脚触及落地区，而裁判员认为其并未从中获得利益，则不应判为试跳失败。

运动员可以在主裁判事先宣布的横杆升高计划中的任何一个高度开始试跳，也可在以后任何一个高度根据自己的愿望决定是否试跳。但在任何高度上，只要运动员连续3次试跳失败，即失去继续比赛的资格。因第1名成绩相等而进行的决名次赛的试跳除外。允许运动员在某一高度上第1次或第2次试跳失败后，在其第2次或第3次试跳时请求免跳，并在后继的高度上继续试跳。运动员在某一高度上请求免跳后，不准在该高度上恢复试跳，除非出现第1名成绩相等的情况。

每名运动员应以其最好的一次试跳成绩，包括因第1名成绩相等而进行的决名次赛的试跳成绩，作为其最后的决定成绩。在比赛过程中不得移动跳高架或立柱，除非有关裁判长认为该起跳区或落地区已变得不适于比赛。如需移动跳高架或立柱，应在试跳完一轮之后进行。

(2) 田赛中的远度项目　所有田赛远度项目比赛时，参加比赛的运动员如超过8人，成绩较好的前8名运动员进入决赛，如第8名成绩相等，则成绩相等的运动员均可再试跳或掷3次，如不足8人，则均有6次。

一旦比赛开始，运动员不得使用比赛助跑道进行练习。如有下列情况之一，则判为试跳失败：

1) 在未做起跳的助跑中或在跳跃中，运动员以身体任何部位触及起跳线以外地面。

2) 从起跳板两端之外的起跳线的延长线前面或后面起跳。

3) 在落地过程中触及落地区以外地面，而落地区外触地点较区内最近触地点更靠近起跳线。

4) 完成试跳后，向后走出落地区。

5) 采用任何空翻姿势。

测量成绩时，应从运动员身体任何部位触地的最近点量至起跳线或起跳线的延长线，测量线应与起跳线或其延长线垂直。应以每名运动员最好的1次试跳成绩，包括因第1名成绩相等而进行的决名次赛的试跳成绩，作为其最后的决定成绩。为有助于助跑和起跳，运动员可在助跑道旁放置1~2个标志物（由组委会批准或提供）。如果不提供此类标志物，运动员可以使用胶布，但禁用粉笔或其他任何擦不掉痕迹的类似物质。

(3) 投掷项目

1) 试掷次数的确定。推铅球比赛应抽签决定运动员试掷顺序。运动员超过8人，应允许每人试掷3次，有效成绩最好的前8名运动员可再试掷3次，试掷顺序与前3次试掷后的排名相反。如果在第3次试掷结束后出现成绩相等，应以其次优成绩判定名次；如次优成绩仍相等，则以第三较优成绩判定，以此类推。

当比赛人数只有8人或少于8人时，每人均可试掷6次。

2) 比赛时的练习规定。比赛开始前，运动员可在比赛场地练习试掷，练习组应按抽签排定的顺序进行，并始终处于裁判员的监督之下。一旦比赛开始，运动员不得持器械练习，无论持器械与否，均不得使用投掷或落地区以内地面练习投掷。

3) 投掷时的具体规定。

①投掷前的规定。应从投掷圈内将铅球推出。运动员必须从静止姿势开始试掷。允许运动员触及铁圈和抵趾板的内侧。应用单手从肩部将铅球推出。当运动员进入圈内开始试掷时，铅球应抵住或靠近颈部或下颌，在推球过程中持球手不得降到此部位以下。不得将铅球置于肩轴线后方。不允许使用任何装置对投掷时的运动员进行任何帮助，例如使用带子将两个或更多的手指捆在一起。除了开放性损伤需要包扎以外，不得在手上使用绷带或胶布。不允许使用手套。为了能更好地持握铅球，运动员可使用某种适宜物质，但仅限于双手。为了防止手腕受伤，运动员可在手腕处缠绕绷带。为防止脊柱受伤，运动员可系一条皮带或其他适宜材料制成的带子。不允许运动员向圈内或鞋底喷洒任何物质。

②投掷中的规定。运动员进入圈内开始投掷后，如果运动员身体的任何部位触及圈外地面，或触及铁圈和抵趾板上面，或以不符合规定的方式将铅球推出，均判为一次投掷失败。

如果在投掷中运动员未将投掷物投出或者把脚踏出投掷圈以外，运动员可以在动作中途放弃并重新开始投掷。若运动员在投掷过程中受阻，裁判应判阻碍并给予第二次投掷机会。完成投掷后，运动员必须从投掷圈后面退出。

③投掷后有效成绩的确定。铅球必须完全落在落地区角度线内沿以内，试掷方为有效。每次有效试掷后，应立即测量成绩。从铅球落地痕迹的最近点取直线量至投掷圈内沿，测量线应通过投掷圈圆心。

④最终成绩的确定。运动员在器械落地后方可离开投掷圈。离开投掷圈时首先触及的铁圈上沿或圈外地面必须完全在圈外白线的后面，白线后沿的延长线应能通过投掷圈圆心。应以每名运动员最好的一次投掷成绩，包括因第一名成绩相等而进行的决名次赛的试掷成绩，作为其最终的决定成绩。

其他投掷项目比赛，除场地、器械和投掷方法与铅球有差异外，比赛规则与铅球基本相同。

实训设计

背越式跳高过杆落地技术

【目标】通过实训，掌握背越式跳高过杆落地技术。
【内容】原地倒肩挺髋练习、定背越式跳高练习、弧线助跑做背越式跳高练习。
【场地】田径场或平整的空地。
【器材】海绵包、橡皮筋、横杆。
【方法与步骤】1. 原地倒肩挺髋练习：背对海绵包站立，倒肩挺髋成"桥"形，肩背着垫。要求：挺髋挺腹，两臂屈肘外展。

2. 定背越式跳高练习：背对海绵包站立，两腿屈膝半蹲，然后提踵发力向上跳起，形成典型的"桥"形腾空姿势；接着屈髋，向上积极甩小腿，用整个背垫落地。要求：在用力向上起跳之后，两臂配合上摆、挺髋、挺胸、肩后倒下沉，两小腿放松下垂，体会空中背弓的肌肉感觉；落地前两小腿积极上甩，动作自然放松。（此练习开始可以不用横杆，动作熟练后再用橡皮筋、横杆。另外，为了增加腾空高度，可站在低跳箱或起跳板上进行。）

3. 弧线助跑做背越式跳高练习：在步骤2的基础上，可循序渐进地采用1步助跑、3步助跑、5步助跑做背越式跳高练习。弧线助跑最后两步起跳要与过杆技术有机衔接。开始练习时，应将重点集中在起跳和腾空动作的正确结合上。初学者可在起跳点放置起跳板，增加腾空高度。此外，也可以增加垫子的高度。要求：在技术上做到助跑点准确；起跳充分向上"旋转"；过杆时身体舒展成"桥"与横杆大致成十字交叉；头、肩、背和小腿依次越过横杆后，肩背领先落垫。

第七章　球类运动

内容概述　球类运动量较大，对抗性、竞争性、娱乐性强，可全面增强体质，培养勇敢、机智、果断等品质和团队精神。经常参加球类运动可使人反应灵敏、判断准确，提高大脑和身体的反应与控制能力，还可增强心肺功能，使骨骼粗壮、肌肉结实、关节灵活。本章介绍了在体育锻炼中最常见的六个球类项目：篮球、足球、排球、乒乓球、羽毛球和网球。

学习目标　了解篮球、足球、排球、乒乓球、羽毛球和网球的发展历程；基本掌握本章介绍的篮球、足球、排球、乒乓球、羽毛球和网球的基本技术动作与练习方法；较灵活地运用本章所介绍的技术进行体育锻炼；基本看懂篮球、足球、排球、乒乓球、羽毛球和网球比赛。

第一节　篮球

一、篮球运动简介

美国人詹姆斯·奈史密斯（James Naismith）于1891年发明了篮球运动。起初用足球作为比赛工具，向篮投掷，篮是竹篮，后改为活底的铁篮，再改为铁圈下面挂网。经过长时间的斟酌，"篮球之父"奈史密斯和他的同事们才将这种游戏定名为"篮球（basketball）"。

篮球运动直至1936年柏林奥运会上才引起人们的重视。如今，篮球是世界上最普及的球类运动之一，深受大众的喜爱。

> **知识窗**
>
> 1892年，奈史密斯制定了篮球的13条比赛规则，同时对场地大小做了规定。
> 1893年，形成了近似现代的篮板、篮圈和篮网。
> 1908年，美国制定了全国统一的篮球规则，并有多种文字版本，发行于全世界。篮球逐渐成为一项世界性运动项目。
> 1936年，第11届奥运会将男子篮球列为正式比赛项目，并统一了世界篮球竞赛规则。之后的数十年间，规则和场地在不断变化。
> 1950年和1953年分别举行了第1届男篮和女篮锦标赛。
> 1976年，第21届奥运会将女子篮球列为正式比赛项目。

目前国际上的重大篮球竞赛活动主要有奥运会篮球赛、篮球世界杯、各大洲（欧洲、亚洲、非洲、南美洲）篮球赛、欧美运动会篮球赛、世界大学生和中学生运动会篮球赛、世界军队和世界俱乐部篮球锦标赛。

篮球具有对抗性观赏性强，参与人数多，强调身智合一、与他人配合默契等特点，同时要求参与者具有良好的身体素质、心理素质和坚强的意志力。因此，经常参与篮球运动可使人的身体素质平衡发展，还能提高人体感受器官的功能、中枢神经的灵活性及协调、支配各器官的能力。从事篮球运动能为参与者提供良好的心理体验，培养坚强的意志力与团队精神，促进个体社会化。

二、篮球的基本技术

1. 球感练习

球感（又称手感）是运动员在训练和比赛中发展起来的专门化知觉。其特点在于能对球的形状、轻重、空间运动的速度和方向的变化等达到较为精确的程度。可以说，球感练习是各类球类运动训练的"敲门砖"，篮球运动也不例外。下面是一些常见的篮球球感练习方法：

（1）两手体前相互拨球　两脚开立约与肩宽，双手持球，前臂上举，上臂与地面平行，用两手的手指向两侧拨球。练习时可按口令节奏，也可自己调整速度，熟练后可边拨球边变换手臂的位置。

（2）颈、腰、腿部绕球　两脚并立，双手持球置于面前，围绕颈、腰和腿部绕球，方向从上到下，再从下至上，环绕数次后交换方向。注意：在绕球过程中球不能掉，速度越快越好。

（3）原地胯下8字换手交接球　原地两脚左右分开张大，弓身，目视前方。如球在左手，则左臂由体前向右腿胯下直臂摆动，于右小腿后方交于右手，右手得球后，右臂绕过右腿前方向左腿胯下摆动，于左小腿后方交于左手，如此左右循环连续地做。熟练后可换方向，由体后向前绕。

（4）直臂对墙拍球　右手持球于头上右前方，利用指腕力量对墙进行拍按球，可先慢后快，或在墙面上画图形按轨迹拍球。熟练后可换左手进行练习。

（5）原地双手交替拍按球　两脚开立略比肩宽，屈膝，双手交替拍按球的外侧上方，使球向两侧弹起，反复练习。熟练后可加快拍按球的速度。

2. 基本移动步法

移动是篮球运动的基础，没有快速敏捷的移动步法，将无法很好地施展各个单项技术。篮球移动步法可分为进攻步法和防守步法。以下介绍篮球运动中的主要移动步法：

（1）起动　起动是队员在球场上由静止状态变为运动状态的一种脚步动作，在进攻中突然快速起动，是摆脱防守的有效手段；防守时迅速起动，是保持或抢占有利位置、防住对手的首要环节。

动作要领：从基本站立姿势开始，起动时，以后脚或异侧脚掌短促有力蹬地，同时上体迅速前倾或侧转，向跑动方向移动重心，手臂协调摆动，两脚连续交替蹬地，充分利用蹬地的反作用力，在最短的距离内把速度充分发挥出来。

（2）跑　篮球比赛中的跑，不仅要求跑的速度快，而且要经常变换速度、改变方向，做出急停、转身、起跳和在跑的过程中完成控制球的动作。

动作要领：篮球比赛中的跑，要求两膝自然弯曲，重心略下降，用前脚掌或全脚掌着地，上体微向前倾，两臂自然摆动，眼睛注意观察场上情况，随时准备接球。在篮球比赛中，使用频率最高的跑有变速跑、变向跑、侧身跑和后退跑。

1）变速跑。加速时，蹬地突然而短促有力，上体前倾；减速时，上体直立，步幅放大并缓冲抵地。

2）变向跑。右脚蹬地，屈膝内扣，转移重心，左脚快迈，上体前倾，加速跑动。

3）侧身跑。上体侧身转肩，脚尖向前，看球跑动。

4）后退跑。用两脚的前脚掌交替蹬地，小腿积极后收向后跑动，同时提踵，两臂屈肘相应摆动，保持身体平衡，并抬头注意场上情况，慢跑时稍向后倾，随着速度的加快而加大后倾角度。

(3) 转身　转身是篮球比赛中运用较广泛、经常与其他技术动作组合运用的改变身体方向的一种动作方法，包括前转身和后转身。

1）前转身。由移动脚向中枢脚前方跨出以改变身体位置与方向。

2）后转身。由移动脚向中枢脚后方撤步以改变身体位置与方向。

(4) 滑步　滑步可分为侧滑步、前滑步、后滑步三种，它属于防守的基本步法。

1）侧滑步。两脚平行站立，向左侧滑步时，左脚向左（移动方向）迈出的同时，右脚蹬地滑动，跟随左脚移动，并保持屈膝降低重心的姿势，上体微向前倾，两臂（根据进攻者的情况）张开，抬头注视对手。注意：身体不要上下起伏，两脚不要交叉，重心要保持在两脚之间。

2）前滑步。由前后站立姿势开始，向前滑步时，前脚向前迈出一步，着地的同时，后脚紧随着向前滑动，保持开立姿势。注意：屈膝以降低身体重心。

3）后滑步。后滑步动作方法与侧滑步相同，只是向后滑动。在滑步练习时应谨记，脚的蹬跨要协同有力，滑动时身体要平稳，两臂尽量伸展。

(5) 急停　急停是队员在跑动中突然制动的一种动作方法，也是各种脚步动作衔接和变化的过渡动作。急停包括跨步急停和跳步急停。

1）跨步急停，又称两步急停。在快速跑动中采用急停时，先向前跨出一大步，用全脚掌抵住地面，迅速屈膝，同时身体稍后倾，转移重心，减缓向前冲力，然后连贯地跨出第二步。脚着地时，脚尖稍向内转，用前脚掌内侧蹬地，两膝弯曲，身体侧转（右脚跨出第一步，身体右转），微向前倾，重心落在两脚之间，两臂自然张开，协助维持身体平衡。

2）跳步急停，又称一步急停。在跑动中，用单脚或双脚起跳（离地不高），上体稍后仰，两臂自然摆动，两脚同时平行（略比肩宽）落地。落地时用全脚掌着地（或先用脚跟着地，然后迅速过渡到全脚掌着地），两膝弯曲，两臂屈肘微张，保持身体平衡。

3. 传接球

传球技术是篮球比赛中进攻队员之间有目的地转移球的方法。接球则是获得球的动作，也是抢篮板球和抢断球的基础。传球技术和接球技术又可细分为多种，这里简要介绍几种主要的传接球方法。

(1) 传球　传球动作有双手传球和单手传球两种主要的动作方法。双手传球以双手胸前传球为基本动作方法，而单手传球以单手肩上传球为基本动作方法，故此处介绍双手胸前传球和单手肩上传球的动作要领与练习方法。

1) 双手胸前传球。持球时，两手五指自然分开，拇指相对成八字形，用指根以上部位握球的侧后方，掌心空出，两肘自然弯曲于体侧，将球置于胸前；肩、臂、腕肌肉放松，两眼注视传球目标，身体成基本姿势；传球时，后脚蹬地，身体重心前移，两臂前伸，手腕由下向上翻转，同时拇指用力下压，食、中指用力弹拨，将球传出；出球后手心和拇指向下，其余手指向前（见图7－1）。以上动作要领可概括为蹬（地）、伸（臂）、翻（腕）、抖（腕）和拨（指）。注意：动作应协调连贯，双手用力均匀。

a)　　　　　　　　b)　　　　　　　　c)

图7－1　双手胸前传球

2) 单手肩上传球（以右手持球为例）。持球方法同双手胸前传球，两脚平行开立，右手传球时，左脚向传球方向跨出半步，同时双手将球引至右肩侧上方，右手上臂与地面近似平行，前臂与地面近似垂直，手腕后屈，右手持球的后下方，身体重心落在右脚尖上。出球时，右脚蹬地的同时转体带动上臂，前臂迅速前甩，手腕前扣，最后通过食指、中指、无名指的弹拨下压动作将球传出（见图7－2）。

a)　　　　　b)　　　　　c)　　　　　d)　　　　　e)

图7－2　单手肩上传球

(2) 接球　接球是篮球运动中转移球的主要方法之一，主要分为双手接球和单手接球两种接球方法。

1) 双手接球。双手接球是篮球运动中最基本和常用的接球方法。双手接球时，双眼注视来球，两臂伸出迎球，手指自然分开，拇指相对成八字形，手指向前上方，两手成一个半圆形；当手指触球后，两臂顺势屈肘随球后引，缓冲来球力量，两手握球于胸腹间，成基本站立姿势。注意：动作应协调连贯，伸出手主动迎球，收臂后引要缓冲；来球高度不同时，双手前伸的高度也相应有所变化。

2）单手接球。单手接球控制的范围较大，可接不同方向的来球，但稳定性不如双手接球。以右手接球为例，当使用右手接球时，右脚向来球方向迈出，双眼注视来球；接球时，手掌成勺形，手指自然分开，右臂向来球方向伸出；当手指触球时，手臂顺势将球向后引，左手立即握住球，双手将球握于胸腹间，成基本站立姿势。

(3) 传接球的常用练习方法　以下简单介绍一些传接球的常用练习方法，大家可根据自身的实际情况灵活选用：

1）二人面对面原地传接球练习。二人一组一球，相距3~5米，进行单手、双手传接球练习，传球高度可自行调整。要求保持基本站立姿势，持、传、接球的手法正确，配合下肢力量协调练习；传接球速度由慢到快，距离由近至远，练习单手传球时应左右手交替进行。

2）多人原地接不同方向来球，向不同方向传球练习。多人一组站成多边形，向不同方向传球，同时接不同方向的来球。要求传接球速度由慢到快，用眼的余光观察传球目标和来球，相互之间配合默契。

3）迎面上步接传球练习。练习者排成纵队，一人持球（代号"①"）面向纵队站立，相距5~7米。纵队排头者接①传来的球，做急停后将球再次传回给①，然后跑至纵队队伍的后面，接着第二人上步接传球，依次反复练习，传一定次数后，轮流替换①。在练习过程中，要求上步接球手法正确，接球平稳，①传球的力量适中。

4）横向移动传接球练习。二人一组，相距3~5米站立，一人持球向左右方向传球，另一人则接球，接球后迅速将球再传回给同伴，循环进行练习，传接一定次数后，二人交换。在练习过程中，要求传接球手法正确，反应、移动敏捷。

5）对墙传接球练习。距墙3米左右持球站立，练习时，用双手或单手对墙做胸前传球，待球反弹回后即迅速接球，传球速度由慢到快，距离由近至远，熟练后可在球传出后原地转身360°后再接球。

(4) 传接球的易犯错误与纠正方法

1）双手胸前传球易犯错误：接球方法不正确；用手掌握球，指端未贴住球；肩、腕关节紧张，传球时两肘外展；伸臂和翻腕动作脱节形成挤球；两臂用力不均匀；全身动作配合不协调。

纠正方法：练习者做好持球准备姿势后，由同伴或教练的两手上下握球，让练习者做传球时腕翻转和指拨球的动作，使练习者体会动作方法，并配合徒手模仿练习进行纠正。

2）单手肩上传球易犯错误：传球时手臂、肘外展，或传球时不以肘带动前臂摆甩和扣腕，指拨动作传球，形成推铅球式传球；腕、指控制球的能力较差，传球落点不准。

纠正方法：教练或教师重复示范单手肩上传球的动作顺序，并配合教学视频进行讲解，强调传球时肘关节领先。针对传球时前臂和腕、指动作的错误，可采用各种单手传球的徒手练习和利用小球练习体会动作，以及其他腕、指专门性练习，提高腕、指灵活性和力量，增强控制球的能力。

3）双手接球易犯错误：接球手形不正确，手指朝前，拇指向上，形成由两侧或上下去捂球或夹球；伸臂迎球时臂、腕、指紧张，引球动作不及时，两手掌心触球。

纠正方法：多做自抛自接球练习，养成张手、伸臂迎球和及时屈肘引臂的习惯。

4. 运球

运球是篮球运动中非常重要的个人进攻技术之一，也是篮球比赛中携带球在场上移动的方法。它是持球队员在原地或行进中用单手连续按拍由地面反弹起来的球的一类动作方法。运球有高运球、低运球、运球急停急起、体前变速变向运球、背后运球。运用不同运球动作的交替组合与变化，可使运球更加具有突然性、攻击性和实效性，从而为得分创造良好的条件。以下主要介绍高运球、低运球、运球转身和体前变向换手运球。

（1）高运球　抬头，目视前方，上体稍前倾，以肘关节为轴，用手按拍球的后侧上方，球的落点在身体侧前方，球反弹的高度在胸、腰之间，一般拍一次球跑两步（见图7-3）。

图7-3　高运球

（2）低运球　抬头，目视前方，两腿迅速弯曲，降低身体重心，上体前倾，靠近防守队员的一侧，用身体和腿保护球；同时，用手短促地按拍球，控制球从地面反弹的高度在膝部以下，以便摆脱防守继续前进（见图7-4）。

图7-4　低运球

（3）运球转身　以右手运球为例。当对手堵截运球路线时，运球队员将球控制在身体右侧，左脚向前跨出一步为中枢脚，置于对手两脚之间，然后右脚用力蹬地后撤，顺势做后转身动作；在转身的同时，右手按拍球的右前方，将球拉引至身体的侧后方落地，转身后换用左手推拍球，从对手的身体右侧突破。为减小球的转动半径，须使上臂紧贴躯干，同时运球手臂提拉球的动作和脚的蹬地、跨步、转身动作紧密结合。转身时应加力运球，以加大球的反作用力，延长手触球的时间，有利于拉引球动作的顺利完成。

（4）体前变向换手运球　运球队员要从对手右侧突破时，先向对手左侧快速成运球，当对手向左侧转移身体重心准备堵截时，运球队员突然变换运球的方向，用右手按拍球的右侧上方，并靠近身体向左侧送拍球，使球的落点靠近左脚，向身体左侧反弹；同时，右脚向左前方跨步，上体左转侧肩，以臂、腿、上体保护球，换左手按拍于左侧上方，从对手右侧运球突破。若要从对手左侧突破，则方向相反。

（5）运球的常用练习方法

1）原地运球。原地运球的练习可以按四个步骤进行：①原地运球模仿练习，体会手臂、手腕动作；②原地高运球或低运球练习，体会手指、手腕上吸下按的动作，以及手触球的部位和控制球，熟练后可将高运球和低运球混合进行练习，进一步提高运球能力和控制球的能力；③原地体前左、右交替运球，体会换手时推拨球的动作和按拍球的部位；④原地体侧前后运球，体会前推、后拉运球时，手按拍球的部位和用力。

在原地运球练习过程中应始终保持正确的身体姿态，体会手按拍和迎引球的动作，抬头，用眼余光看球。

2）行进间运球。行进间运球包括三个方面的内容：

第一，直线运球。一人持球沿直线进行行进间的高运球练习，熟练后可加快跑动速度，或者多人进行直线运球接力练习。开始时可练单手运球，以后逐渐变为体前左、右交替运球。

第二，弧线运球。沿罚球圈、中圈做弧形运球到对面的端线，再换手变向将球运回。注意：要用远离圆圈的手运球，左右手换手运球练习；圆圈运球时，内侧腿深屈膝，外侧脚用力蹬地，身体向内倾，幅度越大越好；球要始终控制在体侧。

第三，运球急起急停。每个队员一球，根据教练或同伴的信号练习急起急停或变速运球。注意：急起急停时，要停得稳，起动快；变速运球时，要掌握好高、低运球节奏，加速应突然。

（6）运球的易犯错误与纠正方法

1）用手掌拍击球。

纠正方法：强调运球手法，徒手做模仿练习，反复练习手、臂迎送动作；单手举球到头前侧上方，用手腕前屈、后仰和手指拨球动作连续做对墙运球练习。

2）控制不好球。

纠正方法：教师或教练多讲解和示范正确动作，反复进行按拍球的动作练习。

3）行进间高运球时按拍球与行进配合不协调。

纠正方法：多做原地碎步跑运球和采用慢速行进运球的练习，熟练后再提高移动速度。

4）低头运球。

纠正方法：可目视同伴或教师、教练进行运球，还可采用戴遮视线的"眼镜"进行运球练习。

5. 投篮

投篮是将球投进篮筐的一种专门动作，它是篮球比赛中唯一的得分手段，是所有进攻技术、战术的最终目的和攻守矛盾的焦点所在。没有精准的投篮球技术，便无法得分，也无法获得比赛的最终胜利。投篮的基本方法有原地单手投篮、双手胸前投篮、行进间单手投篮、跳起单手投篮、反手投篮和勾手投篮等。本书将介绍原地单手投篮、原地双手胸前投篮、行进间单手投篮和跳起单手投篮。

（1）原地单手投篮　以右手持球为例，右脚在前，左脚稍后，两膝微屈，重心落在两脚掌上；右手五指自然分开，翻腕持球的后部稍下部位，左手扶在球的侧下面，将球举到头部右侧上方位置，目视篮圈，大臂与肩关节平行，大、小臂约 90°角，肘关节内收。投篮时，由下肢蹬腿发力，身体随之向前上方伸展，同时抬肘向投篮方向伸臂，用手腕前屈和手指拨球动作，使球柔和地从食指、中指指端投出。球离手时，手臂要随球自然跟送，脚跟提起。具体如图 7-5 所示。

图 7-5　原地单手投篮

（2）原地双手胸前投篮　投篮的准备姿势与双手胸前传球的准备姿势基本一致，投篮前将球置于胸前，目视篮圈，两肘自然下垂，两脚前后或左右开立，两膝微屈，重心落在两脚掌上。投篮时，两脚蹬地，腰腹伸展，两臂向前上方伸出，两手腕同时外翻，拇指稍用力压球，使球通过拇指、食指、中指指端投出。投球出手后，脚跟提起，腿、腰、臂随出球方向自然伸展。具体如图 7-6 所示。

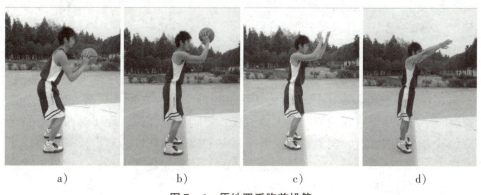

图 7-6　原地双手胸前投篮

(3) 行进间单手投篮　行进间单手投篮（又称"三步上篮"）是篮球比赛中常用的投篮方法之一，它可分为行进间单手肩上投篮和行进间单手低手投篮。

1) 行进间单手肩上投篮。以右手持球为例。右脚向前跨出时接球，接着迅速上左脚起跳，右腿屈膝上抬，同时举球至头右侧；腾空后，上体稍后仰，当身体跳到最高点时，右手臂伸直，用手腕前屈和手指力量将球投出。具体如图7-7所示。此动作有一口诀：一跨大步接球牢，二跨小步用力跳，三要翻腕托球举球高，四要指腕柔和用力巧。

a)　　　　　b)　　　　　c)　　　　　d)

图7-7　行进间单手肩上投篮

2) 行进间单手低手投篮。以右手持球为例。跑动步法与行进间篮下单手肩上投篮基本相同，只是在接球后的第二步要继续加快速度，向前上方起跳，腾空时间要短；投篮时手指五指自然分开，托球的下部，手心朝上，手臂向上伸展，接近篮圈时，用手指上挑的动作使球向前旋转投向篮圈。注意：第二步用力蹬地向前方起跳，投篮出手前保持单手低手托球稳定性，用指、腕上挑力量使球向前旋转投出。具体如图7-8所示。

a)　　　　　b)　　　　　c)　　　　　d)

图7-8　行进间单手低手投篮

(4) 跳起单手投篮　以右手持球为例。双手持球于胸腹之间，两脚左右（或前后）开立，两膝微屈，身体重心落在两脚间，上体放松，眼睛注视篮圈；起跳时两膝适当弯曲，接着脚掌蹬地发力，提腹伸腰，向上迅速摆臂举球并起跳，球高度为肩上或头上，持球方法同原地单手投篮；当身体升至最高点或接近最高点时，用力屈腕、压指，将球投出，球离手后身体自然落地，屈膝缓冲。具体如图7-9所示。

a)　　　　　　　　b)　　　　　　　　c)

图 7-9　跳起单手投篮

（5）投篮的常用练习方法

1）原地练习持球投篮的准备姿势和出手动作。

2）徒手做原地投篮动作的模仿练习，体会全身的协调配合和出手时的指、腕动作。

3）面对墙、篮板或同伴，相距 2~3 米，持球做投篮动作练习。

4）站在篮圈下面，举球到投篮出手部位投篮，体会投篮出手时的指、腕动作。

5）二人一组，相对站立，相距 3~4 米，用原地单手或双手投篮方法传有弧度的球，熟练后逐渐拉长距离。基本掌握投篮手法后，可采用固定投篮角度和变换投篮距离等方法进行投篮练习。

6）站在篮圈下面，举球到投篮出手部位投篮，体会投篮出手时的指、腕动作。

7）定点投篮练习，即二人一组，规定投篮点，一人连投，一人传球，达到规定次数后两人互换。

8）在对抗的条件下，加大投篮练习的难度和强度，提高投篮的应变能力，以适应实战的要求。

（6）原地投篮的易犯错误与纠正方法

1）持球手型不正确，掌心未离球体，手指指端未贴在球体，持球不稳。

纠正方法：练习者持球后由同伴或教师、教练检查动作是否正确，并帮忙纠正，使练习者建立正确的投篮持球动作基本概念。

2）肘关节外展。

纠正方法：练习者可以投篮的手臂侧靠墙，徒手做投篮模仿练习。

3）投篮时，肘关节过早前伸，导致抛物线过低。

纠正方法：练习者坐在地上持球做投篮动作，同伴或教师、教练在练习者对面用手捂住球的上方，使练习者体会投篮时先抬肘，后伸臂、压腕、指拨出球的投篮动作顺序。

4）投篮时，抬肘伸臂不充分，出球动作僵硬；双手投篮时，两手用力不平均，肩关节紧张，食指、中指拨球动作不明显，整体动作不协调。

纠正方法：多进行徒手模仿练习，多对镜练习，看教师或教练的正确示范，同时配合教学视频，建立正确的投篮动作概念并鉴别自己的投篮动作是否正确。

5）行进间投篮时跑动与跨步衔接不好或步法混乱。

纠正方法：先徒手进行跨步练习，熟练后进行行进间慢速运球接跨步上篮的动作，之后行进间运球速度可逐渐加快，使练习者循序渐进地掌握行进间投篮的衔接技术。

三、篮球运动的主要竞赛规则

自篮球运动被发明至今，篮球的竞赛规则随着篮球运动的发展不断修订。本书所介绍的篮球主要竞赛规则选自国际篮球联合会（简称国际篮联，FIBA）2020年10月1日起生效的最新篮球规则。

1. 场地和器材

（1）标准篮球场　国际篮联规定，正式比赛的篮球场为长28米、宽15米的长方形场地，天花板或最低障碍物离地高度至少7米。球场照明应均匀，光度充足。

场地内所有线条宽度为0.05米；中线应向两侧边线外各延长0.15米，其为后场的一部分；罚球线应与端线平行，长为3.6米，其外沿距端线内沿5.80米，中点须落于连接两条端线中点的假想线上。

限制区域为球场上的矩形区域。从罚球线两端画两条线至距离终点线中点各3米的地方（均从外沿量起）所构成的地面区域为限制区域。这些线也是限制区域的一部分。

三分得分区域应为除对方球篮附近被下述条件限制出的区域之外的整个球场地区：两条平行线从中端线延伸并垂直于端线，外沿距边线内沿0.90米；一个半径为6.75米的弧，从对手球篮精确中心下方的地板点到弧的外边沿；地板上的点与终点线中点的内沿的距离为1.575米；圆弧与平行线相连。三分线不是三分得分区域的一部分。

无撞人的半圆区域为一个半径为1.25米的半圆，从球篮中心下方的地面点测量到半圆的内缘。该半圆圈被连接到垂直于终点线的两条平行线，内缘距离球篮中心下方的地板上的点1.25米，长度0.375米，终点距离终点线的内缘1.20米。

中圈应画于球场中央，从圆周外沿丈量的半径为1.80米。

罚球半圆应在球场上标记，从圆周外沿丈量的半径为1.80米，其中心为罚球线的中点。

（2）篮球　篮球是圆形的，球的外表面应由皮革或人造、复合、合成皮革制成。球面的接缝最多12条并不得超过6.35毫米。男子比赛用球的圆周为750～770毫米，重量为580～620克；女子比赛用球的圆周为715～730毫米，重量为510～550克。充气后，使球从1800毫米的高度（从球的底部量起）落到球场的地面上，反弹起来的高度为960～1160毫米（从球的底部量起）。

2. 着装

（1）球队成员的服装构成

1）背心和短裤一样，前后的主要颜色相同。如果背心带有袖子，袖子不能超过肘，不允许穿着长袖背心。所有队员必须把背心塞进比赛短裤内。允许穿着连体的服装。

2）无论什么类型的T恤，都不允许穿在背心里面。

3）短裤和背心一样，前后的主要颜色与背心相同，但短裤必须高于膝盖。

4）所有球员穿着与主要颜色相同的短袜，袜子必须是可见的。

（2）主客队的背心颜色说明　球队必须至少有两套背心，并且秩序册中命名的第一队

（主队）应穿浅色背心（最好白色）；秩序册中命名的第二队（客队）应穿深色背心；如果参加比赛的两队同意，他们可以互换背心的颜色。

3．比赛时间、比分相等与决胜期

（1）比赛时间　比赛应由 4 节组成，每节 10 分钟。在第 1 节和第 2 节（第一半时）之间，第 3 节和第 4 节（第二半时）之间以及每一决胜期之前应有 2 分钟的比赛休息期。而半场时间的比赛休息期应为 15 分钟。在比赛预定的开始之前，应有 20 分钟的比赛休息期。

（2）比分相等与决胜期　如果在第 4 节比赛时间终了时比分相等，为打破平局，需要一个或多个 5 分钟的决胜期（加时节）来继续比赛。如果结束比赛时间的比赛计时钟信号响时或恰好之前发生了犯规，在比赛时间结束之前应执行最后的罚球。如果作为此罚球的结果需要一个决胜期，那么，在比赛时间结束后发生的所有犯规会被视为在比赛休息期间发生的，在决胜期开始之前应执行罚球。

4．如何打球

在比赛中，球只能用手来打，并且球可向任何方向传、投、拍、滚或运，但受本规则的限制。规定队员不能带球跑，故意踢或用腿的任何部分阻挡或用拳击球。然而，球意外接触到腿的任何部分，或腿的任何部分意外地触及球，不是违例。

5．得分

1）当活球从上方进入球篮并停留在球篮内或穿过篮圈是球中篮。

2）球已进入球篮，对投篮的队按此规则计得分：一次罚球投中篮计 1 分；从 2 分投篮区域投中篮计 2 分；从 3 分投篮区域投中篮计 3 分；在最后一次或仅有一次的罚球中，在球已触及篮圈后，在球进入球篮之前被一名进攻队员或防守队员合法触及，中篮计 2 分。

3）如果队员意外地将球投入该队的本方球篮，中篮计 2 分，并应在记录表上登记在对方队的场上队长名下。如果队员故意地将球投入该队的本方球篮，这是违例，中篮不计得分。如果队员使整个球从下方穿过篮圈，这是违例。

6．暂停

1）教练员或助理教练员请求中断比赛时是暂停。

2）每次暂停持续时间为 1 分钟。一次暂停可在一次暂停机会期间被准予。上半时 2 次暂停；下半时 3 次暂停，第 4 节当比赛计时钟显示 2 分钟或更少时最多 2 次暂停；每一个决胜期 1 次暂停。未用过的暂停不得遗留给下一个半时或决胜期。在第四节的最后两分钟或每一决胜期的最后两分钟内，在一次成功的投篮后比赛计时钟停止时，不允许得分队暂停，除非裁判员已停止了比赛。

7．违例

违例指违犯规则。违例时将球判给对方队员和在最靠近发生违例的地点掷球入界，正好在篮板后面的地点除外，除非规则另有规定。

篮球比赛中常见的违例有球出界、两次运球、带球走、3 秒、8 秒、24 秒和球回后场等。

8．犯规

犯规是对规则的违犯，含有与对方队员的非法身体接触和违反体育道德的举止。篮球比赛中常见的犯规有撞人、阻挡、拉人、推人、侵人犯规等。

（1）技术犯规　技术犯规是指所有的队员犯规，但不包括与对方队员接触的犯规。主要指队员没有礼貌地触犯裁判员、技术代表、记录台人员或球队席人员，或使用很可能冒犯或煽动观众的语言和举止等。

（2）队员犯规和全队犯规

1）一名队员已发生侵人犯规或技术犯规累计达到 5 次，主裁判员应通知本人，并要求其立即离开比赛。犯规队员必须在 30 秒钟内被替换。

2）全队犯规是指该队队员被判罚侵人犯规、技术犯规、违反体育运动精神的犯规或取消比赛资格的犯规。在一节中某队全队犯规已发生了 4 次时，该队处于全队犯规处罚状态。在比赛休息期间发生的所有全队犯规，应被认为是随后一节或决胜期比赛中的犯规；在决胜期内发生的所有全队犯规，应被认为是发生在第 4 节内的。当某队处于全队犯规处罚状态时，所有随后发生的对未做投篮动作的队员的侵人犯规应被判 2 次罚球，代替掷球入界。由被犯规的队员执行罚球。如果控制活球队的队员或拥有球权队的队员发生了一次侵人犯规，这样的犯规应判对方队员掷球入界。

实训设计

原地运球

【目标】通过实训，能熟练掌握各种原地运球方法。

【内容】原地高低运球、原地体侧前后推拉运球、原地胯下左右运球、原地胯下绕"8"字运球、原地背后换手变向运球。

【场地】篮球场或平整的空地。

【器材】篮球。

【方法与步骤】1. 原地高运球：按拍球的后上部，球的落点在身体侧前方，球的反弹高度在腰腹之间；原地低运球，降重心，抬头前看，用上体和腿保护球，球的反弹高度在膝髋之间。

2. 原地体侧前后推拉运球：两腿前后开立，运球手按拍球的后上方使球向前弹出，运球手迅速前移至球的前上方，按拍球的前上方使球弹回。

3. 原地胯下左右运球：两脚前后开立成弓箭步，右手持球加力使球从胯下向左反弹，左手迎引球后，再加力使球从胯下向右反弹，依次两手交替运球。

4. 原地胯下绕"8"字运球：两脚左右开立，约与肩同宽，其他动作方法同原地胯下左右运球，只是迎引球的手接触到球时，引球从腿外侧绕过来再推向另一侧。

5. 原地背后换手变向运球：两脚左右开立，约与肩同宽，持球于体前。练习时，左手持球向左挥摆至体侧，然后用手指、手腕加力，使球经身体左侧向右下方落于体后，使球向右侧上方反弹；右手在背后右侧控制球，然后再用右手加力向左运拍，依次在背后交替换手运球。

第二节 足球

一、足球运动简介

足球（football）是足球运动的简称，同时还可指足球运动的比赛用球。足球运动被誉为"世界第一运动"。它是以脚支配球为主，两个队在同一场地内进行攻守的体育运动项目。足球比赛一般为十一人制，即两队各出11人同场竞技，场地通常为室外场。但随着足球运动不断发展，衍生出五人制足球，场地通常为室内场。

足球具有整体性（多人配合）、对抗性（有身体直接接触，竞争激烈）、多变性（技术和战术变化多端、胜负难以预测）和易行性（对器材场地要求不高）的特点。经常从事足球运动，可提高人体的力量、速度、灵敏度、耐力和柔韧性等身体素质，改善人的高级神经活动，增强人体的心血管系统、呼吸系统等内脏器官的功能；足球运动还可培养良好的心理品质及团队合作精神。

> **知识窗**　足球运动是目前体育界最有影响力的运动之一。目前世界上有六大足球赛事：世界杯、奥运会、欧洲杯、美洲杯、非洲国家杯和亚洲杯。一场精彩的足球比赛吸引着成千上万的观众，它已成为电视节目中的重要内容，有关足球消息的报道占据着世界上各种报刊的篇幅，当今足球运动已成为人们生活中不可缺少的组成部分。另外还有欧洲足球五大联赛（意大利足球甲级联赛、英格兰足球超级联赛、西班牙足球甲级联赛、德国足球甲级联赛、法国足球甲级联赛），这些联赛代表了当今世界足坛顶级的足球水平，吸引了众多球星，也常常引导足球发展的新方向。

二、足球的基本技术

足球技术是指由特定动作结构组成，并贯穿于整个足球活动中的一种基本形式。足球技术包括有球技术（踢球、颠球、停球、头顶球、运球、抢截球、假动作、掷界外球和射门）、无球技术（起动、快跑、跳跃、急停、转身、移动步和假动作）和守门员技术（接球、扑球、拳击球、托球、掷球和抛踢球）。本书主要介绍足球的颠球、踢球、运球、射门、接球、顶球和抢截球。

1. 颠球

颠球是指运动员用身体的各个有效部位连续地触击球，并加以控制，尽量使球不落地的技术动作。颠球技术主要有双脚脚背颠球、双脚内或外侧颠球、大腿颠球和头部颠球，它是足球运动最基本的技术之一。

（1）脚背颠球　脚向前上方摆动，用脚背击球，击球时踝关节固定，击球的下部,两脚可交替击球,也可一只脚支撑,另一只脚连续击球,如图7-10所示。注意:击球时用力应均匀,使球始终控制在身体周围。

(2)脚内侧或外侧颠球　抬脚屈膝,用脚的内侧或外侧向上摆动,击球的下部,两脚内侧或外侧交替击球,如图7-11和图7-12所示。注意事项同脚背颠球。

(3)大腿颠球　抬腿屈膝,用大腿的中前部位向上击球的下部,两腿可交替击球,也可一只脚支撑,用另一侧的大腿连续击球,如图7-13所示。注意事项同脚背颠球。

(4)头部颠球　两脚开立,膝盖微屈,用前额部位连续顶球的下部,顶球时,两眼注视球,两臂自然张开以维持身体平衡,如图7-14所示。

图7-10　脚背颠球　　图7-11　脚内侧颠球　　图7-12　脚外侧颠球　　图7-13　大腿颠球　　图7-14　头部颠球

(5)颠球的常用练习方法

1)原地颠自己手坠的下落球。

2)原地拉挑球接着进行颠球,熟练后可两脚交替颠球,触球部位可先脚背再脚侧。脚下颠球熟练后,再练习大腿颠球和头部颠球。

3)原地进行高、低交替颠球练习。

4)走动颠球练习。

5)二人一组,一人拉挑球颠给对方,对方接着颠;或者二人面对面进行对颠,可规定颠球的次数和触球部位。

(6)颠球的易犯错误与纠正方法

1)脚背颠球。

①脚击球时踝关节松弛。

纠正方法:适当保持踝关节紧张,击球的下中部,以膝关节为轴屈伸小腿。

②击球时脚尖向下或向上勾,球难以控制。

纠正方法:练习时脚背须与地面平行,脚尖微翘。初学者可先颠一次让球落地反弹后再颠,体会触球时与球摩擦使球带有回旋的感觉,熟练后再过渡至连续颠球。

2)脚内/外侧颠球。

①击球时脚内翻或向上摆动不够,不能造成球直向上。

纠正方法:加强柔韧性练习。二人一组,一人坐在地上两腿屈膝,脚掌相对,成盘腿状,尽量靠近大腿，另一人在身后两手扶膝关节用力下压，持续几秒，交换进行练习，可提高脚内翻和小腿向上摆的幅度。

②支撑腿膝关节弯曲不够，导致脚外侧颠球时球无法靠近身体，失去控制。

纠正方法：练习时支撑腿的膝关节有意识弯曲，上体向支撑脚一侧稍倾斜，膝关节屈，脚外翻使脚外侧成水平状态的姿势，持续几秒后，交换支撑脚练习。

3）头部颠球：击球时间和部位不准，导致难以控制球的方向和高度。

纠正方法：练习时要求颈部稍紧张用力，控制好顶球点，加强收腹和屈膝伸腿蹬地协调用力的练习。

2. 踢球

踢球是运动员有目的地用脚把球击向预定目标的技术。踢球是足球技术中最重要的技术之一，也是足球运动的特征之一，主要用于传球和射门。踢球技术方法众多，主要有脚内侧踢球、脚背正面踢球、脚背里侧踢球、脚背外侧踢球、脚尖踢球和脚跟踢球。以下主要介绍脚背正面踢球、脚背里侧踢球和脚背外侧踢球的技术动作要领。不管使用哪个部位踢球，其动作结构相同，均由助跑、支撑脚站位、踢球脚摆、脚触球和踢球随前动作五个环节组成。

（1）脚背正面踢球　踢定位球时，直线助跑，支撑脚踏在与球平行和距球一脚的左右侧方，脚尖正对出球方向，膝稍屈，同时踢球腿向后摆起，膝弯曲；踢球腿前摆时，应用大腿带动小腿，当大腿前摆至垂直地面位置时，小腿加速前摆，在脚触球刹那，脚背绷直，并稍收腹，以脚背正面部位触球的后中部；踢球后，身体继续随前，向前跨出一两步。具体如图7-15～图7-17所示。

图7-15　脚背正面踢球腿前摆　　图7-16　脚背正面　　图7-17　脚背正面踢球后
　　　　准备动作　　　　　　　　　　　踢球瞬间　　　　　　　　随球动作

（2）脚背里侧踢球　沿着与球成45°的斜线助跑，支撑脚踏在球的侧后方约两脚处，膝弯曲，以脚掌外侧着地支撑身体重心，上体稍向支撑脚一侧倾斜，踢球脚自然后摆；踢球时，以大腿带动小腿，呈弧形迅速前摆，脚稍向外转，脚面绷直，脚趾扣紧，脚尖斜指前下方，以脚背里侧触球的后中部；踢球后，腿随球摆出。具体如图7-18～图7-20所示。

（3）脚背外侧踢球　动作要领与脚背正面踢球基本相同，只是用脚背外侧触球，在踢球的一刹那，脚背要绷直，脚趾用力下扣，脚尖内转，踢球的后中部。具体如图7-21～图7-23所示。

图 7-18 脚背里侧踢球腿前摆准备动作　　图 7-19 脚背里侧踢球瞬间　　图 7-20 脚背里侧踢球后随球动作

图 7-21 脚背外侧踢球腿前摆动作　　图 7-22 脚背外侧踢球瞬间　　图 7-23 脚背外侧踢球后随球动作

（4）踢球的常见练习方法

1）原地做各种踢球动作的模仿练习。

2）二人一组一球，一人用脚挡球（挡球脚脚尖稍翘起，脚掌对球，离球约 10 厘米），另一人做助跑踢球练习。

3）对足球墙踢球练习。开始时离墙 3～5 米，用力要小，然后逐渐加大离墙的距离和增大踢球力量。

4）踢准练习。二人一球，相距 15 米左右，中间放一个低的跨栏架，要求踢出的球从栏间通过，向画有标志的足球墙踢准。

5）踢远练习。在角球区内向罚球区内大力踢球；在罚球区线上向站在中线附近的同伴大力踢球；对着足球墙运球中踢球，距离可逐渐加大。

6）接力踢球。队员分成两组，相距 15 米左右，成纵队相对站立，由其中某一组第一人开始跑动中踢球，踢球后跑到对方排尾，依次循环。

7）踢来自各个方向的球。

（5）踢球的易犯错误与纠正方法

1）支撑脚位置偏后，踢球时身体或臀部后坐，脚触击球的后下部等，踢出球偏高。

纠正方法：调整支撑脚的位置，在脚触球的同时蹬地送髋，保持水平方向移动。

2）踢球脚的后摆较小或没有后摆，而仅是将球踢出以致前摆过分，造成踢球无力或出球较高。

纠正方法：加大最后一步助跑，使支撑脚立足与摆动腿形成相应的距离，以增大后摆的幅度。

3）踢球腿摆动不稳定，触球点不准确，使球产生不应有的旋转和准确性降低，并且影响出球力量。

纠正方法：在脚触球前看准球的部位，重复练习。

4）脚趾屈得不够，以致无法用脚的正确部位触球，出球力量和方向均受到影响，且易损伤脚趾。

纠正方法：加强脚趾柔韧性练习，多压脚趾，同时在练习时提醒自己用脚的正确部位触球。

5）踢地滚球时支撑脚站立不当，未根据来球的方向、速度、性能等选择支撑的位置，也未对自己踢球脚的摆动速度加以控制。

纠正方法：强调支撑脚的超前和错后，根据不同方向的来球和速度加以控制。

3. 运球

运球是指用身体的某一部位触球，使球能随运球者一起运动。在足球运动中，还涉及如何正确灵活地运用各种运球技术带球越过对方的防守的问题，因此，必须较为熟练地掌握运球技术。常用的运球技术包括脚内侧运球、脚背正面运球、脚背外侧运球和脚背内侧运球。

（1）脚内侧运球　运球前进时支撑脚始终领先于球，位于球的侧前方，肩部指向运球方向，支撑腿膝关节微屈，重心落在支撑腿上，另一条腿提起屈膝，用脚内侧推球前进，然后运球脚着地。这种技术多用于运球寻找配合传球或有对方阻拦需用身体做掩护时。

（2）脚背正面运球　运球时身体保持正常跑动姿势，上体稍前倾，步幅较小，运球腿提起，膝关节稍屈，髋关节前送，提踵，脚尖下指，在着地前用脚背正面部位触球后中部，将球推送前进。

（3）脚背外侧运球　运球时身体保持正常跑动姿势，上体稍前倾，步幅较小，运球腿提起，膝关节稍屈，髋关节前送，提踵，脚尖绕矢状轴向内侧旋，使脚背外侧正对运球方向，在运球脚落地前用脚背外侧推拨球的后中部。

（4）脚背内侧运球　身体稍侧转并自然协调放松，上体前倾，步幅小，运球腿提起外展，膝微屈外转，提踵，脚尖外转，使脚背内侧正对运球方向，在运球脚落地前用脚背内侧推拨球，使球随身体前进。

（5）运球的常用练习方法

1）用较慢速度进行单脚推拨球前进练习，较熟练掌握后再进行两只脚交替推拨球前进练习。

2）接力运球练习。将练习者分成两组，相距20米左右，呈"一"字形相对站立，一组第一人运球到对面的运球起点线，将球传给另一组的第一人，然后跑到排尾，依次循环。可规定运球的具体方法和循环次数。

3）过障碍运球练习。练习者排成一路纵队，由排头开始从起点线运球绕过数根标杆，每个练习者之间相隔一定距离，一个接一个运球过杆。标杆可排成直线或折线。

4）弧形运球。站在中圈外的左侧和右侧，顺中圈的弧线进行运球。熟练后可将练习者分成两组，一组运球，另一组散站在圈内或在圈内自由走动，运球者应尽量使球不触及站着的或走动着的人，一定次数后两组进行交换。

5）二人一组一球，做一过一练习。运球者向防守者做运球过人练习，防守者做消极防守。熟练后防守者做积极防守，一定次数后二人进行交换。

（6）运球的易犯错误与纠正方法

1）眼睛只盯着球，无法随时观察周围情况，以致不能根据临场情况及早采取措施。

2）运球时不是推球或拨球而是击球，致使球远离自己而失去控制。

纠正方法：以上两种常见错误的纠正方法均为多做慢速的运球练习，使练习者形成正确的运球动作概念，熟练后进行一对一过人练习。

4. 射门

射门是足球运动中最主要的得分技术之一。能否在最后临门一脚或用头顶将球射进对方球门，是比赛胜负的关键。以下介绍几种最基本的射门技术：

（1）正脚背射门　起跑点、足球和射门目标成一直线，向目标处轻松助跑，立足脚站在足球侧方，自然向后提起踢球脚小腿，双眼注视足球顶部，锁紧立足脚脚跟，挥动踢球脚小腿抽向足球中央点，击球后身体顺势追前，完成整个射门动作。

（2）脚外侧射门之外弯香蕉球　斜线碎步跑向足球，当立足脚站于足球侧方时，提腿扭摆身体，锁紧立足脚脚跟，用脚外侧抽击足球偏外 1/3 处，射门后顺势收膝，完成射门动作。

（3）脚内侧射门之撞射　轻松跑向足球，射球前保持身体平衡，朝足球顺势提腿，当立足脚站在足球侧的时候，轻扭身体膝向外转，锁紧立足脚脚跟撞击足球中央，将球射出。

（4）脚内侧射门之内弯香蕉球　斜线碎步跑向足球，当立足脚站于足球侧近时，提腿扭摆身体，锁紧立足脚脚跟，用脚内侧抽击足球偏外 1/3 处，击球过程中顺势扭动身体，使所射足球自然弯出。

（5）射门的常用练习方法

1）对足球墙进行射门练习，可瞄准某一点集中练习，待熟练后再瞄准另一点集中练习。

2）对球门进行射门练习。

5. 接球

接球即停球，是指有意识地将球停接下来，控制在自己的活动范围内，以便更好地处理球。按接球的身体部位不同，接球技术方法可分为胸部接球、脚掌接球、脚弓接球、正脚背接球、外脚背接球、大腿接球和头部接球；根据球的活动状态，可分为接地滚球、接反弹球和接空中球。下面介绍其中几种接球技术：

（1）胸部接球　胸部接球分为挺胸接球和收胸接球两种方式。挺胸接球时，身体正对来球，两脚前后开立，两膝弯曲，上体稍后仰，当球到头部前上方时，两臂自然向两侧张开，在球触及胸部时，要挺胸憋气，使球触胸后向前上方弹起，然后用头或用脚将球控制好；收胸接球时,准备姿势同挺胸接球,接球时,胸部对准来球,并稍前挺迎球,球一接触胸部,两肩前引,迅速收胸、收腹缓冲来球力量,将来球接在身前。具体如图 7-24 所示。

(2) 脚掌接球　此种接球方法常用于接正面地滚球和反弹球。接地滚球时,身体正对来球方向,支撑腿微屈,上体稍前倾,保持身体平衡,接球脚提起,高度不超过球的高度,屈膝,脚尖跷起高过脚跟;当球滚到脚前侧时,脚掌轻轻下压,以脚前掌将球接在脚下。具体如图 7-25 所示。

(3) 脚弓接球　以接地滚球为例。接球时,支撑脚正对来球方向,膝稍屈,当接触时,接球脚向前下轻压,将球接于身前。若来球力量大,则接球脚可稍后撤,以缓冲来球力量,将球接在脚下。具体如图 7-26 所示。

(4) 正脚背接球　以接空中球为例。身体正对来球,接球腿屈膝提起,以脚背对准来球,当球与脚接触的瞬间,小腿和脚踝放松下撤,缓冲来球力量,使球落在身前;或者接球腿稍抬起,在球接近地面时,用正脚背触球,随即下撤落地。具体如图 7-27 所示。

(5) 外脚背接球　以接地滚球为例。身体重心先放在支撑脚上,支撑腿稍屈,同时接球脚提起,膝稍屈,放在支撑脚的侧前方,脚背外侧对准来球方向,在球与脚接触瞬间,接球脚轻轻下压,将球接于身前。若想将球接向体侧,则脚尖和髋部外展,使球停于身旁。具体如图 7-28 所示。

图 7-24　胸部　　图 7-25　脚掌　　图 7-26　脚弓　　图 7-27　正脚背　　图 7-28　外脚背
　接球瞬间　　　　接球瞬间　　　　接球瞬间　　　　接球瞬间　　　　　接球瞬间

(6) 接球(停球)的常用练习方法

1) 二人一组,一人踢球,一人停球,注意停球时身体和脚踝的触球部位应适当放松,并做好迎撤动作,一定次数后二人交换练习。熟练后可进行停迎面来的地滚球练习。

2) 跑上去停对足球墙踢出的反弹回来的球。

3) 练习者分成甲、乙两组,相距 20 米左右,呈 "一" 字形纵队,甲组第一名练习者踢地滚球给乙组第一名练习者,然后跑回本组排尾,乙组第一名练习者迎上停球,然后踢给甲组的下一个练习者,依次循环若干次。

4) 停侧面的来球。二人一组,相距 15 米左右,练习者甲向练习者乙的侧方踢球,练习者乙跑动中用规定部位停球,停球后将球再踢回给练习者甲,依次循环若干次,停球部位可根据练习情况进行调整。

5) 与运球、传球、过人和射门等技术组合练习,以适应实战的要求。

6）自抛自停反弹球。自己向上抛球，待球落地停反弹球；或自己先向足球墙掷、踢高球，再跑上去停反弹球。

7）二人一组，相距 15 米左右，一人踢或抛一定高度呈抛物线下落的球，另一人向侧方或侧后方停反弹球。

6. 抢截球

抢截球属于足球运动中的防守技术，是用争夺、堵截和破坏等方式延缓或阻拦对方进攻的方法。本书主要介绍正面抢截和侧面抢截。

（1）正面抢截　两脚前后稍开立，两膝稍屈，身体重心下降，并平均落在两脚上，面向对手，当对方带球脚触球即将着地或刚刚着地时，立即抢球。抢球脚的脚弓对正球，并跨出一步，膝关节弯曲，上体前倾，身体重心移至抢球脚上；如对方已有准备，在双方脚同时触球时，脚触球后要顺势向上提拉，使球从对方脚背滚过，身体迅速跟上，把球控制住；双方上体接触时，抢球人可用合理部位冲撞对方，使之失去平衡，将球控制在自己脚下。

（2）侧面抢截　当与对方平行跑动争球时，身体重心要降低，两臂贴紧身体；在对方靠近自己的脚离地时，可用肩和上臂做合理的冲撞动作，使对方身体失去平衡，从而把球抢过来。

（3）抢截球的常用练习方法

1）二人一组一球，球放于中间，二人对面均离球一步，二人同时做跨步用脚内侧抢球的模仿练习。熟练后二人做慢速的抢球练习。

2）二人一组一球，相距 7~8 米，一人直线运球，另一人做正面跨步抢球或侧面冲撞抢球。

三、足球运动的主要竞赛规则

2021 年 3 月 5 日，国际足球理事会召开了第 135 次年度大会，大会上对《足球竞赛规则 2021/2022》中的规则做出了修订，并于 2021 年 7 月 1 日正式施行。每次规则修订都是着眼于比赛的公平、诚信、尊重、安全、参与者及观众的体验，以及在适当的情况下，运用科技手段改进比赛。足球运动的主要竞赛规则如下：

1. 场地和器材

国际比赛（十一人制足球赛）标准场地为长 100~110 米，宽 64~75 米的长方形场地。场地内两条较长的边界线叫边线，两条较短的线叫球门线，比赛场地被中线划分为两个半场，以中线的中点为圆心、9.15 米为半径画出的圆为中圈。场地中所有线的宽度不超过 12 厘米。

从距每个球门柱内侧 5.5 米处，画两条垂直于球门线的线。这些线伸向足球比赛场地内 5.5 米，与一条平行于球门线的线相连接。这些线和球门线组成的区域范围是球门区。

球门必须放置在每条球门线的中央，它们由两根距角旗杆等距离的垂直的柱子和连接其顶部的水平的横梁组成。两根柱子之间的距离是 7.32 米，从横梁的下沿至地面的距离是 2.44 米。两根球门柱和横梁具有不超过 12 厘米的相同的宽度与厚度。球门线与球门柱和横梁的宽度是相同的。球门网可以系在球门及球门后面的地上，并要适当地撑起以不影响守门员。球门柱和横梁必须是白色的。

从距每个球门柱内侧 16.5 米处，画两条垂直于球门线的线。这些线伸向比赛场地内 16.5 米，与一条平行于球门线的线相连接。这些线和球门线组成的区域范围是罚球区。

在每个罚球区内距球门柱之间等距离的中点 11 米处设置一个罚球点。在罚球区外，以距每个罚球点 9.15 米为半径画一段弧。

在场地每个角上各竖一根不低于 1.5 米的平顶旗杆，上系小旗一面。在中线的两端、边线以外不少于 1 米处，也可以放置旗杆。

在比赛场地内，以距每个角旗杆 1 米为半径画一个 1/4 圆，此为角球弧。

足球为圆形，以皮革或其他合适的材料制成。球体圆周为 68～70 厘米，球的重量为 410～450 克，压力在海平面等于 0.6～1.1 个大气压力。

2. 比赛时间及人数

（1）比赛时间　正式的十一人制足球比赛分为上、下半场，每半场为 45 分钟，中间休息时间不超过 15 分钟。

（2）队员及裁判员人数　每队上场队员不得多于 11 名，其中须有一名守门员，如某队场上队员少于 7 人，则比赛不能开始。在每一场正式足球比赛中均有一名主裁判、两名助理裁判和一名第四官员组成的裁判组负责比赛的判罚，而现在很多关键比赛都采用了 VAR 设备。2010 年 7 月 21 日，国际足联通过了正式决议，将在 2010-11 赛季欧洲冠军联赛及以后的联赛中实行六裁判执法制度，即增加两名底线裁判帮助执法，以求减少绿茵场上"泛滥成灾"的误判错误。

3. 比赛场上的规则及相关术语

（1）红牌与黄牌　根据犯规性质不同，裁判员可出示两种不同颜色的牌，即红牌和黄牌。

对于足球比赛中出现的一些严重犯规，裁判员要出示红牌或黄牌。若为恶意犯规或暴力行为，应出示红牌；故意手球、辱骂他人或同一场比赛同一人得到两张黄牌时，也应出示红牌。

比赛中，对有违反体育道德行为、用语言和行为表示不满的，应出示黄牌；对连续犯规、故意延误比赛、擅自进出场地的队员，也应出示黄牌。

（2）越位　足球比赛构成越位要满足的条件为：在同伴传球时脚触球的瞬间，在对方半场内如果另一同伴的位置与最后第二名对方队员的位置相比更靠近对方球门线，这时该队员处于越位位置。需要说明的是，与对方最后第二名队员处于平行时不判越位。处于越位位置的队员裁判员在下列情况中判罚越位犯规：干扰比赛、干扰对方队员和利用越位位置获得利益。

（3）任意球　足球比赛的任意球分两种：一种是直接任意球。它主要针对恶意踢人、打人、绊倒对方的行为，或用手拉扯、推搡对方，手触球也属于这一类；辱骂裁判员、辱骂他人也应判罚直接任意球。此种任意球可直接射门得分。若这些行为发生在罚球区，就应判罚点球。另一种是间接任意球，针对危险动作、阻挡、定位球的连踢即属于此类。这种任意球不能直接射门得分，只有当球进门前，触及另外一名队员才可得分。罚球区内这种犯规不能判罚点球。

无论是直接任意球还是间接任意球，防守方都应退出9.15米线以外，若不按要求退出9.15米，裁判员可出示黄牌。

（4）点球　在罚球区内应判罚直接任意球的犯规要判罚点球。罚点球时，双方队员不能进入罚球区。如防守方进入罚球区，进球有效，不进则重罚；如进攻方进入罚球区，进球应重踢，如不进则为防守方球门球。在罚点球时，守门员可以在球门线上左右移动，但不可以向前移动。

（5）进球　当球的整体从球门柱间及横梁下越过球门线，而此前未违反竞赛规则，即为进球得分。

（6）补时　足球比赛有时根据场上情况在比赛时间上需要补时。一般在上、下半场正常的比赛时间到后进行补时。主裁判根据自己的判断和经验来确定补时时间，正常情况下，半场的补时时间不超过5分钟；上下半场加起来不超过8分钟。造成补时的原因主要有处理场上受伤者、拖延时间和其他原因。

实训设计

足球接控球

【目标】通过实训，掌握足球运动接球的基本技能。

【内容】脚内侧接反弹球、脚内侧接地滚球、胸部接球、大腿接球。

【场地】足球场或平整的空地

【器材】足球。

【方法与步骤】1. 脚内侧接反弹球：根据来球的落点及时移动到位，支撑脚与球落点的相对位置在球的侧前方，支撑腿膝关节微屈，身体向接球后球运行的方向偏移；接球腿提起小腿且放松，脚尖微翘，脚内侧对着接球后球运行的方向并与地面成一锐角；当球落地反弹刚离地面时，大腿向接球后球运行的方向摆动，用脚内侧部位轻推球的中上部。

2. 脚内侧接地滚球：支撑脚脚尖上对来球，膝关节微屈，同侧肩正对来球；接球腿提膝大腿外展，脚尖微翘，脚底基本与地面平行，脚内侧正对来球并前迎；当脚内侧与球接触的一刹那迅速后撤，把球接在脚下。

3. 胸部接球：面对来球站立（两脚左右或前后开立），两膝微屈，重心置于支撑面内，上体后仰，下颌微收，两臂自然张开，维持身体平衡；接触球瞬间，两脚蹬地，膝关节伸直，用胸部轻托球的下部使球微微弹起于胸前上方。

4. 大腿接球：面对来球方向，根据球的落点迅速移动到位，接球腿大腿抬起；当球与大腿接触的瞬间，大腿下撤将球接到需要的位置上。

第三节 排球

一、排球运动简介

排球（volleyball）由美国人威廉姆·G.摩根（William G. Morgan）于 1895 年发明，后逐渐流行于全世界。排球具有群众基础好、技术全面、对抗激烈、技巧细腻、攻防技术两重性和集体配合严密性等特点。经常从事排球运动可提高人体的综合身体素质，尤其可以增强爆发力和手眼的协调配合能力及腰背肌力，改善人的高级神经系统、心血管系统和呼吸系统功能，培养坚强意志和集体主义精神，还可使人养成协作配合和遵守规则的良好习惯，有助于与他人友好相处。

> **知识窗**
>
> 1896 年，美国开始举办排球比赛，同年其英文名被正式定为 "volleyball"，并出现了第一部排球规则。
>
> 1900 年和 1916 年，排球规则进行了两次修改。
>
> 1918 年，比赛双方人数被最后确定为如今的 6 人。
>
> 1947 年，国际排球联合会（简称国际排联，FIVB）在法国巴黎成立。
>
> 1949 年，国际排联在布拉格举办了第一届世界男子排球锦标赛；1952 年，在莫斯科举办了第一届世界女子排球锦标赛。
>
> 1964 年，排球被列为奥运会的正式比赛项目。
>
> 1965 年，在华沙举办了第一届男子世界杯排球赛；1973 年，在乌拉圭举办了第一届女子世界杯排球赛。
>
> 2000 年起，排球实行每球得分制。
>
> 2008 年，我国体育界元老级人物魏纪中开始担任国际排联主席，任期为 4 年。

1905 年排球传入我国，之后在我国得到了普及和发展。

1977 年，中国女排第一次战胜日本女排，获得世界杯第四名。

1979 年，中国女排首次夺得亚洲锦标赛冠军。

1981 年—1986 年，中国女排夺得世界大赛五连冠，震惊世界。后由于新老队员交替，出现青黄不接现象。

2003 年，在教练陈忠和的带领下，中国女排时隔多年后再一次夺得世界杯冠军。

2004 年，中国女排又一次夺得奥运会冠军，令国人振奋。

2008 年，中国女排获得北京奥运会铜牌。

2016 年，在郎平主教练的带领下，中国女排一路过关斩将，再次夺得珍贵的奥运会金牌。中国女排姑娘们在赛场上展现出的永不言弃的拼搏精神，感染了无数国人。

目前国际重大的排球赛事主要有奥运会排球比赛、世界排球大冠军杯赛、世界排球锦标赛和世界杯排球赛。

二、排球的基本技术

排球的基本技术主要有基本移动步法、发球、垫球、传球、扣球和拦网等。本书根据体育教学的实际情况，主要介绍基本移动步法、发球、正面双手垫球、正面双手传球和扣球。

1. 基本移动步法

（1）一般准备姿势　两脚左右开立略比肩宽，前后开立距离小于左右，膝稍屈，上体稍前倾，两臂自然弯曲置于腰腹或胸前，整个身体处于较灵活的平稳状态，随时准备起动。

（2）并步　当来球离身体一步左右时，可采用并步移动；移动时，移动方向的同侧脚先向移动方向跨出一步，当跨出脚落地时，另一脚迅速并上成击球前的准备姿势。

（3）跨步　当来球较低、离身体 1 米左右距离时，可采用跨步移动；移动时，一脚用力蹬地，另一脚向来球方向跨出一大步，跨出腿膝部弯曲，上体前倾，臀部下降，身体重心移至跨出腿上，后腿在蹬地后膝部也要微屈。

（4）交叉步　当来球在体侧或体前侧距离身体 2 米左右时，可采用交叉步移动去接近球。若向右移动，起动时身体应稍向右转，同时右脚自然地向右先移动一小步（起动步），使脚尖指向右前方；左脚从右脚前面向右交叉迈出一步；然后右脚再向右跨出一步，落在左脚的右侧；同时，身体转动对准来球方向，保持击球前的准备姿势。

（5）练习方法

1）听口令采用规定步法做反应练习。

2）二人一组一球，一人持球向不同方向抛球，另一人采用各种基本移动步法接球。

3）同伴向四周抛出各种高低、远近不同的球，每人连续接球若干次，球不得落地。

2. 发球

发球是排球比赛中主要的得分技术之一，是不受对手影响的技术，也是先发制人的进攻性技术。从动作上划分，发球可分为正面下手发球、侧面下手发球、正面上手发旋转球、侧面勾手大力发球、正面上手发飘球、侧面勾手飘球、跳发飘球和跳发大力球八种。本书主要介绍正面下手发球和正面上手发球两种发球方法。

（1）正面上手发球　以右手发球为例。面对球网站立，左手托球于胸前，右手扶球，注意观察对方的站位和布局，选定自己的攻击目标；左手或双手将球平稳地向右肩前上方抛起，抛球的同时，右臂抬起屈肘后振，肘部弯曲与肩平，五指自然张开，上体稍向右转动，抬头挺胸、展腹，身体重心移动至右脚上；击球时利用蹬地转体和迅速收胸收腹的动作使手臂迅速猛烈地向上方挥动，重心随之移至左脚，手臂伸至右肩上方，以全掌击球的后中下部，手触球时手腕应有向前推压的动作，使球向前旋转飞出。具体如图 7 - 29 所示。

图 7-29　正面上手发球

（2）正面下手发球　正面下手发球常被初学者进行比赛时采用。以右手发球为例。面对球网两脚前后开立，左脚在前，右脚在后，两膝弯曲，上体前倾，左手持球于腹前；左手将球垂直上抛在右肩的前下方，离手 20~30 厘米高度即可，在抛球的同时，右臂伸直后摆，身体重心适当后移；以肩为轴，手臂由后经下方向前摆动，身体重心也随之前移，在右肩的前下方腹前高度用全掌、掌根或虎口击球的后下方。具体如图 7-30 所示。

图 7-30　正面下手发球

（3）发球的常用练习方法

1）原地徒手模仿发球动作，熟练后进行抛球练习，再将抛球和发球结合进行练习。

2）将球悬吊在适当高度，或由同伴持球，用发球的正确动作击球，以体会发球动作和击球时手的感觉。

3）两人一组，不隔网相距 10 米进行发球练习。熟练后可做近距离的隔网发球练习。

4）两人站在端线后轮流发球，并相互观察，提醒动作要点。熟练后可规定发球目标和发球次数再进行练习，最后过渡至分组进行发球和接发球比赛。

（4）发球的易犯错误与纠正方法

1）抛球不好，影响发球质量。

纠正方法：固定抛球的位置与高度，反复进行，并由同伴或教师帮助纠正动作。

2）击球点不准，从而影响击球效果。

纠正方法：多击固定球；抛球接击球时，眼睛应盯住击球部位，及时挥臂击球。

3) 击球时手掌控制不住球，击不准球。

纠正方法：提醒自己应看准击球的部位击球，抛球后先用较轻的力量击球，或多击固定球。

3. 正面双手垫球

（1）正面双手垫球的动作要领　正面双手垫球时，击球手型可取叠指法和包拳法两种，击球点一般尽量保持在腹前约一臂距离的位置，用腕上10厘米左右的两小臂桡骨内侧所构成的平面击球。当判断来球须用垫球回击时，及时移动到位，降低重心，两臂前伸插至球下，使两前臂的垫击面对准来球，并初步取好手臂的角度；两手掌要紧靠，手臂夹紧，手腕下压，用平整且稳定的击球面迎击球；由下肢蹬地，提肩、顶肘、压腕的动作去迎击来球，身体重心应随球前移，全身协调用力将球送出。具体如图7-31所示。

a)　　　　　　　　　　b)　　　　　　　　　　c)

图7-31　正面双手垫球

（2）正面双手垫球的常用练习方法

1) 原地徒手模仿练习。

2) 二人一组，一人持球固定于小腹前的高度，另一人从准备姿势开始，做垫击动作，但不将球击出，只体会击球动作。熟练后可一人抛球，一人垫球，再过渡至二人对垫。

3) 二人一组，一人固定不动，另一个向前后、左右移动垫球，再过渡至二人同时移动垫球。

4) 教练或同伴连续抛球，练习者进行垫球，每组规定垫球个数和垫球方向。

4. 正面双手传球

（1）正面双手传球的动作要领　当判断来球须用传球技术时，手翻掌略相对，置于额前，手指自然弯曲，手腕稍后仰，以稍大于球体的半球形手型准备迎击来球；击球时从下肢开始发力，双脚蹬地，以伸膝、伸髋动作使身体重心上升，再以伸肘使两手迎向来球并在正确的击球位置击球，依靠脚蹬地和手指手腕的用力将球传出；击球后，手腕适当随球前屈。注意：击球点在前额正前上方约一个球的位置，触球时肘关节尚有一定弯曲度，以便于继续伸臂用力。具体如图7-32所示。

（2）正面双手传球的常用练习方法

1) 原地徒手模仿正面双手传球动作。熟练后持球模仿动作，再过渡至原地传抛过来的球。

2) 自抛自传，可规定次数和移动范围。熟练后进行原地对传，再过渡至移动对传。

3) 与垫球技术结合进行组合练习。

第七章　球类运动

图 7-32　正面双手传球

5. 扣球

扣球是排球比赛中最积极有效的进攻手段之一，是完成战术配合的最后一击，更是决定胜负的关键技术，因此必须较好地掌握一两种扣球方法。扣球有强攻和快攻、近网攻和远网攻、前排攻和后排攻、平网攻和调整攻的区分，它们的动作结构相同，只是在时间和空间上有所区别。

（1）扣球的动作要领　以右手扣球为例。左脚向球的落点自然迈出第一步，接着右脚迈出第二步，右脚跟在起跳点着地，最后左脚迅速并上来，在右脚的左侧约与肩宽，并稍靠前半脚的位置着地；两膝弯曲，大小腿夹角为100°~110°，两膝内扣，上体稍前倾，随即两脚迅速有力蹬地起跳，两臂配合由体侧下方继续屈臂向体前上方摆动，同时迅速展腹、伸膝、屈踝提踵，使身体腾空而起；身体腾空后，左臂摆至身体前方（或前上方），击球臂屈臂置于头侧，肘高于肩，展腹、挺胸、敞肩，身体呈反弓形，眼睛注视球；击球时，大臂前旋，肘关节向前上方，小臂放松迅速后振，手腕放松，小臂继续上摆，整个手臂甩直并呈弧形摆至击球点击球，落地时应力争双脚同时着地。注意：击球点应在右

图 7-33　正面扣球瞬间

肩前上方，击球臂与躯干的夹角约为160°，用手臂击球的后中上部。具体如图7-33所示。

（2）扣球的常用练习方法

1）徒手挥臂动作模仿练习。

2）利用吊球做原地手臂挥摆击球动作。

3）原地对墙或球网自抛球扣球练习。熟练后面对低网做原地自抛自扣练习，注意球应垂直抛起。

4）徒手助跑起跳动作模仿练习。先做慢速助跑起跳，动作熟练后可加快助跑起跳速度。

5）利用固定吊球进行助跑起跳扣球练习。要求动作正确、协调、到位。

6）网前抛球扣球练习。一人抛固定高度的球，其他练习者成纵队站立，轮流进行扣球练习。熟练后抛球者变换球的高度和落点，以提高实战能力。

7）进行串联技术练习。将传、扣技术组合进行练习，或做接发球、接吊球后的扣球练习等。

三、排球运动的主要竞赛规则

在 2021 年举行的第 37 届国际排联世界大会上,排球竞赛规则被进行了修改,执行周期为 2021 年—2024 年。本书以此版本为依据,介绍排球主要竞赛规则。

1. 场地和器材

标准排球比赛场区为长 18 米、宽 9 米的长方形场地。比赛场区上空净高至少 12.5 米。场区地面为浅色,由木质或合成物质构成。场区内所有界线均为白色,宽 5 厘米。

比赛场所在的室内温度最低不得低于 10 摄氏度。对于国际排联、世界和官方比赛,最高温度应由比赛的国际排联技术代表确定。照明度从距比赛场地地面 1 米的高度进行测量,不低于 300 勒克斯○。对于国际排联、世界和官方比赛,比赛场地的照明应不低于 2000 勒克斯。

球网为黑色,对于男子比赛,球网高为 2.43 米,对于女子比赛,球网高为 2.24 米,宽为 1 米,长为 9.50~10 米。球网上有两条宽为 5 厘米、长为 1 米的白色带子为标志带,分别系在球网的两端,垂直于边线。标志杆是有韧性的两根杆子,长为 1.80 米,直径为 10 毫米,由玻璃纤维或类似质料制成。两根标志杆分别设置在标志带外沿球网的不同两侧。

排球为圆形,由皮革或合成皮革制成,颜色为一色的浅色或彩色。球圆周为 65~67 厘米,重量为 260~280 克,内部压力为 0.30~0.325 千克/平方厘米。

2. 赛制及计分方法

比赛采用五局三胜制、每球得分制,接发球方得分即可得发球权,同时队员按顺时针方向轮转一个位置。每局先得 25 分且领先对手 2 分及以上的队胜一局,若比分为 24:24,则继续进行此局比赛直至某队领先 2 分为止。决胜局先得 15 分且领先对手 2 分的队获胜,若比分为 14:14,则继续进行此局比赛直至某队领先 2 分为止。胜三局即赢得比赛胜利。

3. 队员人数

每队有 6 人同时在场上进行比赛。

4. 位置错误

当发球队员击球时,如果场上队员不在其正确位置上,则构成位置错误犯规。主要包括以下几种情况:

1)发球队员击球时,场上其他队员未完全站在本场区内。

2)发球队员击球时,场上队员未按"每一名前排队员至少有一只脚的一部分比同列后排队员的双脚距中线更近"的规定站位。

3)发球队员击球时,场上队员未按"每一名左边(右边)队员至少有一只脚的一部分比同排中间队员的双脚距左(右)边线更近"的规定站位。

○ 勒克斯(Lux,通常简写为 lx)是一个标识照度的国际单位制单位。被光均匀照射的物体,在 1 平方米面积上所得的光通量是 1 流明时,它的照度就是 1 勒克斯。其单位换算是 1 勒克斯 = 1 流明/平方米 = 1 坎德拉·球面度/平方米

5. 击球时的犯规

（1）连击犯规　排球比赛时，运动员身体的任何部位均可触球，但一名队员（拦网队员除外）连续击球两次或球连续触及其身体的不同部位即为连击犯规。但在第一次击球时，允许队员在同一击球动作中，球连续触及其身体的不同部位。

（2）持球犯规　在比赛中，队员身体的任何部分均可触球，但球必须被击出，不得接住或抛出，否则即为持球犯规。

（3）四次击球犯规　某队连续触球四次（拦网除外）即为四次击球犯规。注意：队员不论是主动击球还是被动触及，均算该队员击球一次。

6. 拦网犯规

拦网犯规包括过网拦网犯规、后排队员拦网犯规、拦发球犯规和从标志杆外伸入对方空间拦网犯规等情况。其中，在对方进攻性击球前或击球时，在对方空间拦网触球为过网拦网犯规，判断过网拦网的依据是进攻队员与拦网队员触球时间的先后；后排队员或后排自由防守队员完成拦网或参加了完成拦网的集体，为后排队员拦网犯规；拦对方发过来的球为拦发球犯规；从标志杆外伸入对方空间拦网并触球为拦网犯规。

> **实训设计**
>
> **扣球**
>
> 【目标】通过实训，基本掌握三种排球扣球技术，培养团结合作精神。
> 【内容】正面扣球、调整扣球、扣快球。
> 【场地】排球场。
> 【器材】排球。
> 【方法与步骤】1. 正面扣球：起跳后，先挺胸、抬头、展腹，手臂屈肘向后上方抬起，身体呈反弓形；利用收腹、转体收胸动作发力，带动前臂上甩击球，挥动要有提肩抬肘动作，前臂呈弧形快速向前上方抽甩，在肩上方最高点击球；手触球时，用全掌包住球的后上方，使球上旋、急速离手后落入对方场区。
> 2. 调整扣球：传球队员从后场区将球传到网前而进行扣球。
> 3. 扣快球：扣球队员在二传队员传球前或传球的同时起跳，把球扣入对方场区。

第四节  乒乓球

一、乒乓球运动简介

乒乓球（table tennis）由英文可知，是由网球发展而来的。19世纪末，欧洲盛行网球运动，但受到场地和天气的限制，人们无法天天进行此项运动。英国有些人便把网球移到室内，

以餐桌为球台，书做球网，用羊皮纸做球拍，在餐桌上打球，后逐渐形成今天广为人知的乒乓球运动。

20世纪初，乒乓球运动在欧洲和亚洲发展迅速。1926年，在德国柏林举行了国际乒乓球邀请赛；同年在英国伦敦成立了国际乒乓球联合会（简称国际乒联，ITTF）。

乒乓球运动于1904年传入我国。新中国成立后，我国在全国范围内开展了群众性乒乓球运动。

> **知识窗**　1953年，我国参加了第20届世界乒乓球比赛。
>
> 1959年，我国男子乒乓球运动员容国团第一次夺得世界乒乓球锦标赛男子单打冠军。从此以后我国的乒乓球运动在世界崛起，在国际大赛上多次取得佳绩。
>
> 20世纪70年代，中美两国开展了著名的"乒乓外交"，运动员的互访打开了两国人民友好往来的大门，同时乒乓球技术有了快速发展，也使得我国的乒乓球水平一直处于世界领先地位。自容国团赢得第一个世界冠军至2021年12月，我国乒乓球队在世界三大赛事中共116人成为世界冠军，并囊括了4次世锦赛、4次奥运会的全部金牌。我国著名的乒乓球运动员有容国团、徐寅生、李富荣、邓亚萍、王涛、刘国梁、王楠、张怡宁等，数不胜数，许多国外运动员到我国参加乒乓球联赛以提高竞技水平。除此以外，我国的乒乓球群众基础扎实，目前经常打乒乓球的人口有1000多万。

目前国际和国内的重大乒乓球赛事主要有世界乒乓球锦标赛、乒乓球世界杯、奥运会乒乓球赛、世界明星巡回赛和全运会乒乓球赛。

乒乓球运动是以智能为主，智能、技能和体能三者兼容的隔网对抗运动项目。它具有速度快，变化多，技巧性强，趣味性高，设备较简单，不受年龄、性别和身体条件限制，运动量可调节等特点。经常从事乒乓球运动可提高视觉的敏锐性和神经系统的灵活性，改善人的心脑血管机能，提高控制情绪的能力，培养机智果断、顽强拼搏和勇于进取的优秀品质与作风，还能起到积极的心理调节作用，提高人的社会适应能力。

二、乒乓球的基本技术

乒乓球的基本技术种类繁多，本书主要介绍握拍、基本移动步法、发球、推挡、攻球和搓球。

1. 握拍

（1）直拍握法　大拇指第一指节和食指第二指节位于拍柄两侧并握于拍前，其余三指自然弯曲顶于拍后中间（见图7-34和图7-35）。此种握拍法可打出大力的正手直线和斜线球，拍面变化不大，但反手相对较缺乏攻击力。

图 7-34　乒乓球直拍握法正面　　　图 7-35　乒乓球直拍握法反面

（2）横拍握法　中指、无名指和小指握住拍柄，大拇指自然伸开放于拍面的一面，食指斜顶于拍面的另一面（见图 7-36 和图 7-37）。此种握拍法正反手攻球力量大，攻削球时握法变化小，但正反手交替击球时需变换击球拍面，攻斜、直线时调节拍形幅度大，易被对方识破。

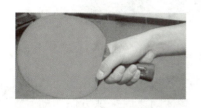

图 7-36　乒乓球横拍握法正面　　　图 7-37　乒乓球横拍握法反面

（3）握拍注意事项　无论采用哪种握拍法，握拍应松紧适度，否则将影响击球时的发力动作和击球的准确性。对初学者而言，最好选定一种握拍法进行学习，以免影响打法类型和风格的形成。

2. 基本移动步法

球类运动中的基本移动步法是十分重要的，乒乓球也不例外。本书主要介绍单步、跨步、并步和交叉步。

（1）单步　以一只脚为轴，另一只脚向前、后、左、右不同方向移动，身体重心随之落在移动脚上，如图 7-38 所示。

（2）跨步　一脚蹬地，另一脚向移动方向跨一大步，蹬地脚随后跟上半步或一小步，身体重心随即移到跨步脚上，如图 7-39 所示。

图 7-38　乒乓球单步动作　　　图 7-39　乒乓球跨步动作

（3）并步　一脚先向另一脚并半步或一小步，另一脚在并步脚落地后随立即向来球方向移动一步，如图7-40所示。

图7-40　乒乓球并步

（4）交叉步　以靠近来球方向的脚为支撑脚，该脚的脚尖高速指向移动方向，远离来球方向的脚在体前交叉，向来球方向跨出一大步，身体随之向来球方向转动，支撑脚跟着向来球方向再迈一步，此为前交叉步。后交叉步则在体后完成交叉动作。

（5）基本移动步法的常用练习方法

1）听口令或看信号原地做基本步法移动练习。

2）站于乒乓球台前进行左右移动练习。

3）结合基本技术进行组合练习。

3. 发球

乒乓球的发球变化多端，且有正手发球与反手发球、旋转与不旋转之分。根据初学者的学习基础，这里主要介绍正手发逆向侧上下旋球和反手发右侧上下旋球。

（1）正手发逆向侧上下旋球　以右手持拍为例。站于左半台，左脚在前、右脚在后，身体侧向球台，重心稍低；左手将球抛起，拍先略向后引，当球下降至接近网高时再向前上方挥动，腿和腰腹用力带动手臂，球拍前挥时，肘关节向外提起，前臂和手腕内收；球拍横向挥动摩擦球的外侧中部，发出的球为侧上旋，向侧下方挥动摩擦球的外侧中下部，发出的球为侧下旋；击球后球拍顺势挥动并还原（见图7-41，以直拍握法发球为例）。

图7-41　乒乓球正手发逆向侧上下旋球

（2）反手发右侧上下旋球　以右手持拍为例。站于左半台，右脚稍前或平站，身体略向左偏斜，左手掌心托球置于身体左前方，随即左手抛球，右手手腕稍内旋，使拍面几乎垂直，向左后方引拍，腰部略向左转动；当球下降至接近网高时，右手前臂加速从左后方向右方挥动，直握拍手腕伸，横握拍手腕内收，腰部配合向右转动；击球中部向右上方摩擦将发出右侧上旋球，击球中部向右侧下方用力摩擦侧面则会发出右侧下旋球；球击出后手臂继续向右上方随势挥动并迅速还原（见图7-42，以横拍握法发球为例）。

　　　　a)　　　　　　　　b)　　　　　　　　c)　　　　　　　　d)

图7-42　乒乓球反手发右侧上下旋球

（3）发球的常用练习方法

1）原地徒手模仿发球动作；熟练后与抛球结合进行练习。

2）正反手位发固定落点球。

3）二人一组，一人发球，一人接发球，交替进行练习。

4. 推挡

食指压拍，中指第三关节夹住拍子，拇指放松，引拍至腹前，肘关节贴着身体，由后向前上推，手腕略加一点点力（见图7-43，以直拍推挡为例）。

　　a)　　　　　　b)　　　　　　c)　　　　　　d)

图7-43　乒乓球直拍推挡

5. 攻球

根据初学者的水平，本书仅介绍直拍正手近台攻球动作要领。以右手持拍为例。胳膊拉开，前臂稍稍弯曲与上臂呈45°，身体重心朝前下方，右肩略低，双腿与肩同宽，左脚略在前，右腿蹬地，通过转腰将小臂收至眉心，随即还原成准备姿势，如图7-44所示。

a)　　　　　　b)　　　　　c)　　　　　d)

图 7-44　乒乓球直拍正手近台攻球

6. 搓球

以右手持拍为例，近台站位，右脚稍前，持拍手臂自然弯曲，击球时用前臂。用手腕向前下方用力，拍面后仰，在球的下降期击球中下部，如图7-45所示。

a)　　　　　　　b)　　　　　　c)

图 7-45　乒乓球直拍搓球

7. 推挡、攻球和搓球的常用练习方法

1）原地徒手模仿动作，掌握技术要领。

2）自己抛球，将球推挡或攻或搓过球网。

3）二人一组，一人发球，另一人做推挡、攻球或搓球练习。熟练后二人连续进行推挡、攻球或搓球练习。

4）由教练或同伴连续喂球，练习者连续进行推挡、攻球或搓球练习。熟练后可进行固定落点的练习。

5）与发球组合进行练习，以提高实战应用能力。

三、乒乓球运动的主要竞赛规则

1. 场地和器材

正式场地为可容纳4张或8张球台（视竞赛方法而定）的长16米、宽8米的长方形区域。所有球台的照明度为1500～2500勒克斯，比赛区域其他地方的照明度不得低于比赛台面照明度的1/2，光源距地面不得少于5米，应避免耀眼光源和未遮蔽窗户的自然光。

地面为木制或经国际乒联批准的品牌和种类的可移动塑胶地板，地板具有弹性且无其他体育项目的标线和标识，颜色不能太浅或反光强烈，也不得过量使用油或蜡，以免打滑。

馆内温度为 20~25 摄氏度，空气流速在 0.2~0.3 米/秒。

球台长 2.74 米、宽 1.525 米、高 76 厘米。球台上表面的颜色应为均匀的深色且无光泽，球台上表面可以是任何材料，但要求当一个标准球从 30 厘米的高度落到其上时，应产生约 23 厘米的均匀弹跳。

球网高 15.25 厘米，台外突出部分长 15.25 厘米，颜色与球台颜色相同。

球应由赛璐珞或类似的塑料制成，为白色或橙色且无光泽，球体为球形，直径 40 毫米、重量 2.7 克。

挡板高 0.75 米、宽 1.4 米，颜色与球台颜色相同。

球拍由底板、胶皮和海绵三部分组成。其中，胶皮又可分为正胶、反胶、生胶、长胶和防弧胶皮几种，根据打法的不同可以进行选择。正式比赛对球拍大小、形状和重量无限制，但底板应平整、坚硬。底板厚度至少应有 85% 的天然木料。用来击球的拍面应用一层颗粒向外的胶皮覆盖，其连同黏合剂一起测量的总厚度不超过 2 毫米，或用颗粒向外或向内的海绵胶覆盖，其连同黏合剂一起测量的总厚度不超过 4 毫米。球拍两面不论是否有覆盖物，必须无光泽，且一面为鲜红色，另一面为黑色。

2. 赛制及计分方法

比赛采用每球得分制，每局先得 11 分的一方为胜方，若比分为 10:10，则一方须净胜 2 分才可结束本局比赛。单项比赛采用七局四胜制，团体赛中的单项比赛采用五局三胜制。

3. 比赛规则及说明

（1）次序和方位

1）在获得 2 分后，接发球方变为发球方，依此类推，直到该局比赛结束；或直至双方比分为 10:10 平，此时采用轮换发球法，发球和接发球次序不变，但每人只轮发 1 分球。

2）在双打中，每次换发球时，前面的接发球员应成为发球员，前面的发球员的同伴应成为接发球员。

3）在一局比赛中首先发球的一方，在该场比赛的下一局中应首先接发球；在双打比赛的决胜局中，当一方先得 5 分后，接发球一方必须交换接发球次序。

4）一局中，在某一方位比赛的一方，在该场比赛的下一局应换到另一方位；在决胜局中，当一方先得 5 分时，双方应交换方位。

（2）发球和击球　发球时，发球员须用手将球几乎垂直地抛起，不得使球旋转，抛球高度不得低于 16 厘米，直至被击出前球不能碰到任何物体。

当球从抛起的最高点下降时，发球员方可击球，使球首先触及本方台区，然后越过或绕过球网装置，再触及接发球员的台区。在双打中，球应先后触及发球员和接发球员的右半区。

从发球开始，到球被击出，球要始终在台面以上和发球员的端线以外，而且不能被发球员或其双打同伴的身体或衣服的任何部分挡住。

在运动员发球时，球与球拍接触的一瞬间，球与网柱连线所形成的虚拟三角形之内和一定高度的上方不能有任何遮挡物，并且其中一名裁判员要能看清运动员的击球点。

对方发球或还击后，本方运动员必须击球，使球直接越过或绕过球网装置，或触及球网装置后，再触及对方台区。

(3) 失分　出现以下所列情况时则判失分：

1) 未能合法发球。
2) 未能合法还击。
3) 击球后，该球没有触及对方台区而越过对方端线。
4) 阻挡。
5) 连击。
6) 用不符合规则条款的拍面击球。
7) 运动员或运动员穿戴的任何物件使球台移动。
8) 运动员或运动员穿戴的任何物件触及球网装置。
9) 不执拍手触及比赛台面。
10) 双打运动员击球次序错误。
11) 执行轮换发球法时，发球一方被接发球一方或其双打同伴，包括接发球一击，完成了13次合法还击。

4. 休息时间

1) 在局与局之间，有不超过1分钟的休息。
2) 在一场比赛中，双方各有一次不超过1分钟的暂停。
3) 每局比赛中，每得6分后，或决胜局交换方位时，有短暂的时间擦汗。

实训设计

乒乓球发球

【目标】通过实训，掌握乒乓球发球技术，提高灵敏反应能力。

【内容】正手发奔球、发短球、正手高抛发球、正手发左侧上下旋球。

【场地】乒乓球台或乒乓球室。

【器材】乒乓球拍、乒乓球若干。

【方法与步骤】1. 正手发奔球：抛球不宜太高，提高击球瞬间的挥拍速度，第一落点要靠近本方台面的端线，击球点与网同高或稍低于网。

2. 发短球：抛球不宜太高，击球时，手腕的力量大于前臂的力量，发球的第一落点在球台中区，不要离网太近，发球动作尽可能与发长球相似，使对方不易判断。

3. 正手高抛发球：抛球勿离台及身体太远，击球点与网同高或比网稍低，在近腰的中右处（15厘米）为好，尽量加大向内摆动的幅度和弧线；发左侧上、下旋球与低抛发球同，触球后，附加一个向右前方的回收动作，可影响对方的判断。

4. 正手发左侧上下旋球：发球时要收腹，击球点不可远离身体，尽量加大由右向左挥动的幅度和弧线，以增强侧旋强度；发左侧上旋时，击球瞬间手腕快速内收，球拍从球的正中向左上方摩擦，发左侧下旋时，拍面稍后仰，球拍从球的中下部向左下方摩擦。

第五节 羽毛球

一、羽毛球运动简介

羽毛球（badminton）是两人或四人用长柄轻球拍把带羽毛的球打过横跨球场中线挂的球网的运动。现代羽毛球运动诞生于英国，19 世纪六七十年代在英国的伯明顿镇风行，并很快流行起来，因此"伯明顿"即成为英文中羽毛球的名字。

> **知识窗**
>
> 1877 年，第一本羽毛球比赛规则在英国出版。
>
> 1893 年，英国成立了世界上最早的羽毛球协会。
>
> 1934 年，国际羽毛球联合会成立。2006 年，改名为羽毛球世界联合会（简称羽球世联，BWF）。
>
> 1988 年，第 25 届汉城奥运会上羽毛球被列为表演项目；第 26 届巴塞罗那奥运会上被列为正式比赛项目。

中国运动员在羽毛球项目上颇有实力，连续多次获得世界羽毛球比赛个人和团体冠军。目前，国际重大的羽毛球比赛主要有汤姆斯杯羽毛球赛（世界男子团体羽毛球锦标赛）、尤伯杯赛（世界女子团体羽毛球锦标赛）、苏迪曼杯赛（世界羽毛球混合团体锦标赛）、世界羽毛球锦标赛、世界杯羽毛球赛和全英羽毛球公开赛等。

二、羽毛球的基本技术

羽毛球的基本技术主要包括步法和手法。步法主要是指基本步法和前后左右移动的综合步法。手法则包括握拍法、发球法、接球法和击球法。以下技术要点均以右手持拍为例。

1. 握拍法

（1）正手握拍法　右手持球拍杆，使拍面与地面基本垂直；张开右手，虎口正对拍柄窄面的小棱边，拇指与食指贴于拍柄的两个宽面，食指与中指稍分开，中指、无名指和小指并拢握住拍柄；握拍位置一般以球拍柄端靠近手掌的小鱼际为宜（见图 7-46）。注意：击球前握拍放松，击球的一刹那握紧球拍。

（2）反手握拍法　在正手握拍的基础上，将拍柄稍向外旋，拇指稍向上提，拇指内侧顶贴于拍柄第一斜棱旁的宽面上，或将拇指放于第一、二斜棱间的小窄面上，掌心留有空隙，食指稍向下靠，其余三指放松（见图 7-47）。注意：击球前，手腕放松，击球瞬间手再握紧球拍。

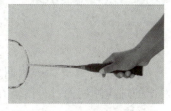
图 7-46　羽毛球正手握拍法

图 7-47　羽毛球反手握拍法

(3) 握拍法的常用练习方法　持拍进行正拍和反拍握法练习。熟练后连续进行正、反拍的换握练习，使动作正确、娴熟。

(4) 握拍法的易犯错误与纠正方法

1) 五指并拢的"拳握法"，手臂肌肉僵硬；虎口对着拍面的"苍蝇拍握法"，屈腕困难。

纠正方法：持拍握拍时，检查虎口的位置和手掌的松紧度。熟练后眼不看球拍进行握拍练习。

2) 反手击球时，未转换成反手握拍法，影响反手击球的发力和控球灵活性。

纠正方法：反复进行正、反握拍法转换练习，或听教师和同伴的口令进行握法转换。

2. 发球

与排球、乒乓球相似，发球也是羽毛球的各项击球技术中不受对方击球限制、完全凭发球者主观意愿击球的技术。高质量的发球，可使对手陷于被动，为得分创造条件，甚至直接得分；低质量的发球，则可能使自己陷于被动。发球可采用正手或反手，通常单打多采用正手发球，双打和混合双打则常用反手发球。

(1) 正手发球　正手可发高远球、平高球、平射球和网前球，本书主要介绍正手发高远球和网前球。

单打时，一般站在发球区内离前发球线 1 米左右的中线附近，有利于迎击对方击来的各个方向的球；双打时则可站得靠前一点。左脚在前，脚尖正对网，右脚在后，脚尖斜向右侧方，两脚开立与肩同宽，上体自然伸直，重心落于右脚，左肩斜对球网；右手握拍向右后侧举起，肘部微屈，左手拇指、食指和中指夹住球，球位于腹部右前方，放开球后右手挥拍击球；击球时，身体重心由右脚移至左脚。

1) 正手发高远球。手放开球使球下落时，右手转拍由上臂带动前臂，自右后方沿身体向前左上方挥动；触球瞬间，紧握球拍，并利用手腕屈收的力量向前上方发力击球，接着顺势向左上方挥动缓冲（见图 7-48）。

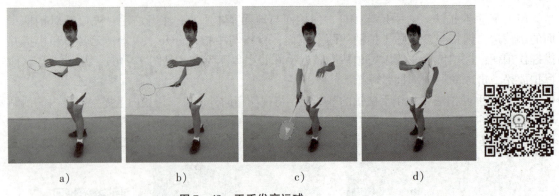

图 7-48　正手发高远球

2) 正手发网前球。击球时，握拍放松，上臂动作小，主要靠前臂带动手腕向前切送，用力较轻（见图 7-49）。注意：手腕不能有上挑动作，发出的球应贴网而过，落点在前发球线附近。

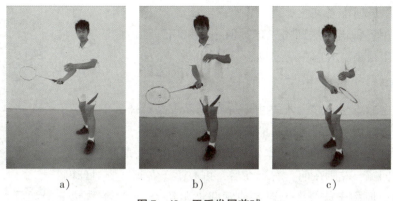

图 7 – 49　正手发网前球

（2）反手发球　站于前发球线后 10～50 厘米且靠近发球区中线。面向球网，两脚前后站立，任一脚均可在前；上体稍前倾，重心落于前脚；右手手臂弯曲，用反手握拍将球拍横举于腰间，拍面位于身体左侧腰下；左手拇指与食指捏住球的两三根羽毛，球托向下，球对准拍面；击球时，前臂带动手腕朝前横切推送，使球的飞行弧线略高于网顶，下落至对方前发球线附近。具体如图 7 – 50 所示。

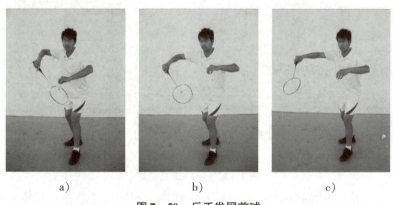

图 7 – 50　反手发网前球

（3）发球的常用练习方法　原地持拍模仿发球动作。熟练后持球进行发球练习，逐渐过渡至练习不同发球法和发不同落点的球。

（4）发球的易犯错误与纠正方法

1）挥拍路线不正确，放球与挥拍配合不好。

纠正方法：多练习徒手挥拍，由他人帮忙纠正错误动作；多进行放球和挥拍击球的配合练习。

2）挥拍时，手臂僵直，无转体动作或转体不够，前臂带动手腕动作不协调。

纠正方法：多练习前臂带动手腕的鞭打动作。熟练后持拍进行徒手模仿练习，再过渡至持球练习，力量由小至大。

3．接发球

单打接发球时，站位离前发球线约 1.5 米，在右发球区时站位靠近中线，左发球区则在中线稍偏边线的位置；双打接发球时，站位可靠近前发球线。准备接球时，左脚在前，右脚在后，侧身对网，重心落于前脚，后脚脚跟稍抬起，双膝微屈，收腹含胸，持拍于右身前，两眼注视对方,随时准备迎击来球(见图7-51);当球过网后,可根据具体情况采用各种击球法回击来球,但不管采用哪种击球法,均应抢在球位于网上最高点时,主动进攻。

4. 击球法

羽毛球的击球方法众多,本书主要介绍正手击高远球、正手击吊球、正手杀球、搓球、放网前球、推球和挑球。

(1)正手击高远球 使用基本步法调整好身体与来球间的位置,两脚开立与肩同宽,左脚在前,右脚在后,重心落于右脚,侧对球网;右手正手握拍屈肘举于体侧,上臂和前臂间夹角约45°,左手自然上举,保持平衡,双眼注视来球,当球下落至一定高度时,肘关节上抬,手臂后倒引拍,以肩为轴做回环动作,同时右脚蹬地,身体左转,前臂充分向后下方摆动并外旋,手腕伸展;击球时,前臂急速内旋带动手腕加速向前上方挥动,手腕屈,收手指屈指发力,用正拍面将球击出;击球点位于右肩前上方,高度约为持拍手臂自然伸直击球为宜;击球后右手随惯性继续向左前下方挥动,然后顺势收回至体前,还原至击球前的准备姿势。具体如图7-52所示。

a)

b)

c)

d)

图7-51 羽毛球接发球

图7-52 正手击高远球

(2)正手击吊球 准备姿势、引拍动作及击球后的动作与正手击高远球基本相同,击球点位于右肩前上方,较击高远球稍前一点。主要靠手腕和手指控制力量,击球时手腕由伸腕到屈收,带动手指捻动发力,以手指转动使球拍形成一定的外旋,用斜拍面切击球托后部和侧后部。具体如图7-53所示。吊斜线球时,球拍切击球托右侧并向左下方发力;吊直线球时,则拍面正对前方向下方切击。

a)

b)

c)

d)

图7-53 正手击吊球

(3) 正手杀球　杀球时击球力量最大、速度最快，是比赛中最常见的得分手段。后场正手杀球的准备姿势、引拍动作和击球后的动作与正手击高远球相同，击球点位于右肩前上方较击高远球和吊球稍前一点的位置，引拍动作较后场击高远球大一些，需充分利用下肢、腰腹和上肢的力量。击球前，身体后仰几乎呈弓形，在击球瞬间，将全身的力量通过手腕由伸到屈的快速闪动，用正拍面向前下方全力发力压击球。注意：用正拍面向正前下方击球杀出直线球，向斜前下方击球则杀出斜线球。

(4) 搓球　不管采用正手还是反手搓球，均在伸拍时前臂外旋或内旋做半弧形引拍动作；击球时手腕由展至收发力，由右至左或由左至右以斜拍面切击球托的右后侧或左后侧部，使球翻滚旋转过网；击球后手腕伴有一定的制动动作；右脚掌触地后立即蹬地向中心位置回动，同时击球手臂收回，还原成准备姿势，随时回击下一个来球。具体如图 7-54 和图 7-55 所示。

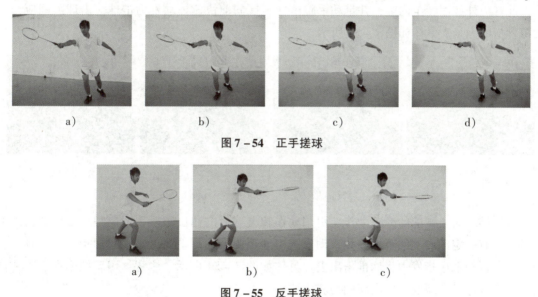

图 7-54　正手搓球

图 7-55　反手搓球

(5) 放网前球　放网前球有正手和反手两种击球姿势。正、反手放网前球击球前的准备动作、引拍动作和击球后的动作均与正、反手搓球相同。正手放网前球击球时握拍手放松，拍面相对球托而言几乎呈仰平面并置于球托下，用手指力量轻轻向上"抬击"球托底部，使其跃网而过，贴网下落（见图 7-56）；反手放网前球击球时主要靠拇指和食指的力量，轻轻向前上方抖动，手腕发力切击球托底部（见图 7-57）。

图 7-56　正手放网前球

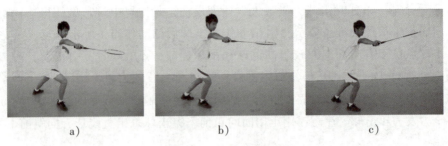

图 7-57 反手放网前球

（6）推球　利用推球技术可将对方击来的网前球击至对方后场两底角，依然有正手和反手两种击球方法，线路则有直线和斜线两种。

正手推球时击球前的准备动作、引拍动作和击球后的回位与正手网前搓球相同，以肘为轴，前臂由外旋回转至内旋，并带动手腕由伸至展向前快速挥动发力击球，击球瞬间应充分发挥食指的力量。具体如图 7-58 所示。

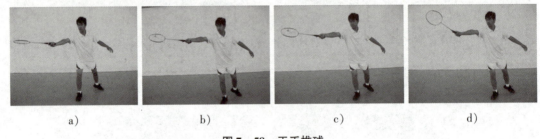

图 7-58 正手推球

反手推球时击球前的准备动作、引拍动作和击球后的回位与反手网前搓球相同，击球时上臂从稍有一定的内旋回至外旋并带动手腕由展至收向前挥动，击球瞬间拇指充分前顶，其余三指握紧拍柄屈指发力将球推击出去。具体如图 7-59 所示。注意：用反拍面向正直方向击球为直线球，向斜前方向击球则为斜线球。

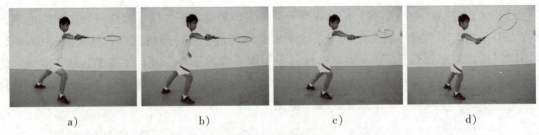

图 7-59 反手推球

（7）挑球　挑球是在处于被动情况下运用的一种过渡球，也有正手和反手两种击球方法。正、反手挑后场高球的握拍、准备动作及击球的还原动作均与正、反手搓球相同。

正手挑后场高球时，以肩、肘为轴心，前臂外旋带动手腕在身体右前下方做半弧形回环引拍动作，在拍面击球瞬间，前臂迅速内旋带动手腕向前上方发力击球。具体如图 7-60 所示。注意：采用正拍面向正前上方挥动挑出直线高球，向斜上方挥动则挑出斜线高球。

a)   b)   c)

图 7-60　正手挑球

反手挑后场高球时，以肩、肘为轴心，前臂内旋在身体左前下方带动手腕展腕，并做半弧形回环引拍动作，在拍面击球瞬间前臂外旋带动手腕收腕发力，拇指充分顶拍柄将球击出。具体如图 7-61 所示。注意：采用反拍面向正前上方发力挑出直线球，向斜前上方发力则挑出斜线球。击球后须迅速转回正拍握拍，以随时准备回击下一个来球。

 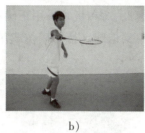 

a)   b)   c)

图 7-61　反手挑球

（8）击球法的常用练习方法

1）原地徒手模仿各击球法的完整动作，形成正确的动作概念。

2）原地击固定球，以便掌握正确的击球点。

3）教师、教练或同伴喂球，练习者做原地的各种击球法练习。熟练后与步法结合练习移动中击球。

4）二人一组进行对击练习，以练习各种击球法。熟练后一人击不同落点的球，另一人灵活采用各种击球法并配合步法将球回击给同伴，提高技术的实战运用能力。

5. 步法

步法是手法效果有效发挥的基础，步法和手法相辅相成、缺一不可。对初学者而言，应基本掌握垫步、交叉步、并步、蹬转步、蹬跨步和腾跳步。

（1）垫步　当一脚向前（后）迈出一步后，后脚跟进，紧接着以同一脚向同一方向再迈一步，即为垫步。

（2）交叉步　左右脚交替向前、向侧或向后移动，即为交叉步。其中，经另一脚前面超越的为前交叉步，从后面超越的为后交叉步。交叉步多用于后退打后场球。

（3）并步　右脚向前（后）移动一步时，左脚即刻向右脚跟并一步，紧接着右脚向前（后）移动一步，即为并步。

（4）蹬转步　以一脚为轴，另一脚做向后或向前蹬转，即为蹬转步。

(5) 蹬跨步　在移动的最后一步，左脚用力向后蹬的同时，右脚向来球方向跨出一大步，即为蹬跨步。它多用于上网击球和后场底线两角移动抽球。

(6) 腾跳步　起跳腾空击球的步法即为腾跳步。腾跳步可分为两种：一种是上网扑球或向两侧移动突击杀球时，以领先的脚或双脚起跳，进行扑球或突击杀球；另一种则是对方击来高远球时，用右脚或双脚起跳至最高点进行杀球。

(7) 步法的常用练习方法

1) 单个基本步法反复练习。

2) 网前步法练习线路为中心位置→右网前→回中心位置→左网前→中心位置。熟练后可持拍模仿搓、挑等网前手法。

3) 后场步法练习线路为中心位置→左后场→回中心位置→右后场→中心位置。熟练后可持拍模仿高远球、平高球、吊球等后场手法。

4) 熟悉全场步法练习线路。熟练后结合手法进行练习。

5) 教练或同伴喂不同落点的球，练习者须采用正确步法和手法回击来球。

注意：在步法练习中，每次移动击球（持拍模仿或用拍回击球）后须回到中心位置，以利于下一次的击球。

三、羽毛球常识与主要竞赛规则

1. 羽毛球场地及器材

羽毛球场地呈长方形，长 13.40 米，单打场地宽 5.18 米，双打场地宽 6.10 米。球场外面两条边线为双打场地边线，靠里的两条边线为单打场地边线。靠近球网 1.98 米与网平行的两条线为前发球线，离端线 0.76 米与端线相平行的两条线为双打后发球线。前发球线中点与端线中点连起的线为中线。球网中央高 1.524 米，双打边线处网高 1.55 米。

羽毛球重 4.74~5.50 克，有 16 根羽毛插在半球形的软木托上。球托直径 25~28 毫米，底部呈圆形。羽毛顶端也围成圆形，直径 58~68 毫米，羽毛用线或其他适宜材料扎牢。

羽毛球拍用木料、铝合金或碳素纤维等材料制作而成。拍子总长不超过 680 毫米，宽不超过 230 毫米；拍弦面应是平的，长不超过 280 毫米，宽不超过 220 毫米。

2. 主要竞赛规则

(1) 比赛项目　羽毛球比赛分为男、女单打，男、女双打，以及混合双打五个单项比赛，还有由单、双打组成的男、女团体比赛及混合团体比赛。单项比赛采用三局二胜每球得分制，每局 21 分。男、女团体赛由三场单打和两场双打组成，采用五场三胜制，每场比赛为三局二胜每球得分制，每局 21 分。混合团体赛由男、女单打，男、女双打，以及混合双打各一场组合而成，赛制同男、女团体赛。

(2) 计分方法与赛间休息时间　采用每球得分 21 分制，记分方法类同乒乓球。每局双方打至 20:20 平后，一方领先 2 分即赢得本局比赛胜利；若双方打成 29:29 平，则一方领先 1 分即可获得本局胜利。

每局比赛中除特殊情况（如地板较湿、球需更换等）外，一般球员不得提出中断比赛的要求。但某一方以 11 分领先时，可进行 1 分钟的技术暂停。首局获胜方在接下来的一局率先发球，两局间的休息时间为 2 分钟。

(3) 比赛中的注意事项

1) 发球时不得非法延误发球。发球员发球时，脚不得踩线、移动或离开地面。

2) 发球击球瞬间，球的任何部位不得高于腰部，拍框应低于发球员手部，违者判发球违例。

3) 发球时球不到前发球线或双打中过了双打后发球线，或发错区，均判作"界外球"。球擦网顶落在合法发球区内算作好球。

4) 接球员应站在发球区内，在对方完成发球动作前，不得过早移动。

5) 一人不得连续击球两次，否则判连击违例。

6) 比赛中，身体、衣服或球拍不得触及球网或网柱，不得有阻挠或影响对方击球的动作与行为。

7) 球落在场地线外即为出界。球落地时，如球托或羽毛的任何部分压在线上，则属界内球。

> **实训设计**
>
> **羽毛球吊球技术**
>
> 【目标】通过实训，掌握三种羽毛球吊球技术。
>
> 【内容】正手吊球、反手吊球、头顶吊球。
>
> 【场地】羽毛球场。
>
> 【器材】羽毛球拍、羽毛球若干。
>
> 【方法与步骤】1. 正手吊球：击球时拍面稍向内倾斜，手腕做快速切削下压动作，击球托的后部和侧后部。吊斜线球时，则球拍切削球托右侧并向左下方发力；吊直线球时，则拍面正对前方向下方切削。
>
> 2. 反手吊球：吊直线球时，用球拍反面削球托的后中部，向对方的右半场网前发力；吊斜线球时，用球拍反面切削球托的左侧，向对方左半场网前发力。
>
> 3. 头顶吊球：头顶吊斜线球时，中指、无名指和小指屈指外拉拍柄，使拍子内旋，拍面前倾，以斜拍面击球托左侧部位；头顶吊直线球时，球拍击球托的正中部。

第六节  网球

一、网球运动简介

网球（tennis）作为世界第二大球类运动，目前在全世界特别是欧美国家非常盛行。它最早是 11 世纪时法国传教士们用来打发时间的一种游戏，后传入宫廷，并于 14 世纪传入英国。

知识窗

1873年，英国少校温菲尔德（M. W. Winfield）改进了古式网球的打法，并将场地从室内移至室外，后又制定了网球打法，规定了球场大小和球网高低。

1875年，英国板球俱乐部修订了网球比赛规则，并于1877年举办了第一届温布尔登草地网球锦标赛。后来此组织把网球场定为23.77米×8.23米，球网中央高度为99厘米，采用古式室内网球0、15、30、40的每局计分法。1884年，英国伦敦玛丽勒本板球俱乐部确定球网中央高度为0.914米。至此，现代网球在英国形成。

1874年，网球传入美国并得到普及，同时，场地从仅限于草地扩大到沙土、水泥地和柏油地等。

1896年，网球成为现代奥运会中最早的比赛项目之一。

1913年，在法国巴黎成立了国际网球联合会（简称国际网联，ITF）。

20世纪70年代以后取消了职业选手与业余选手的界限，使比赛激烈程度大增，促进了网球运动的发展。

进入20世纪90年代，网球发展加速，在世界各大洲流行起来，网球各级赛事奖金的提高也促进了网球运动的职业化和商业化程度。

我国女子网球运动水平自2000年以来，取得过不少辉煌成绩，如李婷/孙甜甜曾获2004年雅典奥运会女子双打冠军；郑洁/晏紫在2006年先后拿下澳大利亚网球公开赛和温布尔登网球公开赛女子双打冠军；2008年孙甜甜搭档泽蒙季奇问鼎澳大利亚网球公开赛混合双打冠军，她也成为中国目前为止唯一一个手握大满贯冠军、奥运会金牌和巡回赛单双打冠军头衔的选手；李娜则分别于2011年和2014年获得法国网球公开赛和澳大利亚网球公开赛女子单打冠军，这也是我国网球选手在四大大满贯赛上获得的2项含金量相当高的单打比赛冠军。自李娜等选手退役后，我国还有张帅、王蔷等选手涌现。2019年张帅搭档斯托瑟获得澳大利亚公开赛女子双打冠军，2021年继续搭档斯托瑟获得美国网球公开赛女子双打冠军，2022年夺得WTA250法国里昂公开赛女子单打冠军。

目前国际重大的网球赛事主要有网球四大公开赛（澳大利亚网球公开赛、法国网球公开赛、温布尔登网球锦标赛和美国网球公开赛）、大师系列赛、ATP世界巡回赛总决赛、WTA年终总决赛、戴维斯杯网球锦标赛（男子网球团体赛）、联合会杯网球赛（女子网球团体赛）和奥运会网球赛。自2004年开始在北京举行的中国网球公开赛也已成为顶级综合网球赛事之一，吸引了不少大牌球星前来参赛。

世界网球组织主要包括国际网球联合会（ITF）、国际男子职业网球联合会（ATP）和国际女子职业网球联合会（WTA）。

二、网球的基本技术

网球的基本技术主要包括握拍法、基本移动步法、抽击球（正反手）、发球、接发球、截击球（正反手）、高压球、放轻球、挑高球和反弹球。初学者应基本掌握握拍法、基本移动步法、正反手底线抽击球、发球、接发球和截击球。本书将简要介绍以上初学者应基本掌握的网球技术。注意：以下各基本技术动作要领的讲解均以右手持拍为例。

1. 握拍法

（1）东方式握拍法

1）正拍握拍法。左手握住拍颈，使拍面与地面垂直，将拍柄的八个面编号（见图 7-62）。右手虎口的"V"形顶点对准拍柄的第二个面，五指轻轻握住拍柄即可（见图 7-63）。初学者常采用此握拍法，较容易击准球。

2）反拍握拍法。右手虎口的"V"形顶点对准拍柄的第八个面，五指轻轻握住拍柄即可（见图 7-64）。

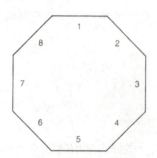  

图 7-62　网球拍拍柄面编号　　图 7-63　东方式正拍握拍法　　图 7-64　东方式反拍握拍法

（2）大陆式握拍法　右手虎口的"V"形顶点对准拍柄的第一个面，五指轻轻握住拍柄即可（见图 7-65）。此种握拍法常用于发球、截击、高压和削球。

（3）西方式握拍法　右手虎口的"V"形顶点对准拍柄的第三个面，五指轻轻握住拍柄（见图 7-66）。此种握拍法可打出较强烈的上旋球，为很多红土选手所采用，但其无法处理较低的来球。对初学者而言，采用此种握拍法进行练习容易使手腕受伤，建议最好不采用。

（4）混合式（半西方式）握拍法　右手虎口的"V"形顶点对准拍柄的第二个面和第三个面相交的拍棱上，五指轻轻握住球拍（见图 7-67）。目前很多网坛高手在底线多采用此种握拍法。

（5）双手反拍握拍法　右手为东方式反拍握拍法，握于拍柄底部，手掌与拍柄对齐；左手采用东方式正拍握拍法握于右手上方（见图 7-68）。此种握拍法适用于单手力量不足、双手具有良好协调性的选手或初学者，但要求步法精准。女性和初学者常采用此种握拍法。

注意：握拍时手指像握住手枪，力度像握住一只小鸟一样，只有在击球瞬间才用力握紧球拍。

图 7-65　大陆式握拍法　图 7-66　西方式握拍法　图 7-67　混合式握拍法　图 7-68　双手反拍握拍法

2. 基本移动步法

（1）分腿垫步　对手开始挥拍时，处于准备状态的球员膝盖弯曲，做一个小跳跃（高度不超过5厘米），双脚的前脚掌着地（两脚之间距离略宽于肩），保持一个适当的站位。这就是分腿垫步。

（2）滑步　向前移动时，蹬出右脚的同时，向前跨出左脚，连续向前，即形成前滑步步法；向后移动时，左脚后蹬的同时，向后迈出右脚，连续向后，即形成后滑步步法。此步法多用于前后移动不太远的正反手击球。

（3）交叉步　向右移动时，向右转体，左脚先向右前方跨出，交叉于右脚外侧前方，再跨出右脚；继续跨出左脚于右脚外侧，反复向右交叉移动，即为右交叉步步法；向左移动时，方法与向右移动相同，左右脚方向相反，即为左交叉步步法。

（4）基本移动步法的常用练习方法

1）听或看信号进行单个基本移动步法练习。

2）听或看信号进行基本移动步法组合练习。

3）与其他击球技术组合进行练习。

注意：使用滑步和交叉步迎击来球时，应边引拍边上步，充分做好击球前的准备。

3. 正手底线抽击球

（1）握拍法　采用东方式握拍法或混合式（半西方式）握拍法。

（2）准备姿势　准备时，面对球网，两脚分开与肩宽，身体前倾，双膝微屈，重心落在前脚掌上，右手握拍，左手轻托拍颈，拍头指向对方，注意力集中准备迎击来球（见图7-69）。

（3）引拍　左脚向右斜前方45°迈步，转髋的同时转动肩膀，带动拍子向后引，直接向后拉拍，肘关节弯曲并稍抬起；非持拍手瞄准来球方向，保持身体平衡，两膝稍弯曲，身体重心在两脚中间，拍头始终高于手腕，眼睛注视来球方向（见图7-70）。

（4）击球　手腕领先于拍头，同时屈肘、夹紧腋下，借助转髋、转腰的离心力大力摆动身体并挥出球拍；击球瞬间紧握球拍固定手腕，肘关节微屈，拍面与地面垂直（见图7-71）。

注意：最佳击球点在身体的侧前方腰部以下膝盖以上，轴心脚的侧前方区域，左脚尖的前方。

（5）随挥动作　击球后，头部不要晃动，球拍随球的方向继续向前挥拍，然后向颈部左边收拍，左手上举扶住拍柄，右肘指向正前方（见图7-72）。

图7-69　准备姿势

图7-70　正拍引拍

图7-71　正拍击球

图7-72　正拍随挥动作

（6）还原准备姿势　每击完一次球后，应马上恢复准备姿势，以迎击下一次来球。

（7）击出不同效果的球

1）平击球。击球时，球拍拍面直接撞击球的后部，使球沿着垂直于拍面的方向飞出。

2）上旋球。击球时，球拍由下方向前上方挥出，拍面击球的中部或中部偏右的位置。

3）下旋球。击球点位于身体侧前方，拍面打开。若对方来球为上旋球，则击球的中部，向前向下推起用力；若来球为下旋球，则击球的中下部，向前并略向上推切。

（8）正手抽击球的易犯错误与纠正方法

1）击球时直腿直腰用拍捞球。

纠正方法：可采用"坐凳击球"的方法，拉拍后引肘，迫使自己屈膝，好像坐在凳子上一样，然后击球。

2）不能把球打在拍子的中央"甜点"部位。

纠正方法：集中注意力，努力盯住来球直至将球击出。

3）后摆过度造成手腕后撇。

纠正方法：记住后摆动作结束时，拍头指向球场后方，但手腕仍保持固定不动。

4）用手腕扭动的力量击球。

纠正方法：用整个手臂挥拍击球，适当将拍柄握紧些，使手腕仍保持固定。

5）随挥动作突然停止。

纠正方法：尽量向前上方随球挥拍，直至拍头向上、肘关节向前，在左眼前方停止。

4. 反手底线抽击球

（1）底线双手反拍抽击球　采用东方式双手反拍握拍法，准备姿势同正手抽击球准备姿势，当判断来球为反手方向时，进行换握拍；转动左脚，同时右脚向左侧前方约45°角跨出，转动双肩，右肩侧身对网，几乎背对球网，全身自然放松，集中注意力，握拍手肘关节弯曲并贴近身体，身体重心在左脚；击球时，球拍由后下方向前上方，拍面垂直于地面，击球的中部或中部偏下，击球点在右脚侧前方，身体重心由左脚转向右脚；随挥动作同正手抽击球，球拍挥至右肩部结束；击球后，还原至准备姿势（见图7-73～图7-76）。

图7-73　准备姿势　　图7-74　双手反拍引拍　　图7-75　双手反拍击球　　a)　　b)
图7-76　双手反拍击球随挥动作

（2）底线双手反拍抽击球的易犯错误与纠正方法

1）向后引拍不够，击球无力。

纠正方法：充分转肩并使左肩后展。

2）挥拍击球后过早抬头，造成击球不准。

纠正方法：养成击球后保持低头收颌的习惯。

3）击不出强有力的球，形似挡球。

纠正方法：伸展前臂击球并充分随挥，随挥结束时后足跟要离地。

(3) 底线单手反拍下旋球　底线单手反拍下旋球俗称"削球"，大多数初学者和中等水平者均可较好地掌握。

准备姿势同正手抽击球，当判断来球为反手球并准备使用削球时，将握拍法换为大陆式；转动左脚，同时右脚向左侧前方约45°角跨出，侧身向后上方引拍，拍头约与头部同高，持拍手肘微屈并靠近身体，身体重心在左脚；击球时拍面微开，球拍由后上方向前下方做切削动作，击球点在球的中部或中部偏下，肘关节外展，手臂伸直，手腕固定，身体重心由左脚移至右脚，膝关节微屈；击球后，头部不要晃动，球拍由下稍微向上呈弧形挥动到右肩或头部的高度，身体面向球网；还原至准备姿势（见图7-77～图7-79）。

图7-77　单手反拍下旋球引拍动作　　图7-78　单手反拍下旋球击球动作　　图7-79　单手反拍下旋球随挥动作

(4) 底线单手反拍下旋球易犯错误与纠正方法

1）手腕松动，"吃"不住球，一碰即飞。

纠正方法：固定手腕，并让球拍将球送出，提高控制球的能力。

2）拍面仰角过大，击出不过网的软球。

纠正方法：调整握拍法，不要用正手握拍法去削球。

3）切削得太"薄"，击球过浅。

纠正方法：增大削球中向前推的成分，并配合跨步，重心跟上。

(5) 正反手抽击球的常用练习方法

1）原地持拍模仿正手或反手抽击球完整动作。

2）一人原地放球，另一人引好拍后向前击打落下的球。熟练后喂球人背对球网向球网方向退1～2米，击球者仍继续练习，一定次数后两人进行交换。

3）教师、教练或同伴在单打边线与发球线交界附近用手或球拍连续喂球，练习者进行多球练习。熟练后喂球者可退至单打边线与球网交界处，击球者则击规定落点的球。

4）二人一组在场上采用正手或反手进行抽击球练习，先练习斜线对击，再练习直线对击。

5. 发球

与排球、乒乓球和羽毛球相同，网球的发球也是比赛中唯一不受对手影响的技术，是重要的得分手段之一。

网球发球根据球的旋转不同，可分为平击发球、切削发球和上旋发球三种。初学者一般主要掌握平击发球和切削发球。

（1）技术动作要领　采用大陆式或东方式反手握拍，两脚开立与肩宽，侧身左肩对网，站于端线后，前脚与端线约成45°角，两脚脚尖连线的延长线指向发球落点区域，右手持拍拍头指向前方，左手持球与拍面相触；左手垂直向上抛球，平击发球应将球抛至身体偏右前上方，切削发球则抛得再稍右些，上旋发球则抛得稍左些，抛球高度约与自己踮脚向上伸直球拍同高或稍高；同时，右手握拍先向下再向后上方摆动至肩高、转肩、抬肘、弯臂挂拍，身体右转，全身呈背弓形；击球时，右臂迅速向前上方挥动球拍，同时蹬腿、直腰、踮脚尖，身体从屈到伸并伴随着转体，转肩使重心移到前脚，前臂急速内旋带动手腕加速向前上方挥动，手腕屈，收手指屈指发力，拍面将球击出；击球后，球拍经体前从左膝侧面挥向身后，上体前倾（见图7-80～图7-83）。切削发球时，拍面从球的右上角切削而下；平击发球时，用几乎垂直于球的拍面击球的后上部；上旋发球时，拍面从球的左下角向上擦击并翻越至右上角。

图7-80　发球准备姿势

a)

b)

c)

图7-81　发球抛球引拍动作

a)

b)

图7-82　发球击球动作　　图7-83　发球随挥动作

（2）发球的常用练习方法

1）抛球练习。

2）原地徒手进行发球动作模仿练习。熟练后结合抛球进行模仿练习。

3）原地持拍结合抛球进行模仿练习。

4）在发球线后蹲下，左手抛球，右手持拍由下向上挥动，将球发至对方发球区内。熟练后由发球线向后移动2~3米，最后移至底线，均蹲下进行发球练习。

5）在发球线后站立向对方发球区内进行发球练习。熟练后向后移动2~3米，最后退至端线处进行练习。

6）面对网球墙进行发球练习。

7）在两个发球区分别设标志点，发固定落点的球。

8）结合接发球进行组合练习，以提高实战运用水平。

6. 接发球

（1）接发球的技术动作要领　一般采用偏正手的握拍法，球一旦离开对方的球拍，就应决定是否要转变握拍。对方发球前，膝盖弯曲，两腿叉开；当对方抛球准备击球时，重心升起，两脚快速交替跳动，并判断来球迎前回击；站位一般位于对方能发到内外角的中角线上，接第一发球时站位稍后些，接第二发球时站位略前；击球动作一般介于底线正、反拍击球动作和截击球动作之间。

（2）接发球的常用练习方法　接发球常与发球结合进行练习。二人一组，一人发球，一人接发球；发球员发固定落点的球，接发球员回固定线路和落点的球，一定次数后二人交换进行练习。

7. 截击球

截击球是在来球落地前凌空拦击，是网前技术中一种攻击方法，也是现代网球比赛中一项重要的得分手段。初学者主要掌握近网截击即可。

（1）正手近网截击　采用东方式正拍或大陆式握拍法，准备姿势同正手抽击球。当判断来球向正手且准备进行正手截击时，转动上身和肩部，球拍后摆较小，引拍时握拍手的肘关节稍先行，但手腕固定；击球时，左脚向来球方向跨出，拍头高于手腕，手腕绷紧在身体前面撞击球，同时拍面稍向上，在向前推碰球的过程中略带一些切削，可以较好地控制球的方向；击球后，拍子沿击球方向前进30厘米左右以完成随挥动作。具体如图7-84、图7-85所示。

图7-84　正手近网截击准备姿势

图7-85　正手近网截击击球动作

(2) 反手近网截击 采用东方式反拍或大陆式握拍法，准备姿势同正手抽击球。判明来球向反手，立即转肩向左并用左手扶拍，使球拍做一个短短的后引，拍头向上，高于手腕，眼睛看球；击球时，右脚上步，球拍向前对准球做简短的撞击动作，手腕绷紧，手臂伸直，在体前15～30厘米处击球；左手自然伸向后方，保持身体平衡，球拍接触后沿击球方向送出30厘米左右，并及时恢复至准备姿势。具体如图7－86～图7－88所示。

图7－86 反手近网截击准备姿势　　图7－87 反手近网截击击球动作　　图7－88 反手近网截击随挥动作

(3) 截击球的常用练习方法
1) 徒手做模仿挥拍练习，熟练后做持拍模仿练习，最后结合步法做挥拍练习。
2) 采用喂多球形式进行单个动作的截击练习。
3) 二人一组，在网前近网采用截击技术进行对拦凌空球的练习。
4) 采用喂多球形式，向网前近网处练习者喂凌空球，练习者将球截至底线处，先单线定点。熟练后可加大难度，进行左右移动截击或不定点截击。
5) 一人站于网前近网处封网，底线一人或两人破网，提高截击难度。

(4) 截击球的易犯错误与纠正方法
1) 向后引拍幅度过大。
纠正方法：背靠墙或挡网反复练习截击球技术的模仿动作及击球练习。
2) 击球无力。
纠正方法：进行转肩、上步动作练习；将球吊在离身体适当的位置，反复练习撞击球动作。
3) 网前站立腿过直。
纠正方法：练习者膝关节弯曲，练习左右、前后移动；网前站立，提踵，双脚不停地移动。

三、网球常识与主要竞赛规则

1. 网球场地和器材

(1) 标准网球场地 网球场地可分为室外和室内，且有各种不同的球场表面，根据球场表面不同，网球场地基本可分为草地、红土和硬地，另外还有软式球场。网球场地尺寸如图7－89所示。

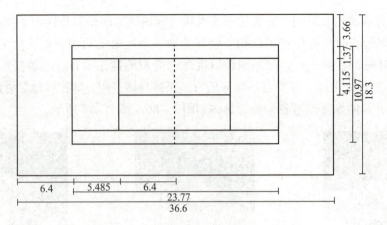

图 7-89 网球场地尺寸（单位：米）

（2）网球拍　选购网球拍应根据自己的实际情况。重量上一般青年人适用 320~330 克，中老年人适用 300~320 克，女性适用 280~300 克；握把尺寸上一般男性球员适用 4 3/8，若能力允许，也可用大一点的 4 1/2，女性适用 4 1/4~4 3/8；拍面大小上一般女性、初学者和年纪大者选择大拍面，中上级水平者选择中小拍面；所穿拍弦重量一般在 55~60 磅，初学者也可降低几磅。

国际网联规定，比赛用拍拍框总长度不得超过 27 英寸[一]，拍框的总宽度不能超过 12 又 1/2 英寸，穿弦平面的总长度不能超过 15 又 1/2 英寸，总宽度不能超过 11 又 1/2 英寸。

（3）网球　场上用球外部需要由纺织材料统一包裹，颜色为白色或黄色，接缝处需无缝线痕迹，重量介于 2~2 又 1/6 盎司[二]之间。

2. 主要竞赛规则

（1）发球　发球员在发球前应先站在端线后、中点和边线的假定延长线之间的区域里，用手将球向空中任何方向抛起，在球接触地面以前，用球拍击球（仅能用一只手的运动员，可用球拍将球抛起），球拍与球接触时，就算完成球的发送。在整个发球动作中，不得通过行走或跑动改变原站的位置，两脚只准站在规定位置，不得触及其他区域。每局先从右区端线后发球，得或失一分后换至左区；发球员第一次发球失误后，可在原发位置上进行第二次发球。每局比赛终了，发球员与接发球员互换，直至整场比赛结束。

（2）交换场地　双方应在每盘的第 1、3、5 等单数局结束后，以及每盘结束双方局数之和为单数时，交换场地。

（3）失分　发生下列任何一种情况，均判失分：

1）在球第二次着地前，未能还击过网。

2）还击的球触及对方场区界线以外的地面、固定物或其他物件。

3）还击空中球失败。

4）故意用球拍触球超过一次。

[一] 1 英寸 = 0.0254 米。

[二] 1 盎司 = 28.3495 克。

5）运动员的身体、球拍在发球期间触及球网。

6）过网击球。

7）抛拍击球。

(4) 赛制　实行淘汰赛。一场比赛中,男子比赛除大满贯赛事和部分大师系列赛决赛采用五盘三胜制以外,均使用三盘两胜制;女子比赛全部采用三盘两胜制。

(5) 计分方法　每一局中每胜 1 球得 1 分,先胜 4 分者胜 1 局;双方各得 3 分时为平分,平分后,一方净胜 2 分为胜 1 局。每一盘中一方先胜 6 局为胜 1 盘;双方各胜 5 局时,一方净胜 2 局为胜 1 盘。

在每盘的局数为 6 平时,进入决胜局。决胜局有两种计分制,分别是长盘制（一方净胜 2 局为胜 1 盘）和短盘制（"抢七"）。"抢七"局按以下办法执行:

1）先得 7 分者为胜该局及该盘（若分数为 6 平时,一方须净胜 2 分）。

2）首先发球员发第 1 分球,对方发第 2、3 分球,然后轮流发两分球,直到比赛结束。

3）第 1 分球在右区发,第 2 分球在左区发,第 3 分球在右区发。

4）每 6 分球和决胜局结束都要交换场地。

"抢七"局的报分按阿拉伯数字报,不再报 15、30、40 等,比分打到 5∶5,6∶6,7∶7,8∶8……时,需连胜 2 分才能决定谁为胜方,但在记分表上统一写为 7∶6。

> **实训设计**
>
> **网球切削发球**
>
> 【目标】通过实训,掌握网球切削发球的基本技术。
>
> 【内容】网球切削发球。
>
> 【场地】网球场。
>
> 【器材】网球拍、网球若干。
>
> 【方法与步骤】1. 全身保持放松状态,向相应发球区侧身,眼睛注意观察对手。
>
> 2. 不论在右区或左区,右脚的脚尖都指向右网柱,两脚尖的连线指向相应的发球区。
>
> 3. 手握住球不能用力。这个动作被形象地比喻成像是手里握着一只小鸟。
>
> 4. 抛球手和握拍手同时向上,抛球并拉开球拍同步完成,尽量使身体呈弓形伸展。
>
> 5. 转身向前,小臂向下引拍。
>
> 6. 眼睛看球,后脚蹬地,手臂向上在高点挥拍击球,手腕轻轻发力。
>
> 7. 重心向前,后脚前移,随惯性自然完成动作。
>
> 8. 重复练习。

第八章　游泳运动

内容概述　游泳是老少咸宜的运动之一。它起源于远古时代人类在生产劳动和与大自然做斗争的过程中，并在此过程中创造和发展了游泳的多种技能和方法。现代游泳运动始于英国，后在世界范围内得以发展。游泳运动可促进人的全面发展。本章将对游泳运动的发展历程、定义与分类、特点与健身价值、基本技术与练习方法等一一介绍，使大家对游泳运动有较清楚的认识，并掌握1~2种泳姿的技术动作要领。

学习目标　了解游泳的发展历程、特点与健身价值；熟悉游泳运动的分类；掌握蛙泳的技术动作要领及练习方法；基本掌握自由泳的技术动作要领和游泳主要竞赛规则。

第一节　游泳运动概述

一、游泳运动的来源与发展

游泳运动（swim）起源于远古时代人类在生产劳动和与大自然做斗争的过程中。希腊神话中有很多关于游泳的记载，我国春秋时期也有泅水活动。现代游泳运动则起源于英国。

1828年，在英国利物浦乔治码头修建了世界上第一个室内游泳池。

1837年，在英国伦敦成立了第一个游泳组织，同时举办了英国最早的游泳比赛。

1896年，第1届现代奥运会即将游泳列为比赛项目之一，当时共有三项游泳比赛，但却没有一个被接受的规则。

1908年，国际游泳联合会（简称国际泳联，FINA）成立，制定了游泳的比赛规则。

知识窗　在1988年亚洲游泳锦标赛上，我国女子游泳选手杨文意以24.98秒的成绩打破50米自由泳世界纪录。1991年澳大利亚第六届游泳世界锦标赛上，我国女子游泳队的"五朵金花"（庄泳、钱红、林莉、杨文意、王晓红）一举夺得四枚金牌，震惊世界。1992年的巴塞罗那奥运会上，"五朵金花"继续大放异彩，庄泳获100米自由泳金牌，钱红获100米蝶泳金牌，林莉获200米个人混合泳金牌，杨文意获50米自由泳金牌，其中庄泳和钱红还打破了当时所在项目的奥运会纪录。1994年中国游泳军团在罗马举行的第七届世界游泳锦标赛上以16枚金牌的成绩首次占据金牌榜首位，达到前所未有的巅峰。巅峰过后中国游泳陷入低谷。在21世纪初，"蛙泳女王"罗雪娟在世界游泳大赛中均获得较好成绩，维护了中国游泳的荣誉，并于2004年勇夺雅典奥运会女子100米蛙泳金牌。2008年

> 北京奥运会上，北京小将刘子歌勇夺女子 200 米蝶泳金牌，并打破世界纪录，表现抢眼；焦刘洋获女子 200 米蝶泳银牌；张琳则夺得男子 400 米自由泳银牌。在 2009 年世界游泳锦标赛上，我国选手张琳以 7 分 32 秒 12 获得男子 800 米自由泳金牌，并打破世界纪录，这也是中国男子游泳选手首次在奥运会或世锦赛级别的世界大赛中获得冠军。在 2021 年举行的东京奥运会上，中国游泳队获得 3 金 2 银 1 铜的优异成绩，并打破了女子自由泳 200 米接力的世界纪录。

目前国际重大的游泳运动赛事主要有奥运会游泳比赛、世界游泳锦标赛和世界杯短池游泳赛。

二、游泳运动的定义与分类

1. 游泳运动的定义

游泳运动的定义有广义和狭义之分。广义的游泳是指一种凭借自身肢体动作和水的相互作用力，在水上漂浮前进或在水中潜游而进行的活动。狭义的游泳则是指竞技游泳。

2. 游泳运动的分类

游泳运动大致可分为实用游泳、竞技游泳和花样游泳三大类。

（1）实用游泳　军事上、生产上、生活服务上实用价值较大的游泳方式称为实用游泳，例如水上救护、武装泅渡和踩水等。

（2）竞技游泳　有特定技术要求，按游泳竞赛规则进行竞赛，以速度决定名次的游泳项目称为竞技游泳。根据比赛场地不同，竞技游泳又可分为游泳池比赛和公开水域比赛两大类。其中，游泳池比赛主要有蛙泳、仰泳、蝶泳、自由泳、个人混合游泳（包括蛙泳、仰泳、蝶泳、自由泳四种泳姿）和接力（分为混合泳和自由泳）游泳。

（3）花样游泳　花样游泳是集舞蹈、体操、游泳等运动于一体的竞技体育项目，它对运动员的身材、泳装、头饰、音乐、动作和编排等均有较高要求，故又称为"艺术游泳"。花样游泳有单人花样游泳、双人花样游泳和集体花样游泳三大项目。由于它是通过运动员的肢体在水面上的运动配合音乐，展现出各种优美动作和造型，带给大众美的享受，因此有"水上芭蕾"之称。我国花样游泳选手在 2008 年北京奥运会上取得了历史性突破，获得了集体项目铜牌。

三、游泳运动的特点及健身价值

1. 游泳运动的特点

（1）运动环境由陆上转至水中，人体感觉较吃力　人的运动环境转至水中后，由于水对人体的阻力较大，人在水中活动更加吃力。一方面，人体的比重较水的略轻，故人在水中会觉得晃晃悠悠站不稳；另一方面，水对人的内脏有较大压力，因此人在水中会感觉呼吸不如在陆地上顺畅。

（2）人体的姿态由直立转为俯卧、仰卧或侧卧　人在陆地上的运动姿态以直立为主，而游泳时则须采用俯卧、仰卧或侧卧等姿态以漂浮于水面。

（3）呼吸方法变化　人在游泳时，由陆上的嘴、鼻自由呼吸改为在水中严格按照用嘴吸气，用嘴、鼻呼气的呼吸方法进行呼吸，同时呼吸节奏还须与动作协调配合。

（4）安全问题突出　由于学习和练习游泳过程中可能出现呛水、喝水或肌肉痉挛等突发状况，因此应特别注意安全，下水前和练习时均应做好安全保护措施。

2. 游泳运动的健身价值

（1）改善人体心血管系统，增强呼吸系统功能　游泳时，水的压力和阻力作用于心脏和血液的循环，可使心房和心室的肌肉组织得到加强，心腔容量逐渐加大，心脏跳动次数减少，血液循环系统得到改善，血管的弹性也有所提高。水的压力还迫使呼吸肌增加收缩力，以维持人在水中的呼吸，可增加呼吸肌的收缩力，加大肺活量，增强呼吸系统功能。

（2）加强皮肤的血液循环　游泳时，人体为了保持身体的恒温，皮肤血管参与调节，冷水的刺激使皮肤血管收缩，以防热量扩散至体外；同时，身体加紧产生热量令皮肤血管扩张，改善对皮肤血管的供血。长期将游泳作为锻炼手段可使皮肤的血液循环得到加强。

（3）重塑身体线条　游泳时身体直接浸泡于水中，水的散热速度快，因而消耗热量多，会令许多想塑身的人取得事半功倍的效果。

（4）避免下肢和腰部运动性损伤　游泳时人体处于仰卧或俯卧状态，身体重量有相当一部分被水的浮力所承受，下肢和腰部会轻松很多，关节和骨骼损伤的危险性大大降低，可较大限度避免下肢和腰部的运动性损伤。

第二节　游泳运动的基本技术要领

根据高职高专学校体育教学的需要，本节主要介绍竞技游泳中的蛙泳与自由泳的技术动作要领、常用练习方法及易犯错误与纠正方法，帮助大家掌握这两种泳姿的基本技术要领。

一、熟悉水性

虽然熟悉水性不属于传统意义上的游泳基本技术，但学游泳须先熟悉水性，故本节将熟悉水性单独列出，以便大家合理运用自身的条件，充分掌握水性并加以利用，为正式学习各种游泳技术打下良好的基础。

1. 熟悉水性的主要内容

熟悉水性的主要内容包括水中行走、跳跃，呼吸，漂浮练习和熟悉水性小游戏等。

2. 熟悉水性的常用练习方法

（1）水中行走、跳跃　水中行走、跳跃是大多数游泳初学者在下水后的第一个练习，其目的是让初学者体会水的阻力、压力和浮力，并初步学会在水中维持身体的平衡。具体的练习方法有：

1）两手扶住池（岸）边或同伴的手，先在浅水区行走，再至水稍深区域行走。

2）一手扶住池（岸）边或同伴的手，另一手于体前侧做向外、向后划水，同时在水中行走。

3）不借助任何支撑物，两臂在胸前做向外、向后的对称划水，在水中做向前、向侧和向后的行走。

4）两手扶住池（岸）边或同伴的手，两脚蹬池底，向上跳起。

5）不借助任何支撑物，于水中站立后，两臂平放水中，向下压水，两脚蹬池底，向上跳起。

注意：练习水中行走、跳跃时水不宜过深，深度齐腰、齐胸即可，以免发生危险。

（2）呼吸　若不能学会在水中正确地呼吸，则无法学好游泳。正确的游泳呼吸是用嘴吸气，用嘴、鼻呼气。在初学阶段多进行呼吸练习可克服"怕水"心理，并可有效防止喝水和呛水现象的发生。具体的练习方法有：

1）陆上呼吸模仿练习。两手叉腰自然站立，做吸→憋→呼气的练习。吸气时应张大嘴，快而深地吸气；憋气要自然；呼气用嘴、鼻均匀呼。

2）水中呼吸练习。扶住池（岸）边或同伴的手，开始可脸部没水，之后过渡到头部没水，注意掌握呼吸的时机，可由单个呼吸过渡到连续呼吸。

（3）漂浮练习　漂浮练习是为了使初学者体会水的浮力，控制身体平衡和水中呼吸方法，进一步消除"怕水"心理。具体的练习方法有：

1）抱膝漂浮练习。在水中原地站立，深吸气后闭气，下蹲低头抱膝团身，用前脚掌轻轻蹬离池底，自然漂浮于水中；站立时松手，两臂前伸，向下压水并抬头，同时两腿下伸，脚触池底站立，然后两臂侧身拨水以维持身体平衡。

2）展体漂浮练习。在抱膝漂浮练习的基础上，闭气松手，两臂、两腿自然伸直；站立时收腹、屈膝、收腿，两腿向下伸，脚触池底站立。以上动作熟练后可做仰卧漂浮练习。

（4）熟悉水性小游戏

1）水中吹乒乓球。站或半蹲于水中，将乒乓球放于嘴前，用力将乒乓球向前吹。

2）打地鼠游戏。在浅水区围成一个圈站好，1～2人站于圈中，手拿泡沫浮板，浮板打向谁，谁就下沉闭气，完成几组后可交换角色进行练习。

二、蛙泳

蛙泳是模仿青蛙游泳动作的一种游泳姿势，也是最古老的一种泳姿。蛙泳较省力，易持久，实用价值大，常用于渔猎、泅渡、救护和水上搬运等。由于蛙泳的蹬腿动作和划水动作能使人在身体保持直立的本能姿势时还不会下沉，同时其呼吸方法也较易掌握，故对于游泳初学者而言，多从学习蛙泳入手。以下将介绍蛙泳的技术动作要领、常用练习方法及易犯错误与纠正方法。

1. 蛙泳的技术动作要领

（1）蛙泳身体姿势　在蛙泳的一个动作周期中，身体姿势有两次典型的变化：一是蹬腿结束后的滑行姿势，即身体呈平卧姿势，眼看池底，头部置于两臂之间，两臂伸直，手指并拢,掌心向下,两腿伸直并拢,整个身体呈流线型姿势;二是滑行姿势结束后肩部升起,身体与水平面约成45°角。

(2) 蛙泳腿部技术　腿脚收缩后脚跟尽量靠向臀部,收腿后,准备进行翻掌,此时双膝间距须小于双踝间距,脚掌翻掌后小腿内侧和脚掌内侧对水之后用力蹬夹腿,将腿伸直,蹬腿结束后,腿处于略低的位置,脚距离水面30~40厘米,这时随着蹬水的效果,练习者向前滑行会较快。

(3) 蛙泳手臂技术　双手向前伸展,手掌倾斜约45°(小拇指朝上),双手同时向外、后方划,接着曲臂向后、下方划;之后掌心由外转向内,手带动小臂加速内划,手由下向上并在胸前并拢(手高肘低、肘在肩下)、前伸,肘关节伸直。注意:外划是放松的,内划应用力、加速完成,手臂前伸要积极。

(4) 蛙泳配合技术　腿部技术和手臂技术的配合为划一次手,蹬一次腿,划手时收腿收脚,伸手时腿脚用力向后蹬,双手外划时抬头换气,双手内划时收腿低头稍憋气,双手前伸过头时蹬腿吐气。蛙泳配合有一个顺口溜:"划手腿不动,收手再收腿,先伸胳膊后蹬腿,并拢伸直飘一会儿。"

注意:在蛙泳的游进过程中,一般是一个动作周期呼吸一次。在呼吸时注意在抬头吸气前,必须将体内的废气全部吐完后,才能吸进新鲜氧气。

蛙泳一个动作周期如图8-1所示。

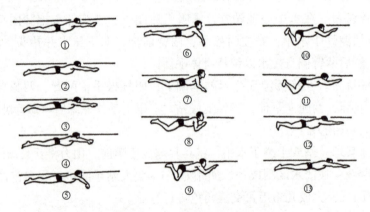

图8-1　蛙泳一个动作周期

2. 蛙泳的常用练习方法及错误纠正

(1) 陆上模仿练习

1) 坐撑模仿蛙泳腿部动作。坐在板凳或池(岸)边,上体稍后仰,两手撑于体后侧,两腿伸直并拢,髋关节外开,身体呈一直线,做蛙泳腿部的收(腿)、翻(脚)、蹬夹(水)和停的动作。

2) 俯卧模仿蛙泳腿部动作。将大腿的上1/3处贴近板凳或池(岸)边成俯卧,这样既省力又能控制大腿收缩幅度。两腿伸直并拢,髋关节外开,身体呈一直线,做蛙泳腿部的收(腿)、翻(脚)、蹬夹(水)和停的动作。

3) 直立模仿蛙泳手臂动作。站于池(岸)边,上体略前倾,手臂先前伸,再向后下划水，最后屈肘前伸，做蛙泳手臂的划水动作。熟练后可配合呼吸练习一起做。

（2）水中练习

1）腿部练习。身体俯卧，手靠池（岸）边，将身体漂浮于水面上，做蛙泳呼吸和腿部的配合练习。

2）扶打水板做蛙泳腿练习。手持打水板，身体俯卧，抬头，在水中做蛙泳腿的练习。

3）手臂与腿部动作配合练习。待腿部动作熟练后，可配合手臂动作在水中进行配合练习。

注意：在蛙泳水中练习过程中，手臂应尽量伸直，头部下压入水，否则腿部可能会下沉，从而影响练习的效果。

（3）蛙泳的易犯错误与纠正方法

1）脸部不敢入水，抬着头游，常呛水或喝水；或者吸气不足，在水里未完成吐气，造成呼吸节奏紊乱。

纠正方法：在陆地上练习蛙泳呼吸的技术动作，抬头用嘴吸气，低头闭气后用嘴、鼻慢慢吐气。熟练后在浅水区扶池壁做呼吸练习。

2）呼吸与身体动作不协调，要么呼吸时停止动作，要么身体动作协调但不会换气。

纠正方法：在陆地上进行蛙式呼吸与肢体协调配合的重复练习，熟练后下水进行完整动作练习。

3）收腿时臀部上翘，翻脚掌动作不到位，收腿节奏紊乱。

纠正方法：在陆地上坐撑和俯卧练习蛙泳的腿部技术动作。熟练后下水扶池边练习蛙泳的腿部动作，水中滑行做蛙泳连续蹬腿练习，扶打水板滑行做蛙泳连续蹬腿练习。

4）手臂动作前伸时伸直不足，两臂之间有夹角。

纠正方法：在陆地上进行手臂动作的完整模仿练习，熟练后站于浅水区（水深齐腰）做手臂动作的完整模仿练习，最后下水做蹬壁滑行练习。

5）蛙泳抓水动作完成过早，抓水角度不够；划水用力过早；无手臂的内旋与稍勾手腕的动作。

纠正方法：在水中进行双腿夹板、手臂做抓水动作练习，体会动作要点；在陆地上和水中反复做连接式配合的模仿练习，推水结束时，借水的反作用力顺势提臂移臂。

6）头部抬起过高或过低，使身体在水中无法达到静力性平衡。

纠正方法：扶池壁多练习闭气，进行展体漂浮练习。

7）手臂动作与腿部动作不协调

纠正方法：在陆地上多做手臂与腿部协调配合的完整练习，熟练后下水进行完整练习。

三、自由泳

自由泳也称爬泳。爬泳时，人在水中呈俯卧姿势，两腿交替上下打水，两臂轮流划水，动作很像爬行，故而称为"爬泳"。竞技游泳中的自由泳对技术无规则限制，但由于爬泳速度较快，比赛时运动员多采用爬泳技术进行自由泳比赛。

1. 自由泳的技术动作要领

(1) 身体姿势　自由泳时身体俯卧，呈良好的流线姿势，速度快时肩背浮出水面。在游进过程中，头部始终保持平稳，躯干围绕身体纵轴有节奏地转动35°~45°。

(2) 自由泳腿部技术　自由泳打腿时腿应伸直，由髋关节发力带动大腿、小腿和踝关节，做鞭打动作；两腿交替打腿，两腿之间有一定间隔，一般在30~40厘米；打腿时脚尖略微内旋，有助于增大打腿的面积，打腿时膝关节自然弯曲有一定屈度，约160°，不宜弯曲过大。

(3) 划臂动作　自由泳的划臂动作可分为五个部分，即入水、抱水、划水、出水和空中移臂。

入水时手指自然并拢伸直，肘部和腕部稍弯曲，肘部处于较高位置，手指指向入水的前下方，此时上臂与前臂的夹角为130°~150°。注意：入水点一般在身体中线和肩部纵延长线之间。

抱水时，掌心向内侧转动，屈腕、屈臂，肘部抬高，以完成抱水动作。注意：抱水时上臂与水平面夹角约30°，前臂与水平面夹角约60°，手掌对准水，上臂与前臂夹角约150°。

划水开始时，上臂与前臂的夹角为100°~120°；当手臂划至肩下时，上臂与前臂的夹角为90°~110°。注意：划水时始终保持高肘划水，增加手掌和前臂的对水面，以提高划水效率。

出水时，肘部向上方提起，臂部与手腕柔和放松，掌心朝后上方。

空中移臂时，肘稍屈，位置始终高于肩和手。注意：做此动作时手臂尽量放松，以保持身体在水中的流线姿势。

(4) 呼吸方法　自由泳的换气是比较难的，一般采用单侧换气法进行换气。换气时，以身体中轴线为轴转动，头随着躯干的转动而转动，当身体向左侧的转动幅度达到最大时进行呼吸，此时左臂应充分前伸，嘴张大吸气；当吸足气后，头转回原来鼻子朝下的位置，头的转动先于身体的转动。换气频率为三次抱水换一次气，初学者频率可再加快一些。

自由泳的一个动作周期如图8-2所示。

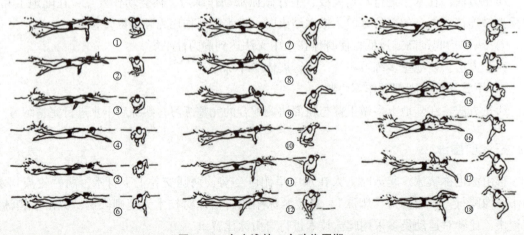

图8-2　自由泳的一个动作周期

2. 自由泳的常用练习方法及错误纠正

（1）腿部动作练习

1）陆上卧姿打水。俯卧在板凳或池边，做两腿上下交替打水动作，要求动作规范。

2）侧打腿练习。一臂前伸，另一臂位于体侧，头保持侧向，打腿密而快速。

3）扶打水板做打腿练习。双手扶打水板，两臂应伸直，放松扶板，肩浸于水中，呼吸自然，身体俯卧漂浮于水中，进行自由泳打腿练习。

（2）自由泳手臂动作练习

1）陆上模仿练习。原地两脚开立，上体前屈，做手臂划水的模仿练习。熟练后可配合呼吸动作进行练习。

2）浅水区练习。站立于浅水区，上体前倾，肩没入水，做手臂划水配合转头呼吸的练习。

3）蹬边滑行做手臂配合动作。蹬边滑行后闭气，做两臂配合动作的练习。

4）腿夹打水板做手臂动作。腿夹打水板，蹬边滑行后，做两臂划水配合转头呼吸的练习。

（3）手臂、腿和呼吸的配合练习

1）浅水区练习。站立于浅水区，上体前倾后漂浮于水面进行配合练习。

2）完整练习。蹬边滑行后做腿、手臂和呼吸配合的完整练习，游程为 5～10 米。熟练后可逐渐加长游程。

（4）自由泳的易犯错误与纠正方法

1）打腿过高，或过深，或腿屈度过大，或伸踝幅度不够。

纠正方法：在陆地上多练习正确的打腿姿势，熟练后扶池壁展体进行打腿练习，加强踝关节柔韧性练习。

2）水上移臂过低、过宽；入水点过远或过近；手掌入水对水方向不准。

纠正方法：在陆地上多进行模仿练习，下水后腿夹打水板蹬边滑行后做两臂配合动作练习。

3）下划动作开始过早，或伸臂动作过久。

纠正方法：在陆地上多练习正确的划水动作，下水后腿夹打水板蹬边滑行后做两臂配合动作练习。

4）抬头吸气，或侧后转头吸气，破坏身体的平衡姿势。

纠正方法：扶池边展体打腿后进行呼吸练习。

第三节 游泳运动常识及主要竞赛规则

一、游泳运动常识

1. 游泳池规格

（1）池长 游泳池的长度一般为 50 米，允许误差 ±0.03 米；短池长度为 25 米，允许误差 ±0.02 米。在池端可安装触电板调时器。

（2）池宽 游泳池的宽度一般为 21 米，奥运会和世界锦标赛要求 25 米。

（3）水深　水深要求大于等于1.8米。两端池壁自水面上30厘米至水下80厘米处。

（4）比赛泳道　比赛泳道每道2.5米宽，边道另加0.5米。两泳道间有分道线，分道线用浮标线分挂在池壁两端，池壁内设挂线勾，池底和池端壁应设泳道中心线，为深色标志线。

（5）出发台　出发台应居中设在各泳道中心线上，台面长、宽均为50厘米，台面临水面前缘应高出水面50~70厘米，台面倾向水面角度不应超过10°。

（6）池壁　池壁必须垂直平整，池底防滑，池面层平整光洁、易于清洗。

2. 游泳注意事项

（1）游泳前后进食原则　游泳之前的进食原则是：进食时间在游泳前一小时左右，选择体积小、易消化和能量高的食物，如巧克力、奶酪和面包等。

游泳后的进食原则是：选择易消化的食物，如蔬菜等，但不能过量。

（2）及时补充水和能量　游泳时会出汗，能量流失也比较快，故游泳时要注意随时补水和补充能量，可携带橙汁、运动饮料、饼干或者能量棒。

（3）下水前做准备活动，出水后注意保暖　下水前在岸上一定要做准备活动，否则容易在游泳过程中受伤或发生其他意外；出水后则要注意保暖，否则容易引起感冒。

（4）有眼疾、耳疾或皮肤病，以及身体有其他疾患的人不宜游泳　游泳时消耗的体力比平时要多8倍左右，因此患心脏病、肺结核、肝病、肾病的人，不宜游泳；患红眼病、传染性皮肤病的人，也不宜游泳，以免互相传染；患中耳炎的人，也不宜游泳。

（5）游泳后应注意卫生　游泳后最好用干的净水冲洗身体，再用软质毛巾将身体擦干，同时滴消炎眼药水，擤干鼻腔分泌物。若耳部进水，可采用"同侧跳"（即哪侧耳朵进水，则将头歪向同侧，以同侧的腿进行单脚跳，使水流出）将水排出。完成后再做一下放松活动，以免肌肉僵化。

二、竞技游泳的主要竞赛规则

1. 比赛具体要求

1）运动员应在其出发的同一泳道内完成比赛，且必须游完全程才能获得录取资格。

2）在所有项目中，运动员转身时身体须触及池壁，转身必须以池壁进行，不得在池底跨越或行走；但在自由泳项目或混合泳项目的自由泳段比赛中，允许运动员在池底站立，但不得行走。

3）游出本泳道阻碍其他运动员或用其他方式干扰其他运动员者，应取消其资格。如属故意犯规，总裁判应将犯规情况报告主办单位和犯规运动员所属单位。

4）比赛中，运动员不得使用或穿戴任何有利于其速度、浮力或耐力的器具（如手蹼、脚蹼等），可以戴游泳镜。

5）接力比赛时，若本队的前一名运动员尚未触及池壁，后一名运动员即离台出发，应取消该队的资格。

2. 运动员分道原则

除了在50米池进行50米项目的比赛外（在出发端面向泳池站立，第一泳道应在池的右侧），如果泳道数为单数，成绩最好的运动员或接力队应安排在中间的泳道；如果泳道数为双数（6条或8条泳道），成绩最好的运动员或接力队应分别安排在第三道或第四道。成绩次好的应安排在其左侧的泳道，接着按报名成绩顺序将运动员交替安排在其右侧和左侧泳道。报名成绩相同的运动员以抽签方法按上述模式安排泳道。

3. 出发

（1）规则　自由泳、蛙泳、蝶泳及个人混合泳比赛时应从出发台起跳出发，仰泳和混合泳接力比赛应从水中出发。

（2）犯规情况　任何一名在出发信号发出前出发的运动员都会被取消参赛资格。如果出发信号已发出但发现运动员抢信号，应继续比赛，并在比赛结束后取消抢信号运动员的参赛资格；如果出发信号发出前发现运动员抢信号，则不再发出出发信号，在取消抢信号运动员的比赛资格后，再组织其余的运动员出发。

4. 各泳姿比赛具体要求

（1）自由泳　自由泳是指比赛中运动员可以采用任何泳姿，但个人混合泳和混合泳接力项目中的自由泳是指仰泳、蛙泳和蝶泳以外的任何泳姿。

（2）仰泳　在出发信号发出前，运动员应面对出发端排于水中，两手抓住出发握手器。禁止站在水槽内或水槽上或用脚趾扣住水槽边缘。

（3）蛙泳

1）以出发和每次转身后的第一次手臂运动为开始，身体应保持俯卧姿势，任何时候都不允许身体转成仰卧姿势。在整个比赛中，动作周期必须以一次划臂和一次蹬腿的顺序完成。

2）两臂的所有动作应同时并在同一水平面上进行，不得有交替动作。

（4）蝶泳

1）以出发和每次转身后的第一次手臂动作开始，身体应保持俯卧姿势，允许水下侧打腿，但任何时候都不允许转成仰卧姿势。

2）两腿所有向上的动作必须同时进行。两腿或两脚可不在同一水面上，但不允许有相对交替的动作，也不允许蹬蛙泳腿。

（5）混合泳

1）在个人混合泳项目中，运动员须按照下列顺序游四种泳姿：蝶泳、仰泳、蛙泳和自由泳。

2）在混合泳接力项目中，运动员须按照下列顺序游四种泳姿：仰泳、蛙泳、蝶泳和自由泳。

（6）游程具体要求　在整个游程中，运动员身体的某一部分必须露出水面。允许运动员的身体在转身过程中及出发和每次转身不超过15米的距离内完全没入水中，但运动员的头部必须在15米之前露出水面。

知识窗

世界纪录

1. 有效世界纪录

1）纪录必须是在正式比赛或个人计时赛中创造的。这种比赛必须公开举行并应在拟破纪录前至少三天通过公告公之于众。如果会员组织批准个人计时赛作为竞赛中的一项测验，则不必在拟破纪录前至少三天进行公告。

2）世界纪录必须是自动裁判装置报告的成绩，或者是在自动裁判装置系统失灵时由半自动裁判装置报告的成绩。

3）在奥运会、世界锦标赛和世界杯赛中创造的所有纪录将自动生效。

2. 被承认的游泳世界纪录

在50米池和25米池比赛中，被承认的男子、女子游泳世界纪录有：

1）自由泳：50米、100米、200米、400米、800米、1500米。

2）仰泳：50米、100米、200米。

3）蛙泳：50米、100米、200米。

4）蝶泳：50米、100米、200米。

5）个人混合泳：200米、400米。

6）自由泳接力：4×100米，4×200米。

7）混合泳接力：4×100米。

实训设计

仰泳——陆上仰泳移臂模仿

【目标】通过实训，掌握仰泳的移臂动作。

【内容】陆上仰泳移臂模仿。

【场地】游泳池、墙壁旁。

【方法与步骤】1. 站在一面高墙的旁边，墙高要超过手上举的高度。

2. 身体的一侧靠近墙壁，肩与墙相距2.5~5厘米。

3. 用靠近墙壁的手臂做练习动作，在练习中手臂要始终靠近墙壁。

4. 手臂伸直，掌心朝向大腿，直臂向上移臂，好像要与前面的某人握手。

5. 肘关节伸直，臂内旋使掌心向下。当手与头同高时，手掌好像在摸前面一人的头顶。

6. 手臂边继续上移边继续旋转，当手臂在头的正上方时，掌心应朝向墙壁。重复这个动作，开始时慢一些，然后逐渐加快速度。

第九章　武术运动

内容概述　武术运动起源于中国，是一种中国特色的文化。它历史悠久、内容丰富，具有竞技和健身价值，同时还极具东方文化内涵，深受不同文化背景人们的喜爱，目前在世界各国发展迅速。本章将向大家简要介绍武术运动的来源与发展、定义与分类、特点与健身价值；重点介绍武术基本功、五步拳套路和二十四式太极拳套路；最后简要介绍散打的相关内容。

学习目标　了解武术运动的起源与发展、定义与分类；明确武术运动的特点与健身价值；基本掌握武术基本功的主要内容和练习方法；掌握五步拳套路和二十四式太极拳套路；简要了解散打的特点与基本技法。

第一节　武术运动概述

一、武术运动的来源与发展

武术起源于中国。古时候人们为了生存的需要，必须与自然界进行搏斗，在此过程中，人们逐渐积累了劈、砍、刺等技能；后来又在部落战争中不断总结搏斗的经验，使武术技法得到进一步发展，并被应用于军事训练中。随着锻铸工艺和社会的发展，各种制作精良的武器和武术技法不断涌现。唐朝实行的武举制对武术的发展起到了促进作用。至明清时期，武术在我国的发展达到高潮，各种流派林立，拳种多样。近代以来，由于冷兵器在军事上的地位衰退，武术运动的作用逐渐转为强身健体，也成为我国近代体育的组成部分之一。

武术运动自唐宋后就逐渐传向国外。在东南亚，习武之人众多。在欧美国家，中国武术的影响也十分深远，被西方人称为"功夫（kung fu）"。很多西方人认识中国文化首先就是从了解中国武术开始的。可以说，武术是中国人民对世界文化的重要贡献之一。

新中国成立后，武术作为社会主义文化和人民体育事业的重要组成部分得到迅速发展。

1950年，中华全国体育总会召开座谈会，倡导发展武术运动。

1956年，中国武术协会在北京成立，并在北京举办了武术表演大会，首次试行评分的方法对运动员的水平进行区分。

1957年，国家体育运动委员会（现国家体育总局）将武术列为体育竞赛项目，并组织整理出版了《简化太极拳》，以及甲、乙组和初级的拳、刀、剑、棍、枪套路相关书籍。

1958年，国家体委（现国家体育总局）制定了第一部以普及面较广的长拳、太极拳和南拳为竞赛内容的《武术竞赛规则》。

1985年，首届国际武术邀请赛在西安举行，并成立了国际武术联合会筹委会。这是我国武术发展中历史性的突破。

1987年,第一届亚洲武术锦标赛在日本横滨举行。

1990年,武术首次被列为亚运会竞赛项目。

1999年,国际武术联合会被吸收为国际奥委会的正式国际体育单项联合会成员。

2008年,武术以"特设项目"的身份出现在第29届北京奥运会上,被定名为"北京奥运会武术比赛"。

自在北京奥运会上精彩亮相后,伴随党的十八大召开、"一带一路"倡议的提出、《"健康中国2030"规划纲要》《国务院办公厅关于加快发展健身休闲产业的指导意见》《关于实施中华优秀传统文化传承发展工程的意见》《体育强国建设纲要》的颁布,以及"人民为中心"体育发展思想的确立,武术进入新的发展时期。一是全国武术短兵和长兵比赛以及国际武术节等新兴类型武术赛事兴起;二是多种主题的武术赛事涌现;三是国际武术赛事与交流的增加,如加拿大国际功夫节、中俄青少年运动会武术套路比赛等,在助力国家文化软实力提升、国家形象宣传和全民健身引领等方面起到积极的作用。

二、武术运动的定义与分类

武术是以技击为内容,以通过套路、搏斗等运动形式来增强体质、培养意志及训练格斗技能为目的,并且注重内外兼修的民族传统体育项目。

根据运动形式的不同,武术运动可分为两大类,即套路运动和搏斗运动。

套路运动是武术动作以攻守进退、动静疾徐、刚柔虚实等矛盾运动的变化规律编成的整套练习形式。其主要内容包括拳术、器械、对练和集体表演。

搏斗运动是两人在一定条件下按照一定的规则进行斗智角力的对抗练习形式。目前武术竞赛中正在逐步开展的有散手(或称"散打")、退守和短兵三项。

武术运动的主要分类如图9-1所示。

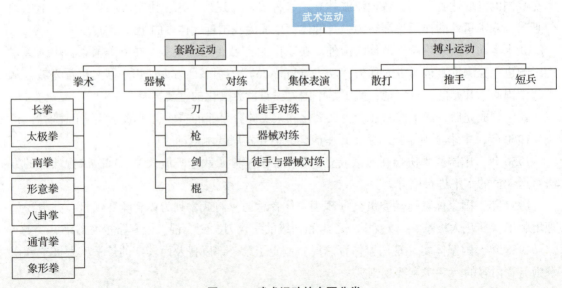

图9-1 武术运动的主要分类

三、武术运动的特点及健身价值

1. 武术运动的特点

（1）注重内外兼修　中国武术的一大特色是既讲究形体规范，又追求精神传意、内外合一的整体观。"内"是指心、神、意等心志活动和气息的运行；"外"则是指手、眼、身、步等形体活动。简单来说，中国武术是以"手眼身法步，精神气力功"八法的变化来锻炼身心的。

（2）技击动作贯穿于体育中　中国武术是现实生活中的自卫克敌本领，本无规则限制，但当前为了武术运动国际化和标准化的需要，在搏斗运动的比赛中对一些实用技击方法和具体击打部位做了相应限制，具体以不伤害对方为原则。在套路运动中则保留了一些在搏斗运动中不宜采用的技术方法，其动作方法仍然保留了技击的特性。

（3）形式多样、内容丰富、适应范围广　武术的形式多样，可进行推手练习，也可练习套路，还有对练；内容丰富、选择性强，可根据个人年龄、性别和体质的具体情况选择拳术和器械等进行锻炼；同时，它对场地和器材的要求均不高，即使身边无器械也可进行徒手练习，若天气恶劣还可在家练习。因此，可以说武术的适应范围非常广泛。

2. 武术运动的健身价值

（1）改善心血管系统功能，促进神经系统均衡发展　武术运动中的很多中快速度的练习内容可改善人体的心血管系统功能。由于武术运动十分讲究心身合一，且动作复杂多变，同时还强调手、眼、身、气等的协调配合，器械练习中更是要求器械与身体动作的协调配合，可较大限度地促进人体神经系统的均衡发展。

（2）增强呼吸系统功能　武术运动对呼吸的要求极高，其呼吸方法根据动作的不同有相应变化，对人体呼吸系统的影响较大。长期坚持进行武术练习，可增强人体呼吸系统的功能。

（3）提高人体身体素质，塑造良好体形　武术运动的各项练习内容可使人体的力量和柔韧性素质得到较大提高，还可促进速度、灵敏等素质的发展。另外，武术有"牵一发而动全身"的特点，可使全身协调运动，消耗身体多余脂肪，使肌肉线条优美，从而塑造良好的体形。

（4）保健康复效果好　武术运动内容丰富，有五禽戏、八段锦、太极拳等防病保健的保健体操，坚持练习可预防疾病、康复身心，对某些慢性病的治疗也有一定作用。

（5）延年益寿的最佳手段之一　我国的很多老年人最常选用的锻炼手段之一即为武术运动中的太极拳、太极剑、八段锦。有实验表明，坚持参加武术运动的老人，其体重、握力、胸围和肺活量均高于未参加武术锻炼的对照组，而脉搏的平均值则小于未参加武术锻炼的对照组。这些均说明武术可以增强体质、延缓衰老，起到延年益寿的作用。

第二节　武术基本功

武术基本功是指以武术运动中具有共性的基础训练为内容，以获得和运用武术技法必备的各种能力为锻炼目的的一类运动形式。它包括以提高体能为主的各种功法和以提高技能为主的基本动作练习。基本动作练习一般指武术各类技术动作的练习，其不仅可使身体各部位得到较全面的训练，较快地发展武术专项身体素质，还可有效防止和减少练习中的伤害事故，为学习和提高武术技术水平打下良好基础。

一、武术基本功和基本动作的主要内容

武术基本功和基本动作的内容丰富，这里仅列出人们常见和常练的内容及练习方法进行介绍。具体内容如图9-2所示。

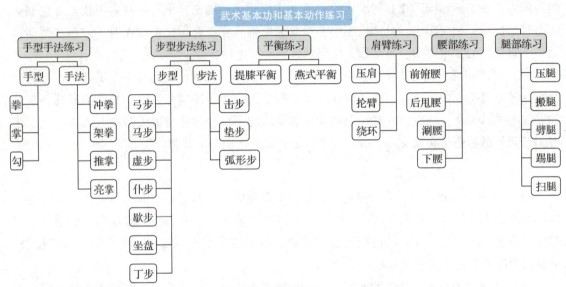

图9-2 武术基本功和基本动作的主要内容

二、武术基本功和基本动作的要领与练习方法

1. 手型手法练习

（1）手型

1）拳。四指并拢卷握，拇指扣在食指和中指的第二指节上，如图9-3所示。要求拳握紧，拳面平，手腕直。

2）掌。四指并拢伸直，拇指第一指节弯曲并紧扣于虎口处，如图9-4所示。

3）勾。五指尖捏拢，屈腕，如图9-5所示。

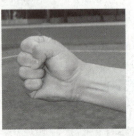
图9-3 拳

图9-4 掌

图9-5 勾

（2）手法

1）冲拳。分为平拳和立拳两种，平拳拳心向下，立拳拳眼向上。

①预备姿势：两脚开立与肩同宽，脚尖向前，两拳抱于腰间，拳心向上，肘尖向后，挺胸、收腹、立腰，目视前方（见图9-6）。

②动作：右拳从腰间向前迅速用力冲出，拧腰顺肩，肘关节过腰时右前臂内旋，力达拳面，臂伸直，与肩相平，同时左肘向后牵拉（见图9-7）。左右拳交替练习。

③要求：出拳速度快而有力，动作协调，发力顺畅。

2）架拳。

①预备姿势：同冲拳。

②动作：右拳向下、向左、向上经头前向右上方划弧，同时前臂内旋架起，拳眼向左斜下方，目视左方（见图9-8）。左右拳交替练习。

③要求：松肩、塌腕、肘微屈。

3）推掌。

①预备姿势：同冲拳。

②动作：右拳变掌，以掌跟为力点向前快速推出，同时前臂内旋使掌指向上，手臂伸直与肩平；推出时拧腰顺肩，同时左肘向后牵拉（见图9-9）。左右掌交替练习。

③要求：出掌快速有力，出掌和收掌时肘部应贴肋运行。

4）亮掌。

①预备姿势：同冲拳。

②动作：右臂微屈，抖腕翻掌，将掌举于体侧或头上（见图9-10）。

③要求：出掌快速有力，出掌和收掌时肘部应贴肋运行。

图9-6 预备姿势　　图9-7 冲拳　　图9-8 架拳　　图9-9 推掌　　图9-10 亮掌

2．步型步法练习

（1）步型

1）弓步。

①动作要领：左脚向前一大步（为练习者脚长的4～5倍），脚尖稍内扣，左腿屈膝半蹲，

大腿略高于膝，膝不过脚尖；右腿挺膝伸直，脚尖朝向斜前方且稍内扣，两脚全脚掌着地。上体正对前方，两手腰间抱拳，目视前方。左腿弓为左弓步，右腿弓为右弓步（见图9-11）。

②要求：前腿弓，后腿绷，挺胸、塌腰、沉髋，前后脚在一条直线上。

2）马步。

①动作要领：两脚左右开立（两脚内侧距离约为练习者脚长的3倍），脚尖向前，屈膝屈髋半蹲，膝不过脚尖，大腿略高于膝，全脚掌着地。身体重心落于两脚之间，两手腰间抱拳，目视前方（见图9-12）。

②要求：挺胸、塌腰、脚跟外蹬。

3）虚步。

①动作要领：右脚外展45°，屈膝屈髋半蹲，左脚向前开立，膝稍屈，脚绷直，脚尖虚点地，两膝稍内扣，重心落在右脚上，两手叉腰，目视前方（见图9-13）。左脚在前为左虚步，右脚在前为右虚步。

②要求：挺胸、立腰，虚实分明。

图9-11 弓步

图9-12 马步

图9-13 虚步

4）仆步。

①动作要领：两脚左右开立，右腿屈膝全蹲，脚尖和膝关节外展，臀部接近右脚跟；左腿挺直平仆，脚尖里扣，两脚全脚着地，两手腰间抱拳，目视左方（见图9-14）。全蹲左腿为左仆步，全蹲右腿为右仆步。

②要求：挺胸、塌腰、平仆腿一侧沉髋。

5）歇步。

①动作要领：两腿交叉靠拢，全蹲，左脚在前，全脚着地，脚尖外展；右脚在后，前脚掌着地，右膝顶出并贴紧左小腿外侧，臀部坐于右脚接近脚跟处，两手腰间抱拳，目视前方或左方。左脚在前为左歇步，右脚在前为右歇步（见图9-15）。

②要求：挺胸、塌腰、两腿贴紧，腰向前，腿拧转。

(2) 步型的常用练习方法

1）原地逐渐延长练习时间。若有分左右腿的步型，则可交替进行。

2）原地保持步型不动，加相应的手型进行练习。

3）行进间与手型结合进行练习。

图 9-14　仆步　　　　图 9-15　歇步

3．平衡练习

1）提膝平衡。

①预备姿势：开步站立。

②动作：右腿伸直支撑，左腿屈膝提起（过腰），脚面绷直垂扣与右腿前侧，目视左方（见图 9-16）。换腿交替进行。

③要求：平衡站稳，提膝过腰，脚内扣。

2）燕式平衡。

①预备姿势：开步站立。

②动作：右腿屈膝提起，两掌在身前交叉，掌心向内；之后两掌向两侧直臂分开平举，上体前俯，左脚向后蹬伸，右腿支撑身体重量，呈燕式平衡（见图 9-17）。

③要求：两腿伸直，后举腿高于头顶水平部位，脚面绷直；上体前俯，略高于水平部位，挺胸、抬头。

图 9-16
提膝平衡　　　　a)　　　　　　　　　　b)
　　　　　　　图 9-17　燕式平衡

4．肩臂练习

　　肩臂练习可增进肩关节柔韧性，发展臂部力量，为学习和掌握各种拳、掌等手法打下坚实基础。以下是压肩和绕环两种肩臂的练习方法。

（1）压肩

1）前压肩。两脚开立，身体前俯，双臂伸直，向前扶住与胯等高的物体或者身高与自己大致相同的同伴，利用身体上下振动或持续性向下用力，作用于肩部，使肩关节充分伸展（见图 9-18）。

2）后压肩。双手后伸扶住与胯等高或略低的物体，双腿下蹲，同时两臂伸直，向后上方拉伸（见图9-19）。

图9-18 前压肩　　　图9-19 后压肩

（2）绕环　此处的绕环指臂绕环。臂绕环是以肩为圆心，直臂在体侧或体前沿立圆形路线抡动。其动作较简单，练习时可沿逆时针或顺时针方向绕动（见图9-20和图9-21）。

双臂交叉绕环比较难，其动作是从双手直臂上举开始，在体侧竖直平面内一手向前一手向后不停绕动（见图9-22）。

图9-20 单臂绕环　　图9-21 双臂绕环　　图9-22 双臂交叉绕环

知识窗　在练习臂绕环时应注意：①保持手臂伸直；②抡臂时保持手臂沿竖圆绕动；③以腰的左右转动带动臂发力。

5. 腰部练习

（1）前俯　并步站立，两臂伸直上举；上体前俯，两掌心尽量贴地，可做振压练习，也可尽量保持此姿势一段时间以拉伸大腿后侧及背部韧带（见图9-23）。在此练习中注意膝盖伸直、挺胸，腹部尽量靠近大腿前侧。

（2）后甩　两脚开立，与肩同宽，两臂伸直上举；以腰、髋关节为轴，上体后屈甩腰，两臂随之后摆，幅度由小到大，速度由慢到快，动作应快速、紧凑且富有弹性（见图9-24）。

（3）涮腰　两脚开立，与肩同宽，两臂伸直上举；

图9-23 前俯　　图9-24 后甩

以髋关节为轴，上体前俯，双臂由上至前，接着向左前方伸出，之后向右后绕环一周，循环多次。也可从相反方向开始进行（见图 9-25）。在练习过程中，两脚始终紧贴地面，上体和两臂随着腰部转动尽量伸展，逐渐增大上体绕环幅度。

（4）下腰　初学者可先练习跪下腰，再练习站下腰。跪下腰时，双腿膝盖着地，臀部不要坐在脚上，小腿与大腿及上体夹角为 90°，双手可举过头顶，也可叉腰，慢慢向后下，用头顶找臀部。待幅度逐渐加大后，可向后弯腰下去坚持一会。回到准备位后可用手轻轻拍腰，使腰部放松，避免损伤。站下腰的要点与跪下腰相同（见图 9-26）。注意：站下腰时两脚开立，与肩同宽。

a)

b)

图 9-25　涮腰

图 9-26　站下腰

6. 腿部练习

腿部练习的方法很多，这里主要介绍压腿、劈腿和踢腿。

（1）压腿

1）正压腿。面对肋木或一定高度的物体，并步站立；左腿提起，脚跟放在支撑物上，脚尖勾起，踝关节屈紧，两手扶按膝上；两腿伸直，立腰、收髋，上体前屈，尽量用腹部靠近大腿，向前向下做振压动作（见图 9-27）。左右腿交替进行练习。练习时逐渐加大振幅，逐步提高腿的柔韧性。

2）侧压腿。侧对肋木或一定高度的物体，右腿支撑，脚尖稍外撇；左腿提起，脚跟放在支撑物上，脚尖勾起，踝关节紧屈；右臂屈肘上举，左手附于右胸前；两腿伸直，立腰、收髋，上体向左侧振压（见图 9-28）。左右腿交替进行练习。练习时幅度逐步加大，直至上体侧卧在被压腿上。

3）后压腿。背对肋木或一定高度的物体，并步站立，两手叉腰或扶一定高度的物体；左腿支撑，右腿举起，脚背搁在肋木上，脚面绷直，上体后屈并做振压动作（见图 9-29）。左右腿交替进行练习。练习时注意两膝伸直，支撑腿全部着地，双脚紧贴地面，挺胸、展髋。

（2）劈腿　武术基本功练习中以竖叉为主。竖叉的动作要领为：两手左右扶地或两臂侧平举，两腿前后分开成直线；左腿后侧着地，脚尖勾起，右腿内侧或前侧着地（见图 9-30）。练习时注意挺胸、立腰、膝伸直。

图 9-27　正压腿　　图 9-28　侧压腿　　　图 9-29　后压腿　　　图 9-30　劈竖叉

（3）踢腿　踢腿是武术基本功中腿部练习的重要内容，可较集中地反映出腿部的柔韧、灵敏和控制力量的真实水平。

1）正踢腿。并步站立，两手立掌，两臂侧平举；左脚向前迈半步，左腿伸直支撑，右脚跟提起；右腿伸直，脚尖勾紧向上踢起，踢腿过腰时迅猛加速；之后，右脚保持适度紧张向下收落，脚面绷直轻落至地面（见图9-31）。踢左腿为左踢腿，踢右腿为右踢腿。左右交替进行练习。练习时注意挺胸、直腰、膝绷直。

2）侧踢腿。并步站立，两手立掌，两臂侧平举；右脚向前上半步，脚尖勾且外展，左脚跟稍提起，身体略左转，左臂前伸，右臂后举；之后，左脚尖勾紧向左耳侧踢起，同时右臂屈肘上举亮掌，左臂屈肘立掌于右肩前或垂于裆前，两眼平视前方。踢左腿为左侧踢，踢右腿为右侧踢（见图9-32）。

图 9-31　正踢腿　　　　图 9-32　侧踢腿

3）外摆腿。并步站立，两手立掌侧平举；两眼平视前方；左脚上步支撑，右脚脚尖绷直向左侧上方直腿踢摆，经头前右侧上方踢摆，然后快速下落成预备姿势（见图9-33）。左掌与同侧脚面可在左侧上方击响，也可不做击响。左右腿交替进行。练习时注意外摆幅度要大，呈扇形。

4）里合腿。并步站立，两手立掌侧平举；左脚向前半步，右脚尖勾起，向右侧上方直腿踢起，经头前向左侧上方直腿摆动，形如扇形；而后保持适度的紧张下落，脚前掌轻轻着地（见图9-34）。右掌与左脚可在右前上方击响，也可不做击响。左右腿交替进行。练习时注意里合幅度要大，呈扇形。

　　a)　　　　　　　b)　　　　　　　a)　　　　　　　b)

图 9－33　外摆腿　　　　　　图 9－34　里合腿

第三节　武术基本套路与散打基本技术

本节介绍五步拳和二十四式太极拳这两套武术基本套路和练习方法，以及散打基本技术。

一、五步拳

五步拳是学习武术入门的基本拳术组合套路，包含了武术中最基本的五种步型（弓步、马步、仆步、虚步和歇步）和三种手型（拳、掌、勾）。五步拳的练习可以增进身体的协调能力，掌握动作与动作之间的衔接要领，提高动作质量，可为进一步学习武术的其他内容打下基础。

1. 五步拳套路的动作名称

五步拳套路的动作名称如下：预备式（并步抱拳）→搂手拗弓步冲拳→弹踢冲拳→马步架打→歇步盖打→提膝穿掌→仆步穿掌→虚步挑掌→收式（并步抱拳）。

2. 五步拳套路的动作要领

（1）预备式　双脚并拢，双手握拳抱于腰间，拳面与小腹在同一水平面，双肘后顶，向左摆头，目视左前方（见图 9－35）。

（2）搂手拗弓步冲拳

1）弓步搂打之马步搂手。此为过渡动作，左脚向左横跨一大步成马步，同时左拳变掌向左搂出，掌指朝上，虎口撑开，目视左方。

2）弓步搂打之弓步冲拳。左掌变拳收回腰间，拳心朝上；马步向左拧腰转胯成左弓步，右拳同时内旋击出，拳心向下，力达拳面，目视前方（见图 9－36）。

图 9－35　预备式　　图 9－36　搂手拗弓步冲拳

（3）弹踢冲拳　右拳外旋收回腰间，拳心向上；左拳拧旋击出，同时右脚向前弹出，脚面绷平，力达脚尖；左拳拳心向下，上身直立，目视前方（见图 9－37）。

(4) 马步架打

右脚前落成马步，左手变掌向上撩架，右拳向前击出成平拳，目视右方（见图9-38）。

a)　　　　　　b)

图9-37　弹踢冲拳　　　图9-38　马步架打

(5) 歇步盖打

1) 歇步盖打之转身盖掌。向左转身，左脚后撤右脚后方，左掌变拳收回腰间，右拳变掌从上向左下横盖，目视前方。

2) 歇步盖打之歇步冲拳。下蹲成右歇步，右掌变拳收回腰间，左拳平拳击出，目视前方（见图9-39）。

(6) 提膝穿掌　左拳变掌下横盖，起身右腿直立，左脚提膝，同时右拳变掌从腰间向右上方穿出，目视右掌（见图9-40）。

(7) 仆步穿掌　左脚向左落步成左仆步，左掌向左下方穿出，目视左方（见图9-41）。

图9-39　歇步　　图9-40　　图9-41　仆步穿掌
　　　　盖打　　　提膝穿掌

(8) 虚步挑掌　右脚向前上步成右虚步，左掌顺势向上向后成下勾手（低不过肩，高不过耳端）；右掌向前向上挑出，掌指向上，右肘微屈，目视前方（见图9-42）。

(9) 收式　左脚向右脚并拢，双手变拳收回腰间，目视前方（见图9-43）。

3. 五步拳套路的练习提示

在练习五步拳时应注意：

1) 先掌握单个动作，再练习两个动作以上的组合动作，最后过渡至整套组合动作的练习。

2) 组合动作练习时，先强调手型、手法和步型的准确性，再做到"手、眼、身法、步"

图9-42　虚步挑掌　　图9-43　收式

的协调。

二、二十四式太极拳套路

二十四式太极拳是高职高专院校体育课最常选用的内容之一，本书将介绍二十四式太极拳套路的动作要领及练习提示。

二十四式太极拳又称简化太极拳，是 20 世纪 50 年代国家体委（现国家体育总局）组织中国武术专家在传统杨式太极拳的基础上，按照由简到繁、循序渐进、易学好记的原则删去繁难和重复的动作，选取二十四式主要动作创编而成的。其动作柔和均匀，姿势中正平稳，结构合理，老少咸宜，易于推广，强身健体效果显著。通过练习二十四式太极拳，对外可强健筋骨、强化体魄，对内则能调理脏腑、疏通筋脉、调节精神，其缓解身心疲劳、改善人体功能、增强体质的效果明显。

二十四式太极拳全套共分为八组动作，4~6 分钟可完成。

> **知识窗**
>
> **二十四式太极拳套路的动作名称**
>
> 起势→左右野马分鬃→白鹤亮翅→左右搂膝拗步→手挥琵琶→左右倒卷肱→左揽雀尾→右揽雀尾→单鞭→云手→单鞭→高探马→右蹬脚→双峰贯耳→转身左蹬脚→左下势独立→右下势独立→左右穿梭→海底针→闪通臂→转身搬拦捶→如封似闭→十字手→收势。

1. 第一组动作练习

（1）起势

1）动作要领：并步站立，头颈正直，下颌微收，勿故意挺胸或收腹，精神集中。起势时左脚向左分开，成开立步；两臂慢慢向前平举，两手与肩同高、与肩同宽；接着两肩下沉，两肘松垂，手指自然微屈，同时屈膝松腰，臀部不可凸出，身体重心落于两腿之间，两脚脚尖正对前方。两臂下落和身体下蹲的动作应协调一致。具体如图 9-44 所示。

a)

b)   c)

d)

图 9-44 起势

图9-44 起势（续）

2）练习提示：起势应自然，含胸、拔背、头向上顶、屈膝、松腰、目视前方、松肩、垂肘、气沉丹田。

(2) 左右野马分鬃

1）动作要领：本式由三个野马分鬃组成，顺序为左野马分鬃→右野马分鬃→左野马分鬃。身体以腰为轴先微向右转，左脚收至右脚内侧，重心移至右腿，右肘稍抬，右手向右翻掌向上与左掌相对，呈右抱球状；接着身体向左转动，左脚迈出成左弓步，脚跟先着地，再过渡至全脚掌着地，脚尖向前，膝盖不超过脚尖，后腿自然伸直，前后脚夹角成45°~60°；出脚同时左手向左上、右手向右下分开；后坐左转，同时翻左掌向下，其余动作同前，方向左右相反。具体如图9-45所示。

图9-45 左右野马分鬃

i)　　　　　　　　j)　　　　　　　　k)

图 9-45　左右野马分鬃（续）

2）练习提示：分手与出脚配合协调，身体重心的转换应清晰，动作之间无停顿，一气呵成。

3）攻防含义：我方一手化解对方攻击的手臂，另一手攻击对方。

（3）白鹤亮翅

1）动作要领：左手翻掌向下，右手向左上划弧，手心转向上，与左手呈抱球状；右脚上半步成左虚步，同时上体微向左转，两手随转体慢慢向右上左下分开，右手上提停于右额前，手心向左后方，左手落于左胯前，手心向下，指尖向前；两眼平视前方。具体如图 9-46 所示。

2）练习提示：两臂上下保持半圆形，左膝微屈，注意沉肩坠肘，身体重心的移动与两手的分开动作配合协调。

a)　　　　　　　b)

图 9-46　白鹤亮翅

3）攻防含义：我方可用右手防御对方的上面攻击，左手化解对方下部的攻击。

2. 第二组动作练习

（1）左右搂膝拗步　本式由两个左搂膝拗步和一个右搂膝拗步组成。

1）动作要领：右手从体前下落，由下向后上方划弧举至右肩外侧，肘微屈，手与耳同高，手心斜向上；左手由左下向上、向右下方划弧至右胸前，手心斜向下；同时，上体先微向左再向右转；右脚收至右脚内侧，脚尖点地，两眼目视右手。上体左转，左脚向前（偏左）迈出成左弓步；同时，右手屈回由耳侧向前推出，高与鼻尖平，左手向下由左膝前搂过落于左胯旁，指尖向前；两眼目视右手。右腿慢慢屈膝，上体后坐，重心移至右腿，左脚尖翘起微向外撇，随后脚掌慢慢踏实，左腿前弓，身体左转，重心移至左腿，右脚收到左脚内侧，脚尖点地；同时，左手向外翻掌，由左后向上划弧至左肩外侧，肘微屈，手与耳同高，手心斜向上；右手随转体向上、向左下划弧落于左脚前，手心斜向下；两眼目视左手。此为左搂膝拗步。后接一右搂膝拗步，动作与前相同，方向相反。具体如图 9-47 所示。

2）练习提示：上步落地应轻，脚跟先着地，推掌时要沉肩坠肘，坐腕舒掌，与弓步上下协调一致。

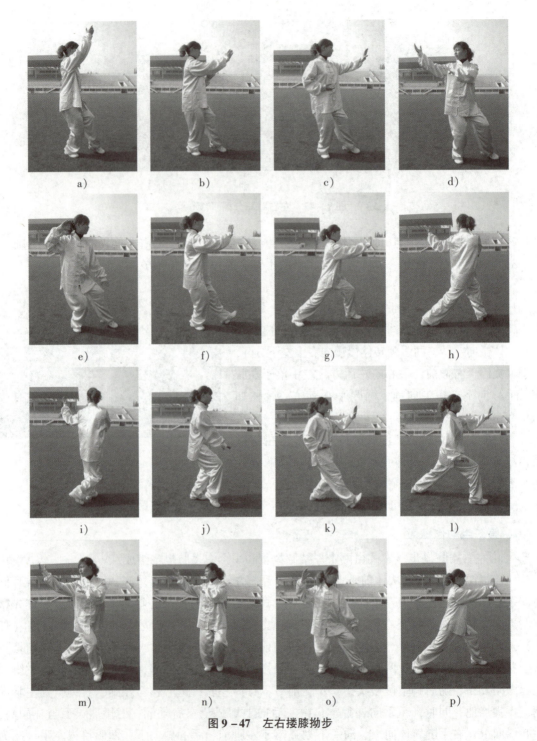

图 9-47 左右搂膝拗步

3) 攻防含义：我方一手化解对方的进攻，另一手攻击对方。

（2）手挥琵琶

1) 动作要领：重心前移，右脚向前跟进半步；重心移至右腿，身体稍向右转，左脚轻轻抬起，同时左手向前上挑掌，高与鼻平，掌心向右，右手收回于左肘内侧，掌心向左，上体微向左转,左脚跟落地;两眼目视前方。具体如图9-48所示。

图9-48 手挥琵琶

2)练习提示:身体应平稳自然,胸部放松,沉肩坠肘,左脚下落与左手立掌沉腕、微向左转腰的动作协调配合,重心平稳。

3)攻防含义:我方用右手防御对方的进攻,同时左手攻击对方。

(3)左右倒卷肱

1)动作要领:上体稍右转,右手向下向右肩划弧,掌心向上;上体继续右转,右手继续向右斜后上方摆起,左手翻掌,掌心向上;左脚轻轻抬起,右掌屈回收至右耳侧;左脚向后撤步,上体稍向左转,右掌沿耳际上沿向前推出,高与鼻平,掌心向前,左掌向下向左划弧,掌心向上。以上为左倒卷肱。右倒卷肱动作与左倒卷肱相同,方向相反。本组动作顺序为左倒卷肱→右倒卷肱→左倒卷肱→右倒卷肱。具体如图9-49所示。

2)练习提示:向前推掌时手臂不要推直,后撤手臂时要随转体弧形后摆。

3)攻防含义:化解对方的攻击。

图9-49 左右倒卷肱

图 9-49 左右倒卷肱（续）

3. 第三组动作练习

（1）左揽雀尾

1）动作要领：

①掤：动作与左野马分鬃基本相同，但左肘圆屈。

②捋：上体微向右转，左手随即前伸翻掌向下，右手翻掌向上，重心随即后移；重心移至右腿，身体随即右后转，右手随转体向右后上方弧形摆掌，左臂平屈收于右胸前，掌心向下，两眼目视右掌。

③挤：上体左转，右手折回，向左手腕内侧挤，左手翻转掌心向内。

④按：两手右上左下交叉侧分，掌心向下，并随后坐、勾左脚收掌至胸前，再向下向前按推掌成左弓步。

以上动作具体如图 9-50 所示。

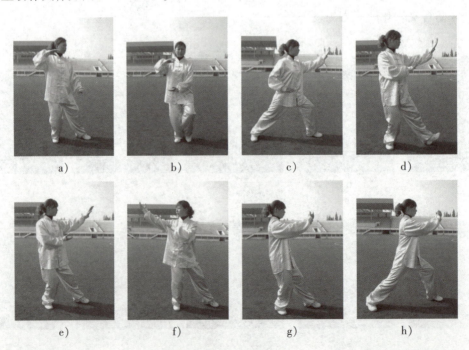

图 9-50 左揽雀尾

i)　　　　　　　j)　　　　　　　k)　　　　　　　l)

图 9-50　左揽雀尾（续）

2）练习提示：掤出时，两臂前后均保持弧形，掤应区别于野马分鬃；下捋时，应转腰后移重心，向前挤时，上体应正直，挤的动作与弓腿相一致。

3）攻防含义：我方用左手掤其对方进攻，并用两手顺势捋拉对方，待对方失去重心或回撤时，挤按攻击对方。

(2) 右揽雀尾　　后坐右转扣左脚，同时右手向右划弧，其余动作同左揽雀尾，方向相反。具体如图 9-51 所示。练习提示及攻防含义同左揽雀尾。

图 9-51　右揽雀尾

4. 第四组动作练习

（1）单鞭

1）动作要领：上体后坐，右脚尖翘起，上体稍左转；上体继续左转，右脚尖内扣，重心左移，左手向左划平弧，右手经腹前至左肋前，掌心向后上方，目视左手；重心右移，上体右转，同时右手向右上方划弧，掌心由内转向外，右手向下至左腹前，掌心向上，目视左手；重心继续移向右腿，左脚收于右脚内侧成丁步，左手摆至右胸前，掌心向内，目视右勾手；左脚向左前方上步，脚跟先着地，身体同时左转，左手向左前方平行划弧；重心前移，左脚落实，成左弓步，同时左手翻掌向前推出，掌心向前，高与眼平，右勾手停于身体右侧斜后方，目视前方。具体如图9-52所示。

图9-52 单鞭

2）练习提示：上体应保持正直，左手向外翻掌前推时，应随转体边翻边推出，沉腕、舒指；左肘与左膝上下相对，不可偏斜。

3）攻防含义：我方用右手化解对方的进攻，左手攻其胸、面部。

（2）云手

1）动作要领：

①上体后坐，左脚内扣，身体稍向右转，同时左掌向下划弧至右肩前，右勾变掌。

②收右脚成小开立步，同时左手向左上、右手向右下划立圆一周。

③向左侧出左脚，将②之动作连做三次。

具体动作如图9-53所示。

图 9-53 云手

2）练习提示：身体转动时应以腰背为轴，纵轴旋转，带动两臂，两臂要保持弧形，肘关节稍下沉，身体重心平稳。移动时，脚尖先着地，再踏实，目光随手移动。

3）攻防含义：我方用两手拨开对方的攻击。

（3）单鞭 上体继续右转，右手向右划弧，左手经腹前向右上方划弧至右肋前，掌心向内，目视右手前方，其余动作同第一个单鞭。具体如图9-54所示。

图9-54 第二个单鞭

5. 第五组动作练习

（1）高探马

1）动作要领：重心前移，右脚向前跟进半步，重心再后移，左掌翻转，掌心向上，右勾手变掌，掌心斜向上；左脚向前，脚尖点地成左虚步，右手经右耳旁向前推掌，掌心向前，手指与眼同高，左手收至左侧腰前，掌心向上，目视前方。具体如图9-55所示。

图9-55 高探马

2）练习提示：脚跟移重心时，身体不要起伏，左脚出脚点地与右手前推应协调一致。

3）攻防含义：我方左手撤防，用右手攻击对方。

（2）右蹬脚

1）动作要领：左手前伸至右手手腕上方，掌心向上，两手相互交叉；随即两手分开，左手翻转，两手心斜向下，左脚轻轻抬起；左脚向左斜前方落步，身体微向左转，重心前移，两手分别向左右两侧分开，之后继续向下划弧并由外向内翻转，至腹前交叉，同时右脚向左脚内侧靠拢，脚尖点地；两掌外翻左右划弧分开，同时右腿屈膝上提；两手继续分开平举，两肘下沉，两臂呈弧形，同时右脚向右前方慢慢蹬出，目视右手。具体如图9-56所示。

图 9-56 右蹬脚

2) 练习提示：蹬脚时，右脚尖回勾，力达脚跟，右掌与右蹬脚方向应一致，两手分开时，腕与肩齐平，支撑腿膝微屈，上体不可后仰。

3) 攻防含义：我方用两手向外分开对方的进攻，同时用右脚蹬击对方胸、腹部。

(3) 双峰贯耳

1) 动作要领：右腿屈膝小腿收回，左手向前平摆至胸前，两掌心斜向上；两手继续体前下落至右膝两侧，右脚向右前方落步，脚跟先着地，再全脚落实，两手收落于腰间，掌心斜向上；重心前移，成右弓步，同时两掌变拳，分别从两侧向上、向前划弧至前方，高与耳齐，与头同宽，拳眼斜向下，目视右拳。具体如图 9-57 所示。

图 9-57 双峰贯耳

2）练习提示：定势时，头颈正直，松腰，两拳松握，沉肩坠肘，两臂保持弧形。

3）攻防含义：我方双拳下落化开对方攻击，随之双拳合击对方耳部。

（4）转身左蹬脚　上体后坐右脚内扣，两手经侧向下划弧合抱胸前，左脚收点提膝，分掌左蹬腿，动作同右蹬脚，方向相反。具体如图9-58所示。练习提示和攻防含义同右蹬脚。

a)

b)

c)

d)

e)

f)

图9-58　转身左蹬脚

6. 第六组动作练习

（1）左下势独立

1）动作要领：左腿收回提膝，右掌变勾，左掌收至右肩，顺左腿内侧前穿成左仆步，接着右腿慢慢屈膝提起，成左独立式；同时，右勾变掌，由后下方顺右腿外侧向前弧形提起，屈臂立于右腿上方，肘膝相对，掌心向左；左手落于左胯旁，掌心向下，指尖向前，目视右手前方。具体如图9-59所示。

2）练习提示：上体应正直，支撑腿膝盖微屈，提膝，脚尖自然下垂。

3）攻防含义：我方用右手牵带对方的进攻，并用右膝、右手攻击对方。

a)

b)

c)

d)

图9-59　左下势独立

图 9-59 左下势独立（续）

（2）右下势独立　动作同左下势独立，方向相反，右提膝改为右脚落地左转。具体如图 9-60 所示。练习提示和攻防含义同左下势独立。

图 9-60 右下势独立

7．第七组动作练习

（1）左右穿梭

1）动作要领：

①左穿梭：左脚向前落地，右脚收点左脚内侧，之后向右前上步成右弓步；同时，两手经左抱球至右手额上架掌，左手向右前推掌。

②右穿梭：动作与左穿梭相同，方向相反。

具体动作如图 9-61 所示。

图 9-61 左右穿梭

2）练习提示：两个定势分别面向右侧前方和左侧前方；手推出后，头部、上体不得歪斜，手上举时不要耸肩。

3）攻防含义：我方一手在上架开对方的进攻，另一手推击对方。

(2) 海底针

1）动作要领：重心前移，右脚上半步成左虚步；同时，右手经下后向上提，由右耳旁向前下斜插掌，掌心向左，指尖斜向下，左手收于左胯旁，目视前下方。具体如图 9-62 所示。

2）练习提示：右手插掌时，手腕稍向上提，上体稍前倾，收腹敛臀；两臂的动作左手为平圆，右手为立圆。

3）攻防含义：我方化解对方的进攻，顺势攻击对方。

图 9-62 海底针

（3）闪通臂

1）动作要领：上体稍后移，直立，左脚轻轻抬起；同时，右手向上提起，左手向上摆至右腕下；左脚向前上步，脚跟先着地再全脚落实，重心前移，成左弓步；同时，右手外翻，掌心斜向上，架于右额头斜上方，左手向前平推，高与鼻尖平，掌心向前，目视前方。具体如图 9-63 所示。

2）练习提示：定势时，上体不可过于侧倾，推掌架臂均应保持弧形。

3）攻防含义：右手上架，左手攻击对方胸部。

图 9-63 闪通臂

8．第八组动作练习

（1）转身搬拦捶

1）动作要领：

①搬：重心后移，上体右转，左脚尖翘起后内扣；两手同时向上向右转动，重心移向左腿、左手至头前，掌心向外，右手继续向右前下划弧后，握拳收至左胸前，拳心向下；上体继续右转，右脚轻轻抬起，脚尖外撇，右拳向前上搬盖，拳心向上，左手落于左胯旁；重心前移，右脚落实，成右弓步，同时右拳继续向前下搬盖。

②拦：重心前移，左脚向前迈一步，同时上体继续右转；左掌向前上划弧拦出，掌心向右，右拳向右划弧后收至右腰间。

③捶：重心前移，成左弓步；右拳向前打出，拳眼向上，高与胸平，左手附于右前臂内侧。

具体动作如图9-64所示。

图9-64 转身搬拦捶

2) 练习提示："搬"拳与右脚落地配合协调一致，拦时左手稍向内扣下压，搬与弓步应同时完成，三个动作要协调连贯、一气呵成。

3) 攻防含义：我方两手搬、拦开对方的进攻后，右拳攻其胸部。

(2) 如封似闭

1) 动作要领：左手由右腕下向前伸出，右拳变掌，两手掌心翻转向上；重心后移，身体后坐，左脚尖向上翘起，两手左右分开并屈肘回收；两手在胸前向内翻转，向下至腹前，掌心斜向下；重心前移，左脚落实，成左弓步，两手向上向前推出，腕高与肩平，掌心向前。具体如图9-65所示。

图9-65 如封似闭

图 9-65 如封似闭（续）

2）练习提示：身体后坐时，上体不得后仰，臀部不可凸出，两手推出时上体不得前倾。

3）攻防含义：我方用两手化解对方的进攻后推击对方。

（3）十字手

1）动作要领：重心后坐，左脚尖翘起，上体右转，左脚尖内扣；上体继续右转，右手向右划平弧，右脚尖外撇，重心移至右腿；右手向下划弧，重心左移，右脚尖内扣；右脚向左收回，两脚距离同肩宽，成开立步；同时，两手向下向内交叉，合抱于胸前，右手在外，掌心向后。具体如图 9-66 所示。

2）练习提示：两手分开合抱时，上体不要前俯；站起后，身体自然正直，头微向上顶，下颌微收。

3）攻防含义：我方可用两棚架开对方的进攻。

图 9-66 十字手

（4）收势　两手向外翻掌，手心向下，两臂慢慢下落，停于身体两侧，左脚慢慢收至右脚旁并步，目视前方。具体如图 9-67 所示。

图 9-67 收势

三、散打基本技术

散打也称散手,古时称为手搏、技击等。它是国标武术一个主要的表现形式,以踢、打、摔、拿四大技术为主要进攻手段。散打还是现代体育运动项目之一,有严格的竞赛规则,是中国武术协会为了使武术能与现代体育运动相适应所整理而成。

散打实用性强,可在关键时刻自卫。它还是一项对抗性很强的运动,练习散打可培养机智、顽强、勇敢、灵活、果断等意志品质,强身健体的效果亦十分明显。本书简要介绍散打的部分基本技术。

1. 实战姿势

实战姿势通常也称预备式或格斗式,是格斗前所采用的临战运动姿势。它可使身体处于强有力的状态,并有最佳的快速反应能力,有利于快速移动发起进攻和防守,同时暴露面小,能有效地保护自己的要害部位。它可分为左实战式和右实战式。

以左实战式为例。其动作要领为:两脚前后开立,前脚跟与后脚尖距离约同肩宽;左脚全脚掌着地,右脚跟稍抬起,前脚掌着地;两膝稍弯曲,自然里扣,身体重心右移,上体含胸、收腹、扭臀,左臂之上臂与前臂夹角约90°,拳眼与鼻尖平行;右臂之上臂与前臂夹角约45°,拳置于脖前,两肘自然下垂并稍向里合,下颌里收,目视对方上体(见图9-68)。

图 9-68 散打左实战式

2. 基本步法

步法是指散打格斗中身体前后左右移动的方法。步法是散打的基础之一,它不仅是调节重心、维持身体平衡的关键,还是在进攻和防守中占据有利位置、发挥最优攻势的基础。本书所介绍的步法均以左实战式为例。

(1)进步 左脚提起,向前进步,右脚迅速蹬地,跟进同样距离(见图9-69)。

(2)退步 右脚向后退一步,左脚用力蹬地,迅速后退同样距离(见图9-70)。

图 9-69 进步　　　　图 9-70 退步

(3)侧跨步 左脚向左侧横跨一步,右脚脚脖内侧蹬地,迅速向左侧横跨,跟进同样距离(见图9-71)。

(4) 盖步 右脚经左脚前上步,脚尖外摆,两腿成交叉状,随即左脚向前上步,还原成实战式(见图9-72)。

图9-71 侧跨步　　　　　图9-72 盖步

(5) 垫步 右脚蹬地向左脚并拢,同时左脚屈膝提起向前落步,还原成实战式(见图9-73)。

注意:进行步法练习时,可先做单个步法的重复训练,熟练后结合信号进行练习,最后结合攻防动作练习,以熟练运用。

图9-73 垫步

3. 基本拳法

散打运动中常用的拳法有直拳、摆拳、勾拳、劈拳和鞭拳五种。在实战中,这几种主要拳法具有速度快和灵活多变的特点,可在最短距离内以最快速度击中对手。

(1) 直拳 以左直拳为例,左实战式站立,右脚微蹬地,身体重心稍向左脚移动,同时转腰送肩,左拳直线向前击出,力达拳面,右拳自然收回颌前(见图9-74)。

(2) 摆拳 以左摆拳为例,左实战式站立,上体微向右扭转,同时左臂稍抬起时,前臂内旋向前里弧形出击,力达拳面,上臂与前臂夹角约130°,右拳自然收回颌前(见图9-75)。

(3) 勾拳 以左上勾拳为例,左实战式站立,上体稍向左侧倾,重心略下沉,左拳微下落,随即左脚蹬地,上体右转,挺腹前送左髋,左拳由下向上屈臂勾击,力达拳面,大小臂夹角约90°,右拳自然收回颌前(见图9-76)。

图9-74 直拳　　　图9-75 摆拳　　　图9-76 勾拳

知识窗 在练习散打步法时应注意：先做单个步法的重复训练，熟练后结合信号进行练习，最后结合攻防动作练习，以熟练运用。

在练习散打拳法时应注意：先做单个拳法的重复训练，熟练后进行组合拳练习，最后结合攻防动作练习，以熟练运用。

第四节 武术运动常识及主要竞赛规则

本书主要介绍武术运动常识，即练习武术前后的注意事项，以及武术套路比赛的主要竞赛规则。竞赛规则的内容选自国际武术联合会制定的2019版《国际武术套路竞赛规则》。

一、武术运动常识

1. 着装

鞋子最好为平底球鞋，有条件的可配备太极鞋。进行套路练习时可系腰带，以保护腰部，但进行太极类练习时则要求着装宽松、透气性好。女性练习武术时须将头发扎起。

2. 准备活动

不管哪个运动项目，准备活动的作用都不容忽视，武术也不例外。充分的准备活动可减少肌肉黏滞性，提高肌肉的机械工作效率，还可提高肌肉的弹性与伸展性，预防肌肉拉伤和运动损伤的出现。除此以外，准备活动还能提高中枢神经的兴奋性，克服内脏器官的惰性，加速血液循环速度，使身体较快地进入练习状态。

3. 练习后的注意事项

武术练习完毕后切忌蹲坐休息，以免阻碍下肢血液回流，加深肌体疲劳，而应慢走或慢跑并配合呼吸，使身体较快地恢复至平静状态。

其次，应避免吃冷饮或冲冷水澡，以免诱发消化系统疾病和受凉感冒等。

再次，一定要做好整理放松活动。整理活动可使练习者的身心较好较快地恢复至平静状态，还有助于消除肌肉的疲劳感，避免运动后头晕、乏力、恶心等不良现象。

二、武术比赛的主要竞赛规则

1. 竞赛性质

竞赛类型可分为个人赛、团体赛、个人及团体赛；按年龄又可分为成年赛、青少年赛和儿童赛。

2. 竞赛项目

国际武术套路竞赛的项目分为自选项目、规定项目、对练和集体项目四类。其中，自选项目有长拳、太极拳、南拳、剑术、刀术、枪术、棍术、太极剑、南刀、南棍；规定项目包括规定拳术和规定器械；对练包括徒手对练、器械对练、徒手与器械对练。

3. 礼仪

运动员听到上场点名、完成比赛套路及现场成绩宣告时，应向裁判长行抱拳礼。

4. 套路完成时间

1）长拳、南拳、剑术、刀术、枪术、棍术、南刀、南棍套路，成年组不得少于80秒；青少年（含儿童）不得少于70秒。

2）太极拳、太极剑自选套路、集体项目为3~4分钟；太极拳规定套路为5~6分钟。

3）对练不得少于50秒。

4）集体项目为3~4分钟。

5. 比赛场地

1）使用国际武术联合会指定的比赛场地。

> **知识窗** 武术比赛个人项目的场地长14米、宽8米，场地周围至少有2米宽的安全区；集体项目的场地长16米、宽14米，场地周围至少有1米宽的安全区。场地四周内沿应标明5厘米宽的白色边线。

2）场地的地面空间高度不低于8米。

3）两个比赛场地之间的距离为6米以上。

4）场地灯光的垂直照度应达到1500勒克斯以上，水平照度应达到800勒克斯以上。

6. 比赛器械

1）使用国际武术联合会指定的器械。

2）左手持剑或抱刀，剑尖和刀尖不低于耳上端；棍的长度不低于运动员本人身高；枪的长度不低于本人站立直臂上举至中指尖；南刀以左手抱刀，刀尖不低于下颌。

7. 评分标准

评分标准包括动作质量的评分标准、演练水平的评分标准（演练水平等级的评分和套路编排的评分）和难度的评分标准（动作难度、连接难度和创新难度加分）。无难度要求的项目包括各项目规定套路、对练项目、集体项目和规程中未要求使用难度的自选项目，其评分标准包括动作质量的评分标准和演练水平的评分标准（演练水平等级的评分和套路编排的评分）。这里仅列出集体项目的动作质量和其他错误内容及扣分标准（见表9-1），供大家参考。

表9-1 集体项目动作质量和其他错误内容及扣分标准

类别	扣分内容	编码
其他错误	定势时上体晃动、脚移动或跳动	70
	附加支撑（扣0.2分）	71
	倒地（扣0.3分）	72

(续)

类别	扣分内容	编码
其他错误	器械脱把、碰身、触地、弯曲变形	73
	器械折断（扣0.2分）	74
	摔地（扣0.3分）	75
	刀彩、剑穗、枪缨、服饰、头饰掉地；刀彩、剑穗、软器械缠手（缠身）；服装开纽或撕裂；鞋脱落	76
	持久平衡静止时间不足2秒	77
	身体任一部位触及线外地面	78
	遗忘	79
方法	步型、腿法动作规格与要求不符	80
	跳跃、跌扑动作规格与要求不符	81
	各种器械方法规格与要求不符	82
配合	同一动作不整齐或队形不整齐	83
	对练时击打或防守落空	84
	对练时等待对方进攻	85
	对练时误中、误伤对方（扣0.2分）	86

注：1. 未标明扣分分值的均为扣0.1分。
　　2. 以上错误均按出现的人次累计扣分。

实训设计

太极拳云手动作

【目标】通过实训，掌握太极拳中的云手动作。

【内容】云手的三种练习方法：左右分解法、两手划弧法、腰为中轴带动法。

【场地】空地。

【方法与步骤】1. 左右分解法：首先，做左手或右手的划弧动作，再进行组合；然后，两手叉腰（或背在身后）练习腿的动作；最后，上下肢组合进行整体练习。

2. 两手划弧法：左右手同时练习，两手依次在体前划弧，在运动中两手注意不要停顿；接着进行腿法的移动练习。

3. 腰为中轴带动法：以腰为中轴带动左右手的动作进行教学。如两手先放在身体左侧，右手掌心朝内与左肩水平；左手掌心朝下（比右手距身体略远）与胯水平，腰略向左方向；然后用腰向右垂直转动，两手随腰的转动移动至右方，这时腰略朝向右方，左右手在身体右侧（与在左侧时相反：左手掌心朝内与肩水平、右手略远与胯水平）。

第十章 体操运动

内容概述 体操可以改善人的平衡能力，提高灵敏程度，塑造健美形体，还可以针对局部进行练习，从而达到平衡发展和矫正某处畸形的目的，磨炼人的坚强意志，健身价值和社会价值较高。体操是高职高专院校体育课的主要教学内容之一，本章主要介绍体操的基本概况，体操中的技巧，单杠、双杠和支撑跳跃中的基本动作，以及竞技体操的主要竞赛规则。

学习目标 基本了解体操的发展历程；掌握体操的分类及竞技体操比赛中所包含的具体单项比赛名称；基本掌握本章所介绍的各个体操动作；熟练运用技巧和支撑跳跃中的基本动作进行体育锻炼。

第一节 体操运动概述

一、体操运动简介

1. 体操运动的起源

现代体操（gymnastics）起源于 18～19 世纪的欧洲，被称为"德国体操之父"的古兹姆斯和另一位德国体操创始人雅恩在继承与发展原有的吊环、鞍马、单杠项目的同时，又创设了双杠、吊绳、吊竿等项目，并改革了木马、跳箱等器材。与此同时，瑞典体操学派、捷克体操学派形成，对体操进行分类，通过对解剖学、生理学的大量研究，发明了肋木、横木、体操凳、绳梯等，并强调体操动作要优美活泼，成套动作编排要紧凑，练习体操讲究穿体操服等。目前我们所说的体操实为现代体操。

> **知识窗** 1881 年，国际体操联合会（简称国际体联，FIG）在比利时的安特卫普成立，当时的名称是欧洲体操联合会（FEG），1921 年才更为现名。
>
> 1896 年，第 1 届现代奥运会上即有男子体操比赛，但项目较为杂乱。
>
> 20 世纪 20 年代，国际体操联合会将德国和瑞典两大体操流派结合起来，确立了现代竞技体操的项目。男子有自由体操、鞍马、吊环、跳马、双杠、单杠 6 个项目；女子有自由体操、高低杠、平衡木、跳马 4 个项目，分团体赛、个人全能赛和单项赛。
>
> 男子鞍马、吊环、双杠、单杠和跳马于 1896 年被列为奥运会比赛项目。男、女自由体操分别于 1932 年和 1952 年被列为奥运会比赛项目。女子平衡木、高低杠和跳马于 1952 年被列为奥运会比赛项目。男、女团体赛分别于 1904 年和 1928 年被列为奥运会比赛项目。男、女个人全能分别于 1900 年和 1952 年被列为奥运会比赛项目。

目前国际重大的体操赛事主要有奥运会体操比赛、世界杯体操赛和世界体操锦标赛。

2. 体操运动的特点和作用

体操运动具有多样性、平衡性、艺术性和创造性等特点，其具体动作由人们根据一定目的自行设计且带有强烈的艺术色彩，适宜不同年龄、性别的人群进行体育锻炼，可以改善人的平衡能力，提高前庭器官的机能，训练肌肉放松和紧张的协调性能力，增强关节韧带和骨骼系统，塑造健美形体，培养勇敢、果断、机智等意志品质和团结友爱的协作精神；还可以针对局部进行练习，从而达到平衡发展和矫正某处畸形的目的，使人们在练习过程中得到美的享受，具有较高的健身价值和社会价值。

3. 体操运动的分类

根据体操的目的与任务，当前一个时期内体操运动可分为基本体操和竞技性体操两大类。其中，竞技性体操包括竞技体操、艺术体操、技巧运动、竞技健美操和蹦床运动。体操运动的基本内容主要包括队列队形练习、徒手体操、轻器械体操、器械体操、技巧和跳跃。

4. 体操运动在我国的发展

体操运动在我国历史悠久。我国古代的体操有两类，即强健筋骨、预防疾病的体操及存在于乐舞、杂技等技巧运动中的体操。"体操"一词在19世纪传入我国，后成为我国体育课的前身。新中国成立后，体操得到进一步的重视和发展。

1953年，在北京召开了全国体育工作会议，同年中国体操队正式成立。

1962年，于烈峰在第15届世界体操锦标赛上获得鞍马铜牌，为中国获得第一块奖牌。

1979年，女子体操运动员马燕红在女子高低杠项目上为中国夺得第一枚世界体操金牌。

1980年，男子体操运动员黄玉斌在第5届世界杯体操赛夺得吊环冠军，成为中国第一位男子体操冠军。

1982年，有"体操王子"美誉的李宁在第6届世界杯体操赛中，一人夺得个人全能、自由体操、鞍马、吊环、跳马和单杠6枚金牌。

1983年，在第22届世界体操锦标赛上，中国男队首次获得团体世界冠军。

1984年洛杉矶奥运会，马燕红在高低杠比赛中夺取中国第一枚奥运会女子体操金牌。

1996年亚特兰大奥运会上，李小双斩获男子个人全能金牌，创造历史。

2008年北京奥运会体操比赛中，中国体操队一共拿到了9枚金牌，占了全部14枚金牌的大半。

2017年世界体操锦标赛，中国队获得3金1银2铜，总成绩第一。

2020年东京奥运会，中国体操队男子吊环刘洋、男子双杠邹敬园、女子平衡木管晨辰获得金牌，全队共获得3金3银2铜。

我国竞技体操继续快速发展，在世界各重大体操赛事为祖国争得了荣誉。

二、体操比赛的场地设施

1. 自由体操

自由体操比赛在长和宽均为12米的正方形运动区内进行。运动区外有1米宽的边区。比赛场地上铺一层地毯，地毯下面是一层有弹性的海绵，海绵下面是一层带弹簧的木板。

2. 鞍马

鞍马高 1.05 米（从垫子上沿量起），下有拉链与地面挂钩相连固定，可升降。

3. 吊环

吊环高 2.60 米（从垫子上沿量起）。吊环的双环由 2 根钢索悬吊，环为钢质外包木制材料。

4. 双杠

双杠高 1.80 米（从垫子上沿量起）。杠的高度可以升降，两杠间宽度可以调节。杠外为木质、内为钢筋，具有较好的弹性。

5. 单杠

单杠高 2.60 米（从垫子上沿量起）。横杠长度为 2.4 米，直径为 28 毫米。

6. 高低杠

高低杠由两根横杠组成，一根离地面 2.50 米，另一根离地面 1.70 米。两杠间距可以根据运动员的需要和习惯进行调整，宽度可以达到 1.80 米左右。

7. 平衡木

平衡木高 1.25 米、长 5 米、宽 10 厘米。

三、体操运动的主要竞赛规则

1. 着装

比赛时，运动员要穿规范的体操服，全队着装要统一。在鞍马、吊环、双杠和单杠比赛中，参赛运动员必须穿长裤、体操鞋（或袜子）。男子运动员在自由体操和跳马比赛中可以穿短裤，也可赤脚。在所有比赛中，运动员都要穿背心。女子运动员不得穿过小过露和透明的体操服，不得佩戴珠宝首饰。所有运动员都必须佩戴号码。如有违反，将被扣除相应的分数。

2. 赛制

体操比赛共分为四种，即团体和个人资格赛、个人全能决赛、单项决赛和团体决赛。

团体和个人资格赛为 6-5-4 制，即各国家可派由 4~6 名运动员组成的队伍或个人参加。在每个单项的比赛中，每队派出 5 名队员上场，取 4 个最好成绩相加作为该项目成绩，各项目成绩相加作为团体成绩。这场比赛决定参加团体决赛、个人全能决赛和单项决赛的资格，但成绩不带入决赛。

在团体和个人资格赛中获全能成绩前 24 名的运动员进入个人全能决赛，以全能决赛成绩决定名次。

在团体和个人资格赛中获各单项成绩前 8 名的运动员参加单项决赛，以各单项决赛的成绩决定单项冠军。

在团体和个人资格赛中获团体成绩前 8 名的队伍参加团体决赛。比赛采用 6-3-3 制，即每个项目上，每队派 3 名运动员进行比赛，每个单项的 3 个分数均记入团体成绩，以团体决赛的成绩决定团体冠军。

3．评分方法

在男、女比赛项目中，均有 D、E 两组裁判员对运动员比赛动作进行评分。"D"分和最后的"E"分加起来为一套动作的最后得分。

1）D 裁判组根据运动员一套动作的内容确定"D"分。"D"分的内容包括：取男子（女子）运动员成套动作的结束动作加上最好的 9（7）个动作共 10（8）个动作，计算其难度价值。男子最高难度动作为 F 组，女子最高难度动作为 G 组。除此以外，D 裁判组还须根据不同项目的特殊规定计算动作的连接价值。在所计算的 10 个动作的难度价值中，每完成一个动作结构组要求，D 裁判组将给予 0.5 的加分。除了跳马之外，成套动作必须有合乎要求的结束动作。

2）E 裁判组确定"E"分。"E"分从 10 分开始，以 0.1 分为单位进行扣分。"E"分的内容包括：

①成套动作的艺术及完成错误，技术和编排错误。当动作的完成发生艺术性和技术性偏差时，要进行扣分。扣分与某一动作或某一成套动作的难度无关。

②小错扣 0.1 分；中错扣 0.3 分；大错扣 0.5 分；掉下扣 0.8 分。

③把艺术扣分、完成错误扣分与技术、编排错误扣分进行汇总，并从 10 分中扣除，所得分数为最后的"E"分。

四、各单项动作完成的相关规定

1．自由体操

男子一套动作在 70 秒内完成，女子在 90 秒内完成。自由体操成套动作的编排要充分利用整个场地。女子自由体操要有音乐伴奏。运动员必须双腿并拢、静立于自由体操场地内，然后开始做成套动作。

2．鞍马

现代鞍马成套动作的主要特征是利用鞍马的所有规定部位，用不同的支撑姿势完成不同的全旋摆动动作（分腿或并腿）、单腿摆动和（或）交叉。允许有经手倒立加转体或不转体的动作，所有动作必须用摆动完成，不能有丝毫停顿，不允许有力量动作或静止动作。运动员必须从站立姿势开始，允许做第一个动作时走上一步或跳起撑鞍马。

3．吊环

一套吊环动作应由比例大致相等的摆动、力量和静止部分组成。这些动作之间的连接是通过悬垂、经过或成支撑，经过或成手倒立来完成的，以直臂完成动作为主。由摆动到静止力量或由静止力量到摆动的过渡是当代吊环项目的显著特点。环带不允许摆动和交叉。评分从运动员脚离地做第一个动作开始。运动员可从静止站立跳起开始比赛，或在教练员的帮助下成双手握环悬垂、双腿并拢的良好静止姿势开始比赛。不允许教练员帮助运动员起摆。

4．跳马

男女运动员跳马的助跑距离最长为 25 米。所有跳马动作必须通过用手推撑跳马来完成。

第一次跳马结束后，运动员应立即返回到开始位置，出示信号后，再进行第二次试跳。

以男子跳马为例，运动员在资格赛、团体决赛和全能决赛中必须完成一个跳马动作。想获得跳马决赛资格的运动员在资格赛中必须跳两个动作，这两个动作必须是不同结构组的动作，而且第二腾空动作不能相同。

在完成每一次跳马动作之前，运动员必须向 D 组裁判员显示该动作在规则中对应的动作号码。号码显示牌可由他人帮助完成，出现显示错误时不对运动员进行处罚。

5. 双杠

现代双杠动作主要由摆动动作和飞行动作组成。运动员做双杠上法或动作开始前的助跑，必须从双腿并拢站立姿势开始。运动员单手或双手一接触杠，则表示动作开始，双脚离地开始评分。做上法时，摆动一条腿、迈一步是不允许的，即双脚必须同时离地。做上法时，允许在常规落地垫上放置踏跳板。

6. 单杠

一套现代单杠动作是运动员运用各种握法，流畅地完成半径长短不同的摆动、转体和飞行动作。

运动员必须双腿并拢静立或加助跑，跳起抓杠或由别人帮助上杠；上杠后身体静止或悬垂摆动，但要保持良好的姿态。评分从运动员离开地面开始。

7. 高低杠

裁判员对高低杠成套动作的评分是由运动员从踏板或垫子起跳开始（不允许在踏板下增加支撑物）。如运动员在上法助跑中出错，未接触踏板、器械，或未跑到器械下面，允许第二次助跑。

运动员掉下器械到重新上器械（男子鞍马、吊环、双杠、单杠相同）继续做动作前，允许有 30 秒间断。如果运动员未能在 30 秒时限内重新上器械，则判定成套动作终止。

8. 平衡木

一套平衡木动作的时间不能超过 90 秒。计时从运动员从踏板或垫子起跳开始，当运动员结束平衡木成套动作接触垫子时停表。当规定时间剩 10 秒时给第一次信号，满 90 秒时给第二次信号。如果在第二次信号响时下法落地，不扣分；如果在第二次信号响后下法落地，将对成套动作超时判定予以扣分。

运动员从器械上掉下、成套动作被中断，允许有 10 秒间断，间断时间不计算在成套动作的总时间内。如果运动员未能在 10 秒时限内重新上器械，则判定成套动作终止。

实训设计

侧手翻练习

【目标】通过实训，掌握侧手翻技术。

【内容】在一位同伴的帮助下练习侧手翻。
【场地】体操房。
【器材】海绵垫。
【方法与步骤】1. 背对墙侧起倒立（分腿）。
2. 背对帮助者侧起分腿倒立。帮助者顺势扶起其腿、髋，稍停后再扶腿、髋向侧翻转，或帮助者两手交叉扶其腰以助翻转。
3. 在帮助下练习侧手翻。帮助者站于练习者背面，当其侧倒时，帮助者两手交叉扶其腰部两侧；练习者完成蹬摆后，帮助其完成身体翻转至开立姿势。
4. 在地上画一条醒目直线，约束自己的手、脚落在线上完成动作。
5. 采用从正面开始的侧手翻，或做连续侧手翻以巩固和熟练动作。

第二节 体操运动的技巧动作

体操运动的技巧动作按技术结构可分为翻腾动作、平衡动作和抛接动作三大类。竞技体操中的技巧动作主要是单人做的各种翻腾和平衡动作，在高职高专体操教学中主要是滚翻、手翻和各种倒立等动作。

一、翻腾动作

本书介绍的翻腾动作包括前滚翻、鱼跃前滚翻、后滚翻和侧手翻。

1. 前滚翻

（1）技术动作要点 蹲立，两手向前撑地，两脚蹬地，提臀同时屈臂低头，屈体前滚；当背部着地时，屈膝团身，两手抱小腿中部，上体跟上成蹲立（见图10-1）。

图10-1 前滚翻

（2）保护与帮助　跪于前侧方，当练习者头部将要着地时，一手托颈；当滚翻至臀部着地时，两手顺势推背部成蹲立。

（3）易犯错误与纠正方法

1）方向偏。

纠正方法：多练习头正着地的动作，且两手支撑用力应均衡。

2）滚翻不圆滑。

纠正方法：练习时注意身体各部位着地的顺序，动作应协调到位。

2. 鱼跃前滚翻

（1）技术动作要点　两臂前摆，同时两脚向后下方用力蹬地，向前上方跃起，腾空时留腿控髋（髋角大于120°）；手撑地后屈臂、低头、屈体前滚，臀部着地时屈膝团身前滚成蹲立（见图10-2）。

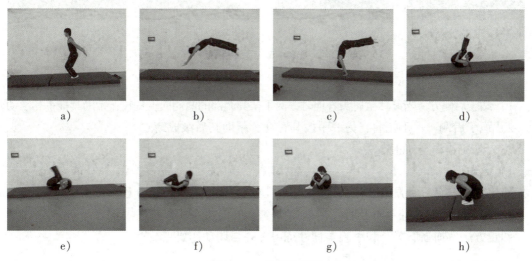

图10-2　鱼跃前滚翻

（2）保护与帮助

1）站于前侧方，当练习者腾空时，一手托胸腹，另一手托腿，帮助缓冲落地和向前滚动。

2）两人前侧跪立，当练习者前滚时，分别托肩、托背。

（3）易犯错误与纠正方法

1）害怕心理，两臂不敢前摆远处撑地。

纠正方法：练习时逐步提高动作规格以增强学习的信心，慢慢克服害怕心理。

2）臀部上提、髋角太小。

纠正方法：采用标志物，要求练习者双手尽量向远撑；采用托胸腹与腿的方法，帮助体会留腿技术；由低处向高处鱼跃前滚翻。

3. 后滚翻

（1）技术动作要点　蹲撑，身体稍向前移，随即两手推地，低头、圆背、团身后滚；屈臂内夹两手，反掌放于肩上（手指向后），当后滚至肩、头着地时，臀部上翻，顺势推地成蹲撑（见图10-3）。

图10-3 后滚翻

(2) 保护与帮助

1) 站于后侧方，当滚翻至肩头着地时，两手扶其髋部的两侧向上提拉，帮助其推手和滚动。

2) 跪于后侧，一手托肩，另一手拨其臀部，帮助其后滚成蹲立。

(3) 易犯错误与纠正方法

1) 方向偏。

纠正方法：练习时强调充分、持续低头，协调后滚，低头应充分且方位正。

2) 滚翻不圆滑，推手不及时。

纠正方法：加强肩关节和手腕柔韧性练习，并强调动作要点。

4. 侧手翻

(1) 技术动作要点 面对前方，以左侧为例，上体前倒，左腿前跨一步的同时两臂上举，手撑地前顺势向右转体90°，右腿后摆；左右手前伸依次在左脚的延长线上撑地，右脚蹬地后经分腿倒站姿势，顶肩、立腰；两手依次推地，两脚依次落地。

(2) 保护与帮助

1) 站于练习者前侧方（背面），一手扶腰，另一手拨蹬地腿，帮助练习者翻转。

2) 站于练习者前侧方（背面），两手交叉扶腰，帮助练习者翻转。

(3) 易犯错误与纠正方法

1) 身体无法完成翻转。

纠正方法：保护者站于练习者前侧方（背面），一手扶腰，另一手拨蹬地腿，帮助练习者翻转。

2) 两腿同时落地。

纠正方法：靠墙做侧起分腿手倒立（分腿应大），推手侧翻，右腿、左腿依次落地。

3) 身体不在一个垂直面上。

纠正方法：在画有直线标记的垫子上做侧手翻或靠墙做手倒立，体会空中姿态。

4）手撑地即屈臂倒地。

纠正方法：多靠墙做手倒立。

二、倒立动作

这里主要介绍肩肘倒立和头手倒立。

1．肩肘倒立

（1）技术动作要点　由直角坐开始，向后倒肩、举腿、翻臀，当向后滚动至小腿超过头部时，向上伸腿、展髋、挺直身体，同时两手撑腰后侧，夹肘，成肘、颈、肩支撑的倒立姿势（见图10－4）。

 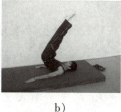  

a)　　　　　　　　b)　　　　　　　　c)　　　　　　　　d)

图 10－4　肩肘倒立

（2）保护与帮助　保护者站于练习者侧面，双手握其小腿踝部并向上提拉。如倒立姿势不正确，身体无法充分伸展，可用膝盖顶其背部，助其充分伸直。

（3）易犯错误与纠正方法

1）肩肘倒立时立不住。

纠正方法：原地站立，练习两手叉腰，听教师或同伴口令向内夹肘；或先练习屈腿的肩肘倒立，立稳后，再慢慢将腿伸直。

2）肩肘倒立时立不直。

纠正方法：二人一组，保护者两手提练习者踝关节向上，同时一膝抵住其腰部；练习者做肩肘倒立时，用脚尖触及上悬的标志物。

2．头手倒立

（1）技术动作要点　蹲撑，两手同肩宽与前额成等腰三角形撑地；两肘内夹，提臀，两腿蹬地；当臀部上至支撑面的垂直面时，并腿、伸髋（重心稍回收），立腰成头手倒立姿势。

（2）保护与帮助　保护者站于练习者前侧方，两手扶其髋部，成倒立时改扶腿或以一膝顶其腰臀之间，两手扶腿。

另可进行自我保护，如当身体前倒时可低头团身前滚翻。

（3）易犯错误与纠正方法

1）倒立不起来。

纠正方法：克服害怕心理，加大蹬地力量，加强保护与帮助，多靠墙进行练习，并加强腰背肌、腹背肌力量练习。

2）翻过头。

纠正方法：多靠墙进行练习，手应支撑有力。

> **实训设计**
>
> 单杠引体向上
>
> 【目标】通过实训，掌握单杠引体向上技术。
>
> 【内容】单杠引体向上。
>
> 【场地】单杠室。
>
> 【器材】单杠、海绵包、矮凳。
>
> 【方法与步骤】1. 平梯移行。在平梯上做移行，每次手向前移动一个横杠，两手交替行进。移行一个横梯长为一次，练习4～5次。
>
> 2. 屈臂悬垂。练习者站于凳上，两臂全屈反握横杠，两手与肩同宽，使横杠位于颌下，然后双脚离凳做静止用力的悬垂姿势，但下颌不得挂在杠上。垂悬时间越长越好，练习2～4次。
>
> 3. 斜身引体。要求杠面与练习者乳头齐平，两手与肩同宽正握杠，两脚前伸蹬地，使两臂与躯干成90°的斜悬垂，由同伴压住两脚，做屈臂引体，使下颌触到或超过横杠，然后伸臂复原为一次。30～45次为一组，练习3～4组。
>
> 4. 仰卧悬垂，臂屈伸（抬高脚的位置）。练习者在低单杠上做仰卧悬垂姿势，同伴握其脚腕或小腿，将练习者的脚抬至水平部位（也可将练习者的脚放在稍高的器械上）。拉25～40次为一组，练习3～4组。
>
> 5. 手足并用或只用手爬竿或爬绳。根据个人力量选用，每次爬5～6米，练习3～4次。
>
> 说明：引体向上的练习，对尚不能完成者要先争取"0"的突破，然后再追求完成的次数。凡是能完成一个以上的学生，应以练习引体向上为主，按自己完成的最大量为指标练习一次，稍事休息后再练习1～2次；如只能完成一个，则需反复多练，以6～10次为宜。

第三节　常见体操项目及其动作训练

一、单杠的动作训练

单杠的动作多样，主要包括各种摆动、上法、屈伸回环、转体、腾越、下法等。高职高专单杠的教学内容主要由简单的上法、下法、屈伸和回环等动作所组成，以低单杠练习为主。经常从事单杠练习，能发展上肢、肩带、腹背肌肉的力量和柔韧性，提高身体的协调性及前庭器官的机能。

下面主要介绍翻上、骑撑后倒挂膝上、单腿摆越成骑撑及骑撑后摆转体90°下。

1. 翻上

(1) 技术动作要点　屈臂握杠、一腿后举开始，后腿经前向杠后上方摆起，顺势倒肩再引杠，使腹部靠杠，蹬地腿迅速赶上并腿；当身体翻至水平面时制动腿，抬上体，翻腕成支撑。

(2) 保护与帮助　保护者站于练习者的杠前侧方，一手托其臀，另一手拨肩，当成支撑时换成一手托肩，另一手托腿。

(3) 易犯错误与纠正方法

1) 身体翻不到杠上。

纠正方法：脚蹬高物做翻上；保护者站于练习者的杠前侧方，一手托其臀，另一手拨肩，当成支撑时换成一手托肩，另一手托腿；加强上肢悬垂和腹背肌的力量。

2) 翻到杠上后，抬不起上体。

纠正方法：屈体俯卧趴在杠上，保护者固定其两脚，练习者做抬上体、抬头、翻腕，挺身成支撑；保护者站于练习者的杠前侧方，一手托其臀，另一手拨肩，当成支撑时换成一手托肩，另一手托腿；加强上肢悬垂和腹背肌的力量。

2. 骑撑后倒挂膝上

(1) 技术动作要点　以右腿骑撑为例，重心后移，后腿后下伸，直臂后倒挂膝；后腿前摆至杠水平面时做制动式的前伸动作；回摆时后腿充分伸展后摆，后摆接近至极点时，前腿膝窝用勾杠，同时两臂顺势压杠，上体跟上成支撑。

(2) 保护与帮助　保护者站于杠前左侧方，后倒前摆时一手托练习者背，另一手扶其大腿下部帮助前摆与制动；后摆时，一手托其背，另一手压大腿，帮助练习者上身跟上成支撑。

(3) 易犯错误与纠正方法

1) 不会利用腿的摆动，急于屈臂拉杠，或摆腿过早。

纠正方法：由挂膝摆2~3次上成骑撑；杠前上方放置标志物，加大摆动幅度；保护者站于杠前左侧方，后倒前摆时一手托练习者背，另一手扶其大腿下部帮助前摆与制动；后摆时，一手托其背，另一手压大腿，帮助练习者上身跟上成支撑。

2) 前摆时，腿摆向后上方，使动作摆动失去节奏。

纠正方法：杠前上方放置标志物，加大摆动幅度；保护者站于杠前左侧方，后倒前摆时一手托练习者背，另一手扶其大腿下部帮助前摆与制动；后摆时，一手托其背，另一手压大腿，帮助练习者上身跟上成支撑。

3. 单腿摆越成骑撑

(1) 技术动作要点　以右腿摆越为例，由支撑开始，右臂顶杠，重心移至左臂；接着右手推离杠，同时右腿经侧向前摆越；右手迅速撑杠，右腿前下伸使大腿根部靠杠，上体保持正直成骑撑。

(2) 保护与帮助　由骑撑开始，保护者站于练习者杠前摆腿方向的异侧，一手托其腿，另一手扶其上臂，帮助练习者移重心、推手、单腿向前摆越，控制支撑平衡。

（3）易犯错误与纠正方法

1）移重心、推手不充分，摆越、换撑动作不连贯。

纠正方法：手持棍站立做模仿练习；在鞍马或跳马上做模仿练习；由骑撑开始，保护者站在杠前扶练习者脚，帮助其单腿向前摆越。

2）心理胆怯，不敢推手、摆越。

纠正方法：由骑撑开始，保护者站在杠前扶练习者脚，帮助其单腿向前摆越；由骑撑开始，保护者站于练习者杠前摆腿方向的异侧，一手托其腿，另一手扶其上臂，帮助练习者移重心、推手、单腿向前摆越，控制支撑平衡。

3）动作质量不高，姿态不标准。

纠正方法：由骑撑开始，保护者站在杠前扶练习者脚，帮助其单腿向前摆越；由骑撑开始，保护者站于练习者杠前摆腿方向的异侧，一手托其腿，另一手扶其上臂，帮助练习者移重心、推手、单腿向前摆越，控制支撑平衡；进行完整动作的重复练习中，强调动作的准确性。

4．骑撑后摆转体 90°下

（1）技术动作要点　以右腿骑撑为例。右腿骑撑，右手反握，上体右倒，左手推离杠，重心移至右臂，同时右腿压杠，两腿向左侧摆起；右臂顶肩支撑，以头和肩带动身体向右转体 90°，同时左腿摆起，右腿向左腿并拢挺身下。

（2）保护与帮助

1）保护者站于练习者右侧后方，右手扶其右上臂帮助倒肩，左手拨其后腿帮助摆起。

2）保护者站于练习者右侧后方，右手扶其右上臂，左手拨其右腿帮助侧摆并腿挺身。

3）保护者站于练习者右侧前方，扶其右上臂，下时扶腰，防止其转体时跌倒。

（3）易犯错误与纠正方法

1）支撑后摆时，撤肩，身体远离杠，摆腿低于杠。

纠正方法：支撑后摆重复练习；练习不松手的支撑后摆下；在保护凳上帮助练习支撑后摆转体 90°。

2）转体不充分，过早或过晚。

纠正方法：地面俯撑，弹腿转体 90°成侧撑；在保护凳上帮助练习支撑后摆转体 90°。

3）转体后失去平衡，落地不稳。

纠正方法：在杠后站立，保护者两手扶练习者腰部，帮助后摆转体 90°下；强调经侧撑时，应掌握好重心，落地时应屈膝缓冲。

二、双杠的动作训练

双杠动作是在支撑、挂臂撑或悬垂的情况下完成的。经常从事双杠练习，可发展上肢、肩带和躯干肌肉力量。

体操的双杠练习主要包括支撑摆动、挂臂撑前摆上、分腿坐前滚翻、支撑前摆下和支撑后摆挺身下。

1. 支撑摆动

(1) 技术动作要点　顶肩支撑，摆动主要以肩为轴；前摆时肩稍向后移，梗头；后摆时，肩稍向前移，顶臂拉肩；摆动过程脚紧夹，向远伸；用力时机由腿摆过垂直部位开始，用力宜缓不宜急。

(2) 保护与帮助　保护者站于练习者侧方，一手扶其肩，另一手握其上臂，以帮助肩部移动与稳定。

(3) 易犯错误与纠正方法

1) 摆动不平稳，控制不住。

纠正方法：加强肩臂力量练习，注意肩的移动不宜大也不宜小。

2) 有多余动作（如提臀、挺肚、收腹过大等）。

纠正方法：开始进行小摆幅的练习，主要强调动作的正确性，熟练后再逐渐加大摆幅。

2. 挂臂撑前摆上

(1) 技术动作要点　前摆过垂直部位后，两腿主动猛力加速上踢；当腿摆出杠面后，立即急速制动腿，并前伸，同时两臂用力压杠，上体急振；脚面继续顺势前伸，充分拉开肩角。

(2) 保护与帮助　保护者站于练习者侧面，一手托其背，另一手托其大腿后侧或臀部。

(3) 易犯错误与纠正方法

1) 上体起不来。

纠正方法：多练习压臂和腿的制动动作。

2) 摆动不高。

纠正方法：加强肩臂力量和腿的制动练习；保护者站于练习者侧面，一手托其背，另一手托其大腿后侧或臀部。

3. 分腿坐前滚翻

(1) 技术动作要点　手靠大腿处推杠，上体前倒，顺势提臀、低头，手顶杠，接着分肘，以肩臂撑杠；并腿，臀部前移过肩上方时，两手迅速向前换握杠；臀部接近杠面时，分腿下压，同时两臂压杠，上体前跟。

(2) 保护与帮助

1) 保护者站于练习者侧方，一手握其踝处，帮助提臀和控制前滚，另一手杠下托背，帮助抬上体；帮助时最好有两人一起。

2) 保护者站于练习者侧前方，一手杠下托肩，另一手托其膝，帮助提臀；当练习者前滚时，保护者迅速换至杠下托背和臀部，帮助抬上体。

(3) 易犯错误与纠正方法

1) 臀部提不起；回滚或前滚太快；臀部下掉或分腿打杠。

纠正方法：手握点离身体不能太远，先在垫子上做模仿练习，熟练后在低双杠前上方处放一块垫子，做前滚翻至垫子上成分腿坐。

2）上体起不来。

纠正方法：加强肩臂力量练习，先在垫子上做模仿练习，熟练后在低双杠前上方处放一块垫子，做前滚翻至垫子上成分腿坐。

4. 支撑前摆下

（1）技术动作要点　由支撑后摆开始，当前摆过垂直部位后，迅速向前上方摆腿，同时重心向落地方向侧移；当前摆近最高点时，两腿向前上方伸压、展髋，同时用力顶肩、推手换握杠，挺身跳下，落地缓冲。

（2）保护与帮助　保护者站于练习者右侧后方，右手握其右上臂，左手托送背或臀，帮助出杠。

（3）易犯错误与纠正方法

1）前摆举腿不高。

纠正方法：反复练习支撑前摆展髋举腿；摆腿前上方加标志物练习。

2）伸腿、展髋、挺身不充分。

纠正方法：下杠一侧加标志物练习；反复练习外侧坐越两杠直角下。

3）胆怯，不敢做。

纠正方法：在低双杠末端练习跳起支撑前摆跳下；进行小摆动练习；保护者站于练习者右侧后方，右手握其右上臂，左手托送背或臀，帮助出杠。

5. 支撑后摆挺身下

（1）技术动作要点　以右侧下为例。后摆过垂直部位后，身体右移，两腿顺势向后上方加速摆同时顶肩，拉开肩角；当后摆接近极点时，左手推杠，换握右杠，右手推，腿摆至侧上举，保持挺身姿势落地。

（2）保护与帮助

1）保护者站于练习者落地的异侧，一手扶、推其肩，另一手推送大腿侧部，帮助出杠。

2）保护者站于练习者落地的同侧，一手握其上臂，另一手帮助出杠。

（3）易犯错误与纠正方法

1）后摆收腹、屈髋、撅臀。

纠正方法：加强上肢、肩带及腰背肌肉力量练习；练习由小幅度到大幅度的支撑摆动；在帮助下练习俯撑、推手、换握、移重心动作。

2）推手、换握时机掌握不好。

纠正方法：教练或同伴给予语言提示或其他信号，帮助练习者体会肌肉用力先后的感觉；在帮助下练习俯撑、推手、换握、移重心动作；保护者站在练习者跳下落地点稍前处，一手扶其上臂，另一手托大腿，帮助完成动作。

3）跳下动作无挺身。

纠正方法：练习时强调后摆有一定高度，顶肩、推手、挺身要协调；练习由小幅度到大幅度的支撑摆动；在杠端一侧杠拉一皮筋，练习后摆越过皮筋，体会推、移、换握、越杠跳下的动作，减小心理压力；保护者站在练习者跳下落地点稍前处，一手扶其上臂，另一手托大腿，帮助完成动作。

三、支撑跳跃的动作训练

支撑跳跃由助跑、上板、起跳、第一腾空、推手、第二腾空和落地七个阶段组成，这七个阶段相互联系、相互制约。支撑跳跃对增强下肢和肩带肌肉韧带的机能有显著作用，对提高判断空间方位和控制平衡能力均有良好影响，同时还可培养勇敢、顽强的意志品质。

这里主要介绍分腿腾越和屈腿腾越。

1．分腿腾越

（1）技术动作要点　快速助跑，上板积极，踏跳快速有力，充分蹬直踝膝，同时领臂含胸、上体稍前倾，髋稍屈，向前上方腾起；两臂主动前伸撑器械，两腿后摆，空中紧腰、固髋，两臂伸直用力向下方顶肩推手；推手同时，两腿分开，稍提臀、屈髋，立即制动腿，同时上体上抬，展髋挺身落地。

（2）保护与帮助

1）保护者站于练习者落点侧面，必要时扶其腹、腰。

2）两名保护者站于器械前，左右分立，两人手握练习者上臂，顶肩上提，同时顺势后退。

（3）易犯错误与纠正方法

1）踏板后腾空低。

纠正方法：面对墙，上板起跳；俯撑后摆腿推手跳，成分腿站立。

2）推手后的腾空无挺身。

纠正方法：进行站立徒手屈髋挺身练习；做近板完全不后摆的山羊分腿腾越；两名保护者站于器械前，左右分立，两人手握练习者上臂，顶肩上提，同时顺势后退。

2．屈腿腾越

（1）技术动作要点　助跑、上板、起跳、第一腾空和推手的技术与分腿腾越相同；推手时，稍提臀，迅速团身，推手后，两腿迅速下伸，抬上体，两臂侧上摆，充分挺身落地。

（2）保护与帮助

1）保护者站于练习者落地点侧面，必要时扶其腹、腰。

2）保护者站在跳马前侧面，双手提拉练习者上臂，帮助其过马。

（3）易犯错误与纠正方法

1）上板时，屈膝过大；脚未越过肩，起跳高度低；未蹬直踝、膝，起跳无力。

纠正方法：俯撑后摆腿，推手跳成蹲立；对器械跳上经推手成蹲立，前跳下。

2）第二腾空时无挺身。

纠正方法：对高桌跳，经后摆推手成蹲立；高跳下做团身再挺身练习；保护者站在跳马前侧面，双手提拉练习者上臂，帮助其过马。

> **实训设计**
>
> **双杠成套动作**
>
> 【目标】通过实训,掌握双杠基本动作要领。
>
> 【内容】挂臂屈伸上成分腿坐,接前滚翻成分腿坐,接支撑前摆转体180°下。
>
> 【场地】双杠室。
>
> 【器材】海绵包。
>
> 【方法与步骤】1. 挂臂屈伸上成分腿坐
>
> 1）挂臂摆动时不塌肩,肘微屈,手握杠面偏外侧,快速摆腿。
>
> 2）收腹屈髋成屈体挂臂撑要富有弹性。
>
> 3）伸腿展髋要立即制动腿,然后压臂跟肩成分腿。
>
> 2. 前滚翻成分腿坐
>
> 1）前半部:手靠大腿前撑杠,两腿夹杠要立髋,屈臂用力提臀起,两腿离杠肩前移,两肘外分肩着杠,屈体前滚臀过肩。
>
> 2）后半部:迅速换握成屈体挂臂撑,分腿、压臂、跟肩成坐撑。
>
> 3. 支撑前摆向内转体180°下（以向左转体为例）
>
> 1）前摆时:立肩、展髋、踢腿、远伸,身体伸直顶肩,拉开肩角远伸。
>
> 2）转体时:接近极点转体,向右前方伸腿展髋,以脚带动左转,依次推杠换握。
>
> 3）落地时:屈膝缓冲,保持身体平衡。

第十一章　娱乐休闲类运动

内容概述　近年来，许多盛行于全世界的新兴运动项目，如形体训练、健美操、体育舞蹈、瑜伽、跆拳道、街舞、跆搏操、动感单车等，在国内也受到热捧，尤其受到女性和年轻人的喜爱。本书将此类运动命名为娱乐休闲类运动。为了满足大家的兴趣，拓展大家的知识面，掌握更多实用的健身方法与手段，特挑选普及面较广的形体训练、健美操、体育舞蹈和跆拳道进行简单的介绍，使大家通过本章学习可对此类运动项目有初步了解，并可在锻炼实践中有针对性地进行运用。

学习目标　了解本章介绍的形体训练、健美操、体育舞蹈和跆拳道的发展历程；基本掌握形体训练、健美操、体育舞蹈和跆拳道中的简单技术和动作组合；在实践中较灵活地选用适合自己的形体训练、健美操、体育舞蹈和跆拳道中的简单动作进行体育锻炼，达到强身健体的效果。

第一节　形体训练

一、形体训练简介

1. 形体训练的概念

形体训练（body-shape training）是以人体科学理论为基础，通过各种身体练习增进健康、增强体质、塑造体型、训练仪态、陶冶情操的有目的、有计划、有组织的教育过程。它包括形体素质训练、身体基本形态训练和形体综合练习三大基本内容。

形体是指人在先天遗传产生变异和后天获得的基础上表现出的身体形态上的相对稳定的特征。它是包括人的表情、姿态和体型在内的人的外在形象的总和。人们在长期的劳动实践和其他多种生活实践中创造出舞蹈这种艺术表现形式。人们通过人体舞蹈语汇，如手势、舞姿、造型和队形变化等表现作品的主题思想，传情达意，而形体训练则是构成舞蹈语汇的最基本单位，是通向舞蹈艺术的必经之路。

形体训练具有针对性和适应性强、内容方法多样、娱乐性、高度艺术性、音乐优美性和操作灵活性等特点，因此受到世界各国不同年龄、性别和阶层人群的喜爱。

2. 形体训练的功能

（1）有效改善人体的神经系统和心血管系统功能　形体训练动作对身体协调性要求较高，动作频率有快有慢，运动强度有大有小。为了达到形体训练动作的准确度，中枢神经须随时随地迅速调节各器官和系统的功能，使之与肌肉和骨骼的工作协调配合。在动作频率快慢交替和运动强度变化的过程中，人体的肌纤维逐渐增粗，心肌收缩力加强，心房及心室壁增厚，心脏容量增大，血管壁肌层增厚，血管壁弹性提高，血管管壁口径增大，血流量增加，使心脏得到充分的氧气和营养物质，从而改善心血管系统功能。

（2）健美形体　针对身体单个部位及全身协调配合的专门练习，可使身体肌肉线条清晰，全身协调匀称发展，还可弥补形体缺陷。形体训练能消除人体内和体表的多余脂肪，增强关节灵活性，维持人体能量代谢的平衡，有效降低体重，保持健康优美的体态。

形体训练可促进人的身心发展。不管是儿童还是成人、男性还是女性，通过形体训练既可美化人体形态，还能通过训练过程改善心理状态，感受美的存在。形体训练尤其符合女性爱美的心理。长期从事形体训练的女性，其体质、气质和精神面貌均好于平时不常进行锻炼的人。

二、形体训练的基本动作与练习方法

1. 形体训练的基本动作及常用练习方法

（1）站姿　在社交场合和日常生活中，站立姿势是否优美挺拔，可反映一个人的素质和修养。本书向大家介绍生活中最常见的标准站姿，希望大家经常练习，以纠正自身的各种不良姿态，使自己的举止更加优雅、大方、得体。

1）正确站姿的动作要领。两脚脚跟靠紧，脚尖开度为45°~60°，双腿用力夹紧，收腹、提臀、立腰、挺胸、提气至胸腔，头上顶、肩下沉并稍外展，两臂自然下垂，下颌微收，目视前方（见图11-1）。

2）常用练习方法。两脚脚跟靠紧，保持脚尖开度为45°~60°，双膝并拢背靠墙，脚跟离墙3厘米左右，头、肩胛骨和臀部贴墙；之后收腹提气至胸腔，使腰背贴墙；颈部自然挺直，下颌微收，目视前方，使头部保持正直。保持此姿势，每组30~60秒，每次练习5~8组。

（2）步态　步态即人走路时的姿态。步态的优美与否也可反映人的气质、精神和修养。

1）正确步态的动作要领。

①迈步时，以大腿带动小腿，脚跟先着地，再过渡至前脚掌，身体重心落在前脚掌上，步子柔和且轻快。

②向前迈步时，膝关节朝正前方，脚尖稍外展。

图11-1　标准站姿

③收腹立腰，双肩放松，两臂自然协调地前后摆动，前摆时肘微屈，后摆幅度约30°，重心与前进方向在同一直线。

④颈部自然挺直，下颌微收，目视前方。

2）常用练习方法。

①前脚掌走（足尖步）练习法。行走时，挺胸、收腹、双手叉腰，两腿充分伸直并保持高度紧张，用前脚掌前进，脚跟始终不落地。每组走50步左右，每次练习3~5组。

②华尔兹步走练习方法。采用华尔兹舞步前后左右移动，并旋转360°，循环做。每组练

习 1~2 分钟，每次练习 3~5 组。

（3）徒手练习　徒手练习是形体训练的主要训练手段之一，其内容丰富、针对性强，还可根据不同基础的练习者进行相应的变化。徒手练习的主要内容包括各种手臂、躯干、腿部的基本动作和舞蹈基本步伐的练习等。徒手动作的练习，对身体柔韧和力量素质的发展、身体协调性的提高均有明显作用。

1）手形。手的基本形态是五指自然并拢伸长，无名指和中指靠近，其余三指向上翘起，五指间有适当空隙（见图 11-2）。当手臂呈弧形姿态时，手指和手腕略放松，从手臂至指尖呈一弧形；当手臂伸展时，手指和手腕随之伸展。

图 11-2　手的基本形态

2）芭蕾手位练习。芭蕾手位是指芭蕾舞中手臂的七个基本方位。练习芭蕾手位时，应注意每一动作准确到位，始终保持手臂到指尖的自然弧形，提臀、立腰、收腹、挺胸、沉肩、梗颈、下颌微收，眼光随手走，头部也应随手臂的运动方向有规律地转动。七个方位如图 11-3 所示。

①一位。两臂于体前微屈呈弧形，双手与身体距离为 10~20 厘米，两手相隔一拳左右距离，掌心向内，指尖相对（见图 11-3a）。

②二位。两臂保持弧形前举至比肩稍低的位置，掌心仍然保持向内，指尖相对（见图 11-3b）。

③三位。两臂保持弧形继续上举至额头上方，稍抬下颌，使眼睛余光可看到手的位置，掌心向下（见图 11-3c）。

④四位。两臂保持弧形，一臂保持三位位置，掌心向下；另一臂回至二位位置，掌心向内，眼看回二位位置的手。注意：做四位时可任意将其中一臂回至二位位置（见图 11-3d）。

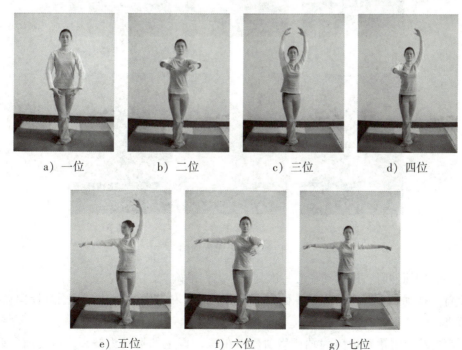

a）一位　　b）二位　　c）三位　　d）四位

e）五位　　f）六位　　g）七位

图 11-3　芭蕾基本手位

⑤五位。两臂保持弧形,其中一臂仍保持三位位置,掌心向下;另一臂向侧打开至侧举位,掌心向前(见图11-3e)。

⑥六位。两臂保持弧形,一臂保持近似侧举之位置,掌心向前;另一臂从三位下至二位位置(见图11-3f)。

⑦七位。两臂保持弧形,一臂仍然保持近似侧举之位置,掌心向前;另一臂从二位位置向侧打开至近似侧举位,掌心向前(见图11-3g)。

3)脚的基本位置。

①正步。两脚并拢,脚尖向前。

②小"八"字步。脚跟相靠,两脚尖各向斜前方,呈"八"字形。

③丁字步。一脚脚跟在另一脚脚弓处,呈"丁"字形。

4)手臂基本动作。

①手臂的屈伸。具体包括前举(两臂前举成水平方向)、侧举(两臂侧举成水平方向)、上举(两臂上举至与地面垂直位)、前上举(两臂向前上方抬起,与地面成45°方向)、侧上举(两臂向侧上方抬起,与地面成45°方向)和侧下举(两臂向侧下方抬起,与地面成45°方向),如图11-4所示。

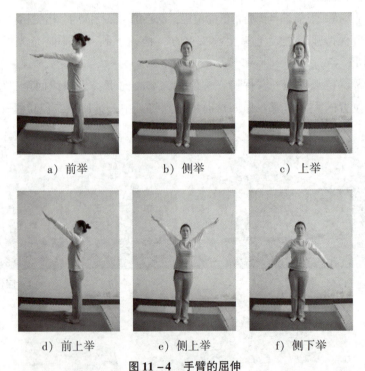

a)前举　　　　b)侧举　　　　c)上举

d)前上举　　　e)侧上举　　　f)侧下举

图11-4　手臂的屈伸

练习手臂的屈伸时,注意动作应一次到位、方向准确。

②手臂的摆动。手臂以肩为轴,做向前、后、左、右方向的摆动,可顺时针摆动,也可逆时针摆动。

③手臂的绕环。手臂以肩为轴,移动范围在360°以上的运动为绕环,可向前、后、左、右、内和外等各方向进行绕环。

知识窗 手臂的摆动主要包括前后方向的摆动（手臂以肩为轴，做前、后摆动）、左右方向的摆动（手臂以肩为轴，做左、右摆动）、一前一后的摆动（以肩为轴，一臂向前摆动，另一臂向后摆动）和内外摆动（以肩为轴，两臂先同时向内摆动至体前交叉，再继续摆动至外侧）。练习手臂摆动时应注意使身体保持基本站姿，手臂动作幅度尽量大。

手臂的绕环主要包括前后绕环（两臂以肩为轴，由后经上做前绕环，由前经上向后做后绕环）、左右绕环（两臂以肩为轴，同时向侧经体前做绕环）和内外绕环（两臂以肩为轴，经头上体前交叉向内绕环，再经体前头上交叉向外绕环）。

5）基本步伐。

①足尖步。两脚并立提踵，双手掌心相对置于腹前；左腿膝和脚面绷直向前伸出，脚尖稍向外，由脚尖过渡至前脚掌落地支撑，重心前移，两腿交替进行（见图11-5）。练习时注意身体保持正直，步幅小，步频快。

②柔软步。自然站立，两臂前后自然摆动；左腿膝和脚面绷直向前伸出，脚尖脚面向外，由脚尖过渡到全脚掌落地，身体重心随之前移，接着再换右脚向前伸出落地，两腿依次交替进行（见图11-6）。练习时注意身体保持正直，脚尖过渡至全脚掌时应柔软，移重心换脚时脚贴地面而行。

　　　　　　　　　　　　　a)　　　　　　　b)

图11-5 足尖步　　　　图11-6 柔软步

③弹簧步。两脚并立提踵，双手放在两侧；左脚向前一步（脚尖稍向外），同时稍屈膝半蹲，重心移至左腿；左腿伸直提踵，同时向前下伸，膝与脚面绷直；接着右脚重复左脚动作，两腿依次交替进行，手臂前后或一前一侧摆动（见图11-7）。练习时注意脚尖稍向外，落地应柔软，提踵干脆到位，屈膝有弹性，手臂摆动与腿部动作协调。

　　　　a)　　　　　　　b)　　　　　　　c)

图11-7 弹簧步

2. 身体各部位的局部练习方法

有针对性的形体练习可有效消除身体各部位的多余脂肪，有助于塑造身体线条和保持身体健康。人体最易堆积脂肪的部位有腹、腰、臀和腿部，以下将介绍部分针对腹、腰、臀和腿部的简单易行的练习方法。

（1）腹部

1）仰卧起坐。仰卧起坐可增强腹肌力量，增加腹部肌肉弹性，保护背部和改善体态。

练习时，准备一张垫子或床，仰卧于垫子或床上，两腿屈膝分开，双手抱头，手臂打开（也可双手交叉放于胸前），两脚掌着地；收缩腹部快速抬起上体，使上体与水平面成45°角，并在此位置停留30秒左右后缓慢回至初始状态，在此过程中双脚不得离地（见图11-8）。

a)   b)

图11-8 仰卧起坐

> **知识窗**　将仰卧起坐作为消除腹部脂肪的手段练习时，不必要求在规定时间内做得越多越好，而要尽量放慢速度，提高动作的准确性，起与回的时间比例约为1:3。一般推荐每分钟10~15个为一组，每次练习2~3组，组间休息1分钟左右，休息时进行腹式呼吸和腹部按摩。每周练习3次较好，练习最佳时间在饭后1.5小时左右。
> 　　为提高练习难度，可在专用的斜板上练习，并能根据练习要求和自身水平调节斜板高度，还可躺于健身球上练习。

2）转体仰卧起坐。动作基本同仰卧起坐，只是上体迅速抬起时要做左右转体动作，做完再缓慢还原至初始状态（见图11-9）。注意事项及练习频率同仰卧起坐。

a)   b)   c)

图11-9 转体仰卧起坐

3）腿绕圈运动。练习时，准备一张垫子或床，仰卧于垫子或床上，双腿伸直与水平面平行；抬起左腿朝向天花板或天空，脚面绷直，双手放于身体两侧，掌心向下（若无法做到此动作，可以将右腿适当弯曲，右脚平放于垫子或床上）；保持之前的动作，从髋关节开始转动，用左脚脚尖绕圈；绕圈开始时吸气，结束时呼气，尽量保持身体不动，不要摇摆，同时收紧腹部；绕 6~8 圈后，再反方向绕同样次数；之后换另一条腿做同样动作。

一般推荐左右腿各绕 6~8 圈为一组，每次 2~3 组，每周练习 2~3 次。

4）仰卧左右剪腿。练习时，准备一张垫子或床，仰卧于垫子或床上，双腿伸直，脚面绷直，与水平面成 45°，双手放于身体两侧侧举或侧下举位，掌心向下；两腿伸直、左右分开，抬起做左右剪腿，每剪绞一次，上下换一次腿，注意两腿始终保持内收并拢（见图 11-10）。

图 11-10 仰卧左右剪腿

一般推荐左右腿各剪绞 15~20 个为一组，每次 2~3 组，每周练习 3 次。

5）仰卧模仿骑自行车。练习时，准备一张垫子或床，仰卧于垫子或床上，双腿伸直，脚面绷直，与水平面成 90°，双手放于身体两侧侧举或侧下举位，掌心向下；之后两腿交替模仿骑自行车的动作，连续进行空中蹬踏（见图 11-11）。注意：腹部保持紧张，两腿保持内收，动作频率较快。

一般推荐左右腿各蹬踏 15~20 个为一组，每次 2~3 组，每周练习 3 次。

　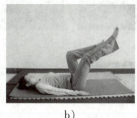　
　　a)　　　　　　　　　b)　　　　　　　　　c)

图 11-11 仰卧模仿骑自行车

（2）腰部

1）腰绕环。练习时两脚开立约一肩半宽，脚尖稍向外，双腿伸直，上体前倾至与水平面平行处，两臂前举或持重物；上体由前、左、后、右、前划圈，亦可向反方向做。要求双腿伸直，脚贴地不动，划圈范围越大越好，向后划圈时上体后倒，尽量使胸部与水平面平行（见图 11-12）。

　a)　　　　　b)　　　　　c)　　　　　d)

图 11-12 腰绕环

一般推荐左右各绕10～12圈为一组（持重物圈数可略减），每次4～5组，每周练习3次。

2）左右扭腰手碰脚面。练习时两脚开立与肩宽，脚尖稍向外，双腿伸直，两臂侧举，掌心向下；上体前俯，左手碰右脚脚背，之后还原至直立两臂侧举姿势，换右手碰左脚脚背，两手交替进行（见图11-13）。要求双腿伸直，脚贴地不动，胸尽量向大腿靠拢。

一般推荐左右各碰15～20下为一组，每次2～3组，每周练习3～4次。

3）左右拉伸腰部。练习时两脚开立与肩宽，脚尖稍向外，双腿伸直，双手交叉平端于胸前，保持背部挺直，向两侧拉伸腰部（见图11-14）。注意：动作要缓慢，幅度不宜太大，髋部及以下均保持不动。

一般推荐左右各侧拉30个为一组，每次3～4组，每周练习3～4次。

a) b) a) b)

图11-13　左右扭腰手碰脚面　　图11-14　左右拉伸腰部

4）俯卧两头起。练习时准备一张垫子或床，俯卧于垫子或床上，双腿伸直，脚面绷直，两臂前举于头上；左臂连同上体及头部上抬，同时右腿上抬，然后还原放松，再换至右臂连同上体及头部上抬，同时左腿上抬，交替练习。要求练习时手臂及腿部保持绷直。身体素质较好的可做双臂、上体与双腿同时抬起与放下的动作。

一般推荐左右交替12～15个为一组（同时抬起与放下的亦同），每次2～3组，每周练习2～3次。

(3) 臀部

1）俯卧跪撑抬腿。练习时俯卧跪于垫子或床上，用手肘和膝盖支撑身体，背部挺直与水平面平行，上臂与大腿与水平面垂直，小臂正对前方，掌心向下；向后上方抬起左脚，左腿伸直至与水平面平行，收回，每条腿重复若干次后交替进行。要求背须挺直，抬起脚的腿用力绷直抬至与水平面平行位后，保持3～5秒再收回。

一般推荐每条腿重复18～20个为一组，每次2～3组，每周练习2～3次。

2）坐撑向上挺髋。练习时坐于垫子或床上，两腿并拢伸直，上体与水平面垂直，双手撑于身体侧后方，指尖向前或侧后方；吸气抬起身体成一条直线，保持此姿势10～20秒后缓慢回到坐姿，呼气。

一般推荐18～20个为一组，每次2～3组，每周练习2～3组。

3）侧撑抬腿。练习时侧躺于垫子或床上，肘关节支撑，与垫子或床相贴的手臂弯曲，异侧手臂屈肘,将手放于胸腹前 5~10 厘米;双腿脚面绷直,面向前方,腿伸直向上抬起至与水平面成 15°,在此位置保持 10~20 秒后缓慢放下(见图 11-15)。要求腿与上体及头在同一直线上,膝盖也不得弯曲。一侧做完后换边练习。

一般推荐左右侧躺各抬 15~20 个为一组,每次 2~3 组,每周练习 2~3 组。

图 11-15 侧撑抬腿

4)站立举腿。练习时站立,两手扶固定物;左腿伸后上举,保持此姿势 10~20 秒后缓慢落下,举腿高度根据练习者的具体情况可进行调整,一般介于 30°~90°。要求抬起腿须伸直,上体保持正直。一侧腿做完后换腿练习。

一般推荐左右腿各抬 15~20 个为一组,每次 2~3 组,每周练习 2~3 组。

(4)腿部

1)弓箭步交替前进。练习时直立,双腿并拢,两手各拿一瓶矿泉水或小哑铃,两臂自然下垂于身体两侧;上体保持笔直,慢慢将左脚往前跨出一步成弓步,重心落于两脚之间,弯曲左膝蹲下,右脚跟离地,保持此姿势 5~10 秒,接着慢慢恢复至原来的站立姿势,再将右脚向前跨出,左右腿交替进行。手持物重量可根据练习者的具体情况进行调整。此动作可有效紧缩大腿内侧肌肉。

一般推荐左右脚各 10~12 步为一组,每次 3~4 组,每周练习 2~3 次。

2)贴墙式瘦大腿。练习时背部挺直紧贴墙壁,慢慢蹲下至大腿与水平面平行,小腿与水平面垂直,保持此姿势 30~90 秒。

一般推荐静止 30~90 秒为一组,每次 3~4 组,每周练习 3~4 次。

3)下蹲。练习时两脚开立与肩宽,脚尖稍向外,两手各拿一较轻重量物体(如矿泉水、小哑铃、书本等)举至两肩肩上,手腕与手臂在同一直线上;慢慢弯曲股关节和膝关节下蹲至大腿与水平面平行为止,注意膝盖方向应与脚尖方向保持一致,保持此姿势 5~15 秒,然后回到初始姿势。要求下蹲时上体仍保持在一条直线上。

一般推荐静止 5~15 秒为一组,每次 3~4 组,每周练习 3~4 次。

4)负重提踵。练习时直立,两脚开立与肩宽,脚尖稍向外,两手各拿一较轻重量物体(如矿泉水、小哑铃、书本等)自然垂于体侧;抬起脚跟,直至用脚尖着地,然后慢慢回到初始姿势。

一般推荐提踵 18~20 下为一组,每次 3~4 组,每周练习 3~4 次。

实训设计

芭蕾形体训练——手部和脚部训练

【目标】通过实训，掌握其技术，矫正体形。

【内容】手部和脚部的训练。

【场地】空地。

【方法与步骤】1. 脚部的五个基本位置

一位：两脚跟紧靠在一条直线上，脚尖向外呈180°；

二位：两脚跟相距一足的长度，脚部向外扭开，两足在一条直线上。

三位：两脚跟前后重叠放置，足尖向外张开。

四位：两脚前后保持一足的距离，两足趾踵相对呈两条直线，腿向外转。

五位：两脚前后重叠，两足趾踵互触，腿向外转。

2. 手部基本位置

(1) 瓦卡诺娃派（俄罗斯派）

一位：双手在正面的腹前呈自然圆。

二位：双手在旁侧伸，在视线范围内，手心向内。

三位：双手上举在头上方的视线内。

(2) 却革底派（意大利派）

一位：双手垂下呈自然圆，手指轻触在大腿旁的位置。

二位：双手在旁侧伸。

三位：一手在身体前，手心向内，另一手在旁侧伸。

四位：一手在身体前与横隔膜保持相同的高度，然后同时上举在头的上方。

第二节　健美操

一、健美操简介

1. 健美操概况

（1）起源与发展　健美操（aerobics）是一项新兴的运动项目，来源于20世纪60年代初美国太空总署为太空人所设计的体能训练内容。1969年，杰姬·索伦森（Jackie Sorensen）综合体操和现代舞蹈创编了健美操，于20世纪70年代在美国迅速兴起。当时涌现出一批健美操的代表人物，如简·方达（Jane Fonda）。作为现代健美操运动的发起人之一，简·方达根据自己的体会和实践编写了《简·方达健美操》一书及录像带，自1981年首次在美国出版以来，一直畅销不衰，并被译成20多种文字，在30多个国家发行。在她的感召和影响下，健美操在世界各国迅速兴起。

目前国际重大的健美操比赛主要有健美操世界锦标赛、健美操世界杯赛、世界冠军赛和世界巡回赛。

> **知识窗**　　1982年，国际健身协会（IDEA）在美国成立。这是世界最大的国际性健身组织。国际健身协会致力于为世界各地的健身专家提供最新健身信息和继续教育的机会，它有多种出版物，并且每年都举行各种活动。
>
> 　　1985年，美国举办了首届健美操比赛。通过这次比赛，健美操得到了迅速推广和发展，现已成为全球性的运动。近十几年来，在世界各地，各种风格的健美操俱乐部、健身中心和健美操培训班不断涌现，健美操已成为一项风靡全球的运动。
>
> 　　目前，国际上有7个健美操组织。其中，国际健美操联合会（IAF）成立于1983年，总部设在日本。健美操的首次国际比赛就是由IAF在1983年举办的第一届国际健美操比赛。另外，国际体操联合会健美操委员会（FIG）从1995年开始，每年举办健美操世界锦标赛。这些比赛在健美操的全球性推广中起到了催化剂的作用。

（2）分类　　世界健美操种类繁多，分类方法也有多种。本书以健美操活动的目的和主要任务为标准来划分，将健美操分为健身健美操和竞技健美操两大类。

健身健美操也称大众健美操，主要目的是"锻炼身体、保持健康"。其动作相对简单，实用性强，音乐速度相对较慢。健身健美操的锻炼可以增强体质，促进身体全面发展。

健身健美操可以按照练习形式分为徒手健美操、轻器械健美操和特殊场地健美操。

竞技健美操要求在音乐伴奏下，完成连续复杂的和高强度动作。该项目起源于传统的有氧健身舞。其主要目的是比赛取得优异成绩，在参赛人数、比赛场地和成套动作的时间等方面都要严格按照规则进行。竞技健美操可分为单人、混双、三人和混合六人健美操。

（3）功能特点　　健美操是将体操、音乐、舞蹈三者结合于一体，通过徒手、手持轻器械和用专门器械的操化练习，达到健身、健美和健心的目的的一种新兴娱乐、观赏型体育项目。健美操起源于传统的有氧健身运动，是有氧运动的一种，其运动特征是持续一定时间的、中低强度的全身性运动，主要锻炼练习者的心肺功能。

健美操具有艺术性（要求动作美观大方、准备到位，力求均匀发展身体各个部位，并在对身体美的感受中提高练习者的审美意识和艺术修养）、节奏性（健美操动作均通过音乐充分表现，练习者可受音乐节奏感染而情不自禁地进入运动的状态，其节奏性还表现在生理节奏、运动节奏、时空节奏上）、力度性（健美操动作以力量性为主的徒手动作为基础，所表现的力是力量、力度、弹力、活力的综合，还伴有情感上的力度）和广泛的适应性（健美操练习形式多种多样，运动量可大可小、容易控制，对场地器材的要求不高，适合不同年龄层次、不同性别、不同身体素质的人）的特点。长期进行健美操锻炼能够增进健康，增强体质，改善体形，培养端庄体态，矫正畸形，调节心理活动，陶冶美好情操，提高神经系统功能，培养顽强的意志品质。

2. 健美操在我国的发展情况

我国在 20 世纪 80 年代初引进健美操，受到《简·方达健美操》的影响，不少高校教师在报纸杂志上刊登了一些介绍健美操和探讨美育教育的文章，并编排了一些健美操动作。

1983 年，人民体育出版社出版了体育报增刊《健与美》。

1984 年起，中央电视台相继播放了孙玉昆创编的"女子健美操"、马华的"健美 5 分钟"、"美国健身术"和"动感组合"等。

1984 年，北京体育学院（现北京体育大学）成立了健美操教研室。

1986 年 4 月，在广州举办了首届"全国女子健美操邀请赛"。

1992 年，中国健美操协会（CAA）正式成立。

自 1996 年，在全国范围内统一了竞赛规则，每年举办健美操指导员、裁判员培训，举行健美操锦标赛，并多次派队参加国际比赛。在这期间还推出了《健美操指导员专业技术等级制度》和《全国健美操大众锻炼标准（试行）办法》。

1998 年，国家体育总局颁布了《健美操活动管理办法》，使我国健美操项目的管理更加规范。

1999 年，我国正式使用 FIG 国际健美操评分规则，标志着我国竞技健美操竞赛与国际接轨。

2004 年 12 月，在广州体育学院成功举办了"首届中国学生健康活力大赛"，参赛人数多达 1300 人。

2004 年，保加利亚第八届世界健美操锦标赛上，我国健美操队在六人操项目上获得铜牌，这是我国首次在世界大赛上实现奖牌零的突破。

2005 年，第七届世界运动会上，我国健美操队在六人操项目上夺得冠军，这也是我国竞技健美操队在世界大赛中夺得的第一枚金牌，是我国竞技健美操历史性的突破。

2007 年，法国第三届世界杯总决赛上，我国竞技健美操首次有资格参赛，在 5 个单项比赛中全部进入决赛，最后获得 2 金 1 银 1 铜、总分第一的佳绩。

健美操世锦赛从 1995 年开始举办，第九届比赛于 2006 年在我国南京举行，我国在五个项目中获得了 2 金 2 银 1 铜，居奖牌榜首位。在 2012 年索非亚健美操世锦赛和 2016 年仁川健美操世锦赛上，我国也是排在奖牌榜第一位。

二、健美操基本术语

1. 健美操概念术语

冲击力（impact）：人体运动对地面产生的一定作用力，同时地面也给予人体相应的反作用力，即冲击力。冲击力随着每一个动作自下而上通过人体向上传递并逐渐消失。健美操动作按照冲击力大小可以分为无冲击力动作、低冲击力动作和高冲击力动作。

1）无冲击力动作（non-impact moves）：两只脚都接触地面或者不支撑体重的动作。

2）低冲击力动作（low-impact moves）：总有一只脚接触地面的动作。

3）高冲击力动作（high-impact moves）：两只脚都离开地面的腾空动作。

2. 健美操基本方向术语

为了提供人体在场地上或运动时的方向参考，一般借鉴体操项目基本方向术语，以人体面向场地正前方站立时为基础参考点。

1）前（front）：胸部所对的方向。
2）后（back）：背部所对的方向。
3）侧（side）：一侧肩所对的方向。
4）上（up）：头顶所对的方向。
5）下（down）：脚底所对的方向。
6）左前（left diagonal front）：前和左侧的中间45°的方向，反方身为右前。
7）左后（left diagonal back）：后和左侧的中间45°的方向，反方身为右后。
8）顺时针（clockwise）：转动过程与时针运动方向相同。
9）逆时针（anticlockwise）：转动过程与时针运动方向相反。

3. 动作方法术语

1）立：两脚站立的姿势，有并腿、分腿立、提踵立、点地立、单脚立等。
2）蹲：两腿屈膝站立的姿势。半蹲为屈膝大于90°，全蹲为屈膝小于90°。
3）弓步：一腿屈膝，另一腿伸直，身体重心在两腿之间的站立姿势，一般常用的有前弓步和侧弓步。
4）点地：一腿伸直或屈膝站立，另一腿脚尖或脚跟触地的姿势，身体重心在主力腿，有向前、侧、后点地。
5）踢腿：一腿站立，另一腿做加速有力的摆动动作，有向前、侧、后踢腿。
6）吸腿：一腿站立，另一腿屈膝向上抬起的动作，有向前、侧吸腿。
7）平衡：一腿站立，另一腿抬起并保持一定时间的动作。
8）摆动：臂或腿抬起并固定在某一平面内，自然地由某一部位匀速运动到另一部位的动作。
9）举：臂或腿抬起并固定在某一方位上的姿势，有前、侧、斜下举等。
10）屈：使关节角度缩小的动作。
11）伸：使关节角度扩大的动作。
12）振：臂或上体做大幅度加速摆的动作。
13）绕：身体某一部位摆至180°~360°的动作。
14）绕环：身体某一部位摆至360°或360°以上的动作。
15）跪：屈膝并以膝着地的姿势。
16）坐：以臀部着地的姿势。
17）卧：身体躺在地上的姿势。
18）撑：手着地并承担身体重量的姿势。

4. 肢体关系术语

1）同侧：同一侧的上肢和下肢动作的配合。

2）异侧：不同侧的上肢和下肢动作的配合。

3）同面：上肢动作和下肢动作的运动面一致。

4）异面：上肢动作和下肢动作的运动面不一致。

5）同时：上肢和下肢同一时间做动作。

6）依次：上肢或下肢相继做同样的动作。

7）双侧：两臂同时做同样的动作或下肢依次做相同的动作。

8）单侧：只有一只手臂做动作或只做了一个方向的动作。

9）对称：两臂同时做相同的动作或下肢依次做不同方向但相同的动作。

10）不对称：两臂同时做不同的动作或下肢依次做不同的动作。

5. 移动术语

1）移动：身体向着相应的方向参考点运动的方式。

2）向前：向着前面的参考点方向运动。

3）向后：向着后面的参考点方向运动。

4）向侧：向着侧面的参考点方向运动。

5）原地：无移动，或在4拍内回到原来的地方。

6）转体：身体绕垂直轴转动。

7）绕圆：绕着一个相应的点做转体。

三、健美操基本动作的分类与要求

1. 基本手型

1）并掌：五指并拢伸直，指关节不能屈曲（见图11-16）。

2）开掌：五指用力分开伸直（见图11-17）。

3）花掌：在开掌的基础上，从小指依次内旋，形成一个扇面（见图11-18）。

4）立掌：手掌用力上屈，五指关节自然弯曲（见图11-19）。

   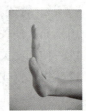

图11-16 并掌　　图11-17 开掌　　图11-18 花掌　　图11-19 立掌

5）一指：拇指与中指、无名指、小指相叠，食指伸直（见图11-20）。

6）剑指：拇指与无名指、小指相叠，中指与食指并拢伸直（见图11-21）。

7）响指：无名指、小指屈，拇指与中指用力摩擦打响，食指略高于中指（见图11-22）。

8）拳：四长指握拳，拇指的第一关节扣在食指与中指的第二关节处（见图11-23）。

9）舞蹈手型：引用拉丁舞、西班牙舞蹈、芭蕾等手型。

图 11-20　一指　　　图 11-21　剑指　　　图 11-22　响指　　　图 11-23　拳

2. 健美操的基本步法

（1）无冲击步法　弹动、半蹲、弓步、提踵。

（2）低冲击步法

1）踏步类：踏步、走步、一字步、V 字步、漫步。

2）点地类：脚尖前点地、脚跟前点地、脚尖侧点地、脚尖后点地。

3）迈步类：并步、迈步点地、迈步屈腿、迈步吸腿、迈步弹踢、侧交叉步。

4）单脚抬起类：吸腿、踢腿、弹踢、后屈腿。

（3）高冲击步法

1）迈步跳起类：并步跳、迈步吸腿跳、迈步后屈腿跳。

2）双脚起跳类：并腿纵跳、分腿半蹲跳、开合跳、并腿滑雪跳、弓步跳。

3）单腿起跳类：吸腿跳、后屈腿跳、弹踢腿跳、摆腿跳。

4）后踢腿跑类：后踢腿跑、侧并小跳（小马跳）。

3. 身体其他部位基本动作

（1）头、颈部动作

1）屈：头颈关节角度的弯曲，有向前、后、左、右的屈。

2）转：头颈部绕身体垂直轴的转动，有向左、右的转。

3）绕和绕环：头以颈为轴心的弧形和圆形运动。有左、右绕和左、右绕环。

要求：做各种形式头颈动作时，上体保持正直，速度要慢，头颈移动的方向要准确，颈部被动肌群充分伸展。

（2）胸部动作

1）含胸：指两肩内合，缩小胸腔。

2）展胸：指两肩外展，扩大胸腔。

3）移胸：指髋部固定，做胸左、右的水平移动。

要求：练习时，收腹、立腰，含、展、移胸要达到最大限度。

（3）腰部动作

1）屈腰：下肢保持不动，上体向一侧屈伸动作，有前、后、侧屈腰。

2）转腰：下肢保持不动，上体向一侧转体动作，有左、右转腰。

要求：练习时，塌腰，动作幅度要大。

（4）髋部动作

1）顶髋：髋关节做急速的水平移动，包括前、后、左、右顶髋。

2）提髋：髋关节做急速向一侧上提的动作，包括左、右提髋。

3）摆髋：髋关节做钟摆式的连续移动动作，包括左、右侧摆和前、后摆。

4）绕髋和髋绕环：髋关节做弧形、圆形移动，包括向左、右的绕和绕环。

要求：髋关节做顶、提、绕和绕环时应平稳、柔和、协调，稍带弹性，上体要放松。

四、健美操的创编原则与步骤

一套成功的健美操动作可以让锻炼者百练不厌，使观赏者赏心悦目。那么，如何创编一套较为理想、科学性强、引人入胜、易于推广的健美操呢？本书将从创编原则和创编步骤来介绍健美操的创编。

1. 健美操的创编原则

（1）目的性　根据健美操的运动特点和健身价值，锻炼者可以通过健美操运动达到不同的效果，包括形体健美、减肥、矫正体形、保健等。另外，不同年龄、性别、职业、身体状态、运动水平及文化层次的锻炼者的生理、心理和接受能力都不一样，不同的人群需求不同，因此，在创编一套健美操时，首先要确立所编的套路是面向哪一类锻炼者，必须根据锻炼者的需求有侧重点、有的放矢地进行创编。

（2）科学性　一套完整的健美操动作必须以运动生理学作为基本指导理论，严格遵循运动生理解剖规律，按照人体运动时生理活动波浪形地逐渐上升然后再逐渐恢复到平静状态的规律，每次动作的负荷应由小到大，动作难度由简到繁，动作强度由弱到强，逐步增加身体负荷。因此，一套健美操动作是由引导过渡、基本操和放松操三部分组成的。

（3）全面性　为了达到全面发展身体的目的，创编健美操时，要尽可能充分地动员整个身体参与运动，使身体各部位的肌肉、关节、韧带及内脏器官得到全面发展。成套动作一般包括头、颈、肩、腰、腹、背和上下肢运动，要能提高锻炼者的身体协调性、肌肉力量、节奏感等。

（4）动作与音乐的一致性　音乐是健美操的灵魂，动作是用来解释音乐的一种身体语言，音乐的选择决定了成套操的风格。因此，健美操的创编必须按照音乐来计划、组织动作，成套动作的特点和风格都是通过与音乐的协调一致来表现的。

（5）创新性　健美操要发展就必须创新，创新性是健美操创编的一项重要原则。健美操的创新应从多方面着手，有动作的创新、方向的变化、对称与不对称的变化、线路的变化、长短曲直的搭配，还有音乐创新、难度创新等。

2. 健美操的创编步骤

（1）准备阶段　列出创编的目的、任务、要求；了解锻炼者的情况；学习、观看有关健美操的文字资料和音像资料。

（2）制定方案阶段　确定所编操的类型、风格、难度、长度、速度，设计操的结构顺序、主要动作类型及高潮安排等。

（3）选择音乐、编排动作阶段　选择合适的音乐，通过剪辑和制作，使之适合总体设计方案要求。在熟悉、理解音乐之后，根据健美操创编原则，编排成套健美操的具体动作，并用速记或者图解的方法记录下来。

（4）调整阶段　反复练习设计好的动作，在练习过程中检查运动量和强度、动作结构顺序和艺术性等，根据检查结果的反馈再对整套动作进行适当的修改和调整。

（5）完成阶段　修改完成之后，将动作用图片和文字做说明记录，要做到简明扼要、术语正确，绘图须形象逼真、方向清晰。

五、健美操主要竞赛规则

本书在此介绍主要的竞赛规则，参考2017年1月1日开始执行的《2017年—2020年竞技健美操国际规则》。

1. 竞赛性质与项目

世界竞技健美操锦标赛是国际体联（FIG）的正式比赛，每两年举行一次。竞赛项目主要有女子单人、男子单人、混合双人、三人、集体五人。

2. 比赛场地

比赛赛台高80～140厘米，后面有背景遮挡，赛台不得小于14×14（平方米）。竞赛的地板必须是12×12（平方米），并清楚地标出7×7（平方米）的单人、混双、三人的比赛场地，以及10×10（平方米）的集体五人场地。标记带为5厘米宽的黑色带，标记带是场地的一部分。

3. 参赛资格

具有参加健美操世界锦标赛资格的运动员为FIG所属的国家/地区协会报名，满足国际体联现有章程和国际体联技术规程要求。参加国际体联成年组比赛的运动员，参赛当年必须年满18周岁。

4. 着装要求

运动员的着装必须符合竞技健美操项目所描述的运动着装。
1）正确的健美操着装不含有任何的透明材料，并且不得露出内衣。
2）女装可有或无长袖，袖口止于腕处。
3）男装只允许符合要求的男装样式。
4）禁止穿有描绘战争、暴力、宗教信仰主题的服装。

5. 音乐伴奏

（1）音响设备　音响设备必须达到专业水准，包括常规设备及以下基本装置：运动员专用音响和CD机。

（2）录音　可以使用一首或者多首乐曲混合的音乐，原创音乐或加入特殊音响效果的音乐均可使用。每张CD中只允许录制1首音乐。自备两张比赛盘，并且清楚地标明运动员姓名、国家、参赛项目和音乐时长。

（3）音质　音乐录制必须达到专业化水准。

（4）音乐版权　国际体联和组委会不能保证运动员选择的成套音乐可以播放。参赛国家必须把所使用音乐的曲目、艺术家和作曲家的名字列单在确认报名时一并交与世锦赛组委会和国际体联秘书处。

6. 成套内容

音乐伴奏下的成套健美操动作由以下内容构成：操化动作、难度动作、过渡与连接动作、托举动作（混双/三人/五人）、动力性配合/团队协作（混双/三人/五人）。成套动作中各要素的使用必须均衡。所有动作必须展示出清晰、准确的身体形态。

成套动作中若出现暴力、种族主义、宗教主义以及性暗示等主题，都是与奥林匹克精神和 FIG 的道德准则相违背的。

7. 成套时间

所有成套动作的完成时间都为 1 分 20 秒，有加减 5 秒的宽容度（不包括提示音）。

8. 评分标准

评分标准为音乐和乐感（最高 2 分）、操化内容（最高 2 分）、主体内容（最高 2 分）、空间运用（最高 2 分）、艺术表现力（最高 2 分）。

9. 减分

减分主要有多余的托举动作、违例动作、中断/停止动作、时间偏差/错误、20 秒内未出场、比赛区域的不恰当举止、错误着装。

实训设计

健美操组合动作

【目标】通过实训，更加全面、系统地掌握健美操基本动作以及动作之间的变化规律。

【内容】手臂动作组合、步伐组合、跑跳组合、不同风格的组合。

【场地】健美操房。

【器材】专用音响或便携式音响、U 盘或音乐文件。

【方法与步骤】1. 手臂动作组合：举臂、伸臂、屈臂摆动、上提、下拉、胸前推、冲拳、肩上推、摆动、绕和绕环、交叉。

2. 步伐组合：踏步、走步、一字步、V 字步、漫步、并步、迈步点地、迈步吸腿、迈步后屈腿、侧交叉步、脚尖点地（前、侧、后）、摆腿、踢腿。

3. 跑跳组合：吸腿跳、开合跳、弓步跳、弹踢腿跳、跑跳、小马跳、并步跳、摆腿跳。

4. 不同风格的组合：街舞组合、拉丁组合、爵士有氧组合、搏击组合。

第三节 体育舞蹈

一、体育舞蹈简介

体育舞蹈（sport dance）又称国际标准舞（简称国标舞），其前身是"社交舞"（ballroom dancing），由欧洲的宫廷舞及拉丁美洲的民间舞蹈发展而来，现为体育运动项目之一，是以男女为伴的一种步行式双人舞竞赛项目。

1904年，在英国成立了英国皇家舞蹈教师协会。此组织在政府的支持下，于1924年将各国知名的体育舞蹈的舞步和舞姿加以整理，形成统一标准，使之系统化、规范化，制定了有关舞蹈理论、技巧、音乐和服装等竞技的标准，公布为"国际标准交谊舞舞厅舞"，为世界各国所遵循。当时国际一致公认的体育舞蹈（现称为老国标舞）包括布鲁斯（Blues）、慢华尔兹（Slow Waltz）、快华尔兹（Quick Waltz）、快步舞（Quick Step）、狐步舞（Fox Trot）、伦巴（Rumba）和探戈（Tango）。

> **知识窗**
> 1925年，在英国的黑池举办了第一次的世界性的体育舞蹈，此比赛一年一度，吸引了国际众多舞者前往参赛交流，促进了体育舞蹈的快速发展。
> 1947年，在德国柏林举行了第一届世界标准交谊舞锦标赛。
> 1950年，国际交际舞理事会（也称国际交际舞协会）宣布成立。

1960年，拉丁舞以其特殊的韵味和风范正式在世界赛场上大放光彩，至此体育舞蹈形成了摩登舞（现代舞）和拉丁舞两大项，共10个舞种。摩登舞（Modern）包括华尔兹（Waltz）、狐步舞（Fox Trot）、快步舞（Quick Step）、探戈（Tango）和维也纳华尔兹（Viennese Waltz）；拉丁舞（Latin）包括伦巴（Rumba）、桑巴（Samba）、恰恰恰（Cha-Cha-Cha）、斗牛舞（Paso Doble）和牛仔舞（Jive）。

1964年，增设的八人四对一起共舞的集体舞形式，使体育舞蹈各舞种的舞姿和音乐特色得到更为鲜明的体现。现代舞、拉丁舞和集体舞三项崭新的舞蹈被称为现代国际体育舞蹈。

目前最权威的国际性体育舞蹈组织是国际体育舞蹈联合会（简称国际体育舞联，IDSF），于1997年获得国际奥委会的正式承认。国际重大的体育舞蹈赛事主要有摩登舞国际竞技舞锦标赛、拉丁舞国际竞技舞锦标赛、十项国际竞技舞锦标赛、欧洲国际竞技舞锦标赛和亚洲—太平洋国际竞技舞锦标赛。

国际标准交谊舞于20世纪30年代传入我国，自1986年正式引进后，发展迅速。

1991年，中国体育舞蹈运动协会成立。后来与中国业余舞蹈竞技协会联合组建中国体育舞蹈联合会。中国现为国际体育舞蹈联合会的正式会员。

体育舞蹈分为大众性体育舞蹈与竞技性体育舞蹈两大类。其中，大众性体育舞蹈主要包括教学舞蹈、实用性舞蹈和社交舞蹈；竞技性体育舞蹈主要包括摩登舞（华尔兹、狐步舞、快步舞、探戈和维也纳华尔兹)、拉丁舞(伦巴、桑巴、恰恰恰、斗牛舞和牛仔舞)和团体队列舞(摩登舞组合、拉丁舞组合)。

体育舞蹈具有娱乐性、艺术性、造型性、自娱性与表演性几大特点。体育舞蹈动作以人体肌肉活动特有的运动形式产生负荷并刺激内脏器官,能促进心血管、呼吸和神经系统机能的增强。体育舞蹈中的摩登舞所用舞曲节奏适中,配合起伏的动作、轻柔灵巧的倾斜、摆荡及优美的造型,华丽多姿、风韵独特,既可锻炼身体,还可塑造气质,和缓的节奏也是中老年人的首选。拉丁舞则热情奔放、节奏明快,几乎可锻炼身体每个部位,配合动感的音乐,能使人忘却烦恼和忧愁。经常采用体育舞蹈进行锻炼,能增强人们的沟通和交往意识,还能塑造形体和提高对美的感受力。

二、体育舞蹈基本知识

初学体育舞蹈时,须掌握一些基本的概念和知识。

1. 舞池介绍

体育舞蹈标准比赛场地为长 23 米、宽 15 米的地面光滑平整的长方形场地(见图 11-24)。其中,长线为 A 线,短线为 B 线,舞程路线为逆时针方向,此方向称舞程向,其线路称舞程线。

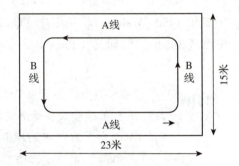

图 11-24 体育舞蹈标准比赛场地

2. 角度和方位

为了使舞者在舞池中起舞时明确方向,按照规定的动作进行比赛和练习,体育舞蹈对每个舞步起始、结束时所站立的方向,运步、旋转过程中的方位、角度都做了相应的规定。

(1) 旋转角度 旋转时以每转 360° 为一周;旋转 45° 为 1/8 周;旋转 180° 为 1/2 周;旋转 225° 为 5/8 周;旋转 270° 为 3/4 周;旋转 315° 为 7/8 周。在标记旋转动作时,应先标明旋转的方向,再标明角度,例如左转 1/4 周。

(2) 方位 为了便于在舞蹈中正确地辨别方位和检查旋转的角度,在舞场上要规定一定的方位。一般情况下,多以乐队演奏台的一面为规定方位的基点,定为"1 点"(也可在场地中任选一个面定位"1 点"),每向顺时针方向转动 45° 角则变动一个方位,共有八个点(见图 11-25)。

以上方位为固定位置时使用。若舞者按舞程线不断变换方位,向前移动,则方位要与舞程线发生联系。因此,规定了几条线来指示舞者每个舞步的行进方向。体育舞蹈中规定了八条线,分别为面对舞程线、面对斜壁线、面对壁线、背斜中央线、背对舞程线、背斜壁线、面对中央线和面斜中央线(见图 11-26)。

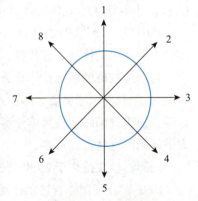

图 11-25 八点方位图

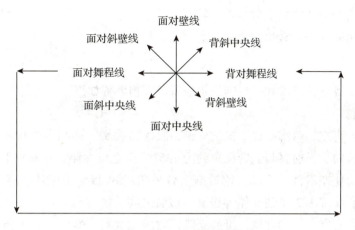

图 11-26　体育舞蹈方位线

3. 基本名词与动作术语

1）舞姿：泛指舞者跳舞的姿态。

2）闭式位舞姿：男女面对面双手持握的身体位置。

3）开式位舞姿：男士的右侧与女士的左侧身体紧密贴靠，身体的另一侧略向外展的站立行进的身体位置。

4）右错位舞姿：在摩登舞中，男女舞伴的一方向另一方的右外侧前进所形成的身体位置。

5）并肩位舞姿：在拉丁舞中，男女面对同一方向肩臂相并的身体位置。以男士为基准，男士左肩与女士右肩相并叫"左并肩位"，男士右肩与女士左肩相并叫"右并肩位"。

6）扇形位舞姿：在拉丁舞中，女士肚脐朝向男士，身体有点扭转，重心脚稍向后；女士右手掌心向下放于男士左手掌心位，男女异侧手臂打开，如同能容纳三个人一般的身体位置。

7）影子位舞姿：男女舞伴面向同一方向重叠而立，形影相随的身体位置，以女士居前较常见。

8）反身动作：一侧脚前进或后退时，异侧肩和胯后让或前送，使身体与舞步形成反向配合的身体动作。

9）反身动作位置：在身体不转动的情况下，一脚在身前或身后形成交叉，以保证两人身体维持相靠状态的身体动作位置。

10）升降动作：在跳舞时身体的上升与下降。升降动作是在膝、踝、趾关节的屈和伸动作的转换中完成的。

11）摆荡动作：在身体上升做斜向或横向移动时，像钟摆似的把身体摆动起来。

12）倾斜动作：在跳一些舞步时身体的倾斜。从形体上讲，它是指肩的平衡线向左向右的倾斜，与地面的水平线呈三角斜线。

13）节奏：通常指以一定规律反复出现、赋予音乐以性格的具有特色的节拍。

14）速度：这里指音乐的速度，即每一分钟内所演奏的小节总数。

15）组合：两个或两个以上舞步型的结合。

16）套路：由若干个组合串编成的一套完整的舞步型。

4. 握抱姿势

华尔兹、狐步舞、快步舞和维也纳华尔兹舞的握抱姿势如下：

1）闭式舞姿。

①男子握姿：直立，两脚并拢，挺胸立腰，收腹微提臀，两膝自然放松；左手与女伴右手掌心相握，虎口向上，前臂与上臂夹角约为135°，高度与女伴右耳峰水平相平；右手五指并拢，轻轻置于女伴左肩胛骨下端，前臂与上臂夹角约为75°；头部自然挺直，目光从女伴右肩方向看出；右腹部1/2微贴女伴（服装与服装之间接触）。

②女子握姿：直立，两脚并拢，挺胸立腰，收腹微提臀，紧腰向后上方打开；右手与男伴左手掌心相握，轻轻挂于男伴左手虎口上；左手在男伴右肩袖处轻轻搁置，用虎口轻轻掐住男伴三角肌；头部略向左倾斜，目光从男伴右肩方向看出；右腹部1/2微贴男伴（服装与服装之间接触）。

2）散式舞姿。在闭式舞姿的基础上，男伴将头及上身略向左打开，女伴将头及上身略向右打开，男女伴的头向同一方向看出，腰胯部接触同闭式舞姿。

5. 体育舞蹈十大舞种的基本特点

（1）华尔兹 华尔兹即人们通常所说的慢三步舞，其舞曲节拍为3/4拍，速度为31小节/分钟。基本节奏为1、2、3拍，第1拍是重拍（嘭），第2、3拍是轻拍（嚓、嚓）。此舞舞态雍容华贵，舞步婉转流畅、此起彼伏，被誉为"舞中之后"。其基本步法为一拍跳一步，每小节三拍跳三步，但也有一小节跳两步或四步的特定舞步。由于其节奏较缓慢，且其他舞种中的不少技巧均在华尔兹中得到充分体现，故华尔兹一般被列为最先学习的舞种。基本舞姿为闭式舞姿和散式舞姿。

（2）快步舞 快步舞舞曲节拍为4/4拍，速度为48～52小节/分钟。基本节奏为慢、慢、快、快、慢，其中第1、3拍为重拍（嘭），第2、4拍为弱拍（嚓、嚓）。此舞轻快活泼、易掌握，非常适合年轻人学习。其基本步法为慢步二拍跳一步，快步一拍跳一步。基本舞姿同华尔兹。

（3）狐步舞 狐步舞舞曲节拍为4/4拍，速度为30小节/分钟。基本节奏为慢、慢、快、快，其中第1、3拍为重拍（嘭），第2、4拍为弱拍（嚓、嚓）。此舞舞步平稳大方，但在跳舞过程中无停留，在运动中还要完成升降、转身等动作，对舞者的膝、踝关节柔韧性要求极高，是体育舞蹈中最难跳的一种舞。其基本步法为慢步二拍跳一步，快步一拍跳一步。基本舞姿同华尔兹。

（4）探戈 探戈舞曲节拍为2/4拍，速度为32～34小节/分钟。基本节奏为慢、慢、快、快、慢，两拍均为重拍。音乐采用顿挫感非常强烈的断奏式演奏。此舞舞步华丽高雅、热烈狂放且变化无穷，但跳舞时表情要严肃，这与其他舞种不同。其基本步法为慢步一拍跳一步，快步半拍跳一步。基本舞姿为闭式舞姿和散式舞姿，但动作与摩登舞其他四个舞种的舞姿有所不同。

(5）维也纳华尔兹 维也纳华尔兹舞曲节拍为 3/4 拍，速度为 56 小节/分钟。基本节奏为 1、2、3 拍，其中第 1 拍是重拍（嘭），第 2、3 拍是弱拍（嚓、嚓）。此舞典雅大方、动作流畅、旋转性强。其基本步法同华尔兹，动作少，技巧不多。基本舞姿同华尔兹，不同的是舞伴间站立位置稍分开一些，男士左臂稍降、略宽。

(6）伦巴 伦巴舞曲节拍为 4/4 拍，速度为 28～31 小节/分钟。基本节奏为 2、3、4、1 拍，或快、快、慢。此舞音乐缠绵抒情，舞姿婀娜，具有文静、含蓄和柔媚的风格，是拉丁舞中较易掌握的一个舞种。其基本步法为慢步两拍跳一步，快步一拍跳一步，起步是在每小节的第 2 拍上。基本舞姿为闭式位舞姿和扇形位舞姿。

(7）桑巴 桑巴舞曲节拍为 2/4 拍或 4/4 拍，速度为 48～56 小节/分钟。其基本节奏为 1、1、1、1/2、1/2（2、1、1）、1/2、1/2、1/2、1/2（1、1、1、1）、3/4、1/4、1（1.5、1/2、2），或慢、慢、慢、快、快、快、快、快、快、慢、a、慢。此舞活泼动人、热情奔放，但其舞步强调上下弹动，且伴随舞者膝踝关节的弹动，腹部有幅度较小的前后摆动，与伦巴等完全不同，故为拉丁舞中较难掌握的一个舞种。其基本步法为慢步一拍（二拍）跳一步，快步半拍（一拍）跳一步，a 是 1/4 拍（1/2 拍）跳一步。基本舞姿同伦巴。

(8）恰恰恰 恰恰恰舞曲节拍为 4/4 拍，速度为 32～34 小节/分钟。其基本节奏为 2、3、4、&、1，或慢、慢、快、快、慢。此舞音乐欢快、舞蹈活泼风趣、动作利落紧凑，是拉丁舞中另一个较易掌握的舞种。其基本步法为慢步一拍跳一步，快步是半拍跳一步，起步与伦巴相同，在每小节的第 2 拍上。基本舞姿为开式舞姿和扇形位舞姿。

(9）斗牛舞 斗牛舞舞曲节拍为 2/4 拍，速度为 60～62 小节/分钟。其基本节奏为 1、2。此舞是一种模仿西班牙斗牛士动作的舞蹈，男士扮演斗牛士，女士扮演斗牛士手中的斗篷，故其动作刚劲有力、威武激昂。其基本步法是一拍跳一步。握持方式除了因手臂举得相当高，致使男女上身位置更贴近外，与英式舞蹈相似。

(10）牛仔舞 牛仔舞舞曲节拍为 4/4 拍，速度为 40～46 小节/分钟。其基本节奏为 1、2、3、4、1、2、3、a、4、1、2、3、a、4、5、a、6，或快、快、快、快、快、快、快、a、快、快、快、快、a、快、快、a、快。此舞节奏欢快兴奋、动作活泼、舞步丰富多变，深受年轻人的喜爱。但由于其舞步不强调移动，几乎是跳动着的，且变化取决于男士的领带，故也不易跳好。其基本步法为快步一拍跳一步，a 是 1/4 拍跳一步，在 a 时可以变换方向，具有较大的灵活性。但无论舞步怎样变化，均要用脚前掌平首踏地，脚跟轻微地上下弹动，膝关节自然弹动屈伸。基本舞姿有闭式舞姿、开式舞姿、散式舞姿等。

三、摩登舞之华尔兹舞的基本动作

根据高职高专体育舞蹈教学的具体情况，本书介绍华尔兹舞的部分基本动作。

1. 前进并换步和后退并换步

前进并换步和后退并换步又称为"方块步"或"四方步"。准备姿势为闭式舞姿。舞步动作要领如表 11-1 所示。

表 11-1　华尔兹前进并换步和后退并换步动作要领

步序	节奏	要领 男士	要领 女士	脚法	方位 男士	方位 女士	升降	转度	倾斜 男士	倾斜 女士
1	1	左脚前进	右脚后退	跟掌	面对舞程线	背对舞程线	结尾开始上升	不转		
2	2	右脚经左脚横步	左脚经右脚横步	掌	面对舞程线	背对舞程线	继续上升		左	右
3	3	左脚并于右脚	右脚并于左脚	掌	面对舞程线	背对舞程线	继续上升，结尾下降		左	右
4	1	右脚后退	左腿前进	跟掌	面对舞程线	背对舞程线	结尾开始上升			
5	2	左脚经右脚横步	右脚经左脚横步	掌	面对舞程线	背对舞程线	继续上升		右	左
6	3	右脚并于左脚	左脚并于右脚	掌	面对舞程线	背对舞程线	继续上升，结尾下降		右	左

2. 左脚并换步

准备姿势为闭式舞姿。舞步动作要领如表 11-2 所示。

表 11-2　华尔兹左脚并换步动作要领

步序	节奏	要领 男士	要领 女士	脚法	方位 男士	方位 女士	升降	转度	倾斜 男士	倾斜 女士
1	1	左脚前进	右脚后退	跟掌（男）掌跟（女）	面对斜壁线	背斜壁线	结尾开始上升	不转		
2	2	右脚经左脚横步稍前	左脚经右脚横步稍后	掌	面对斜壁线	背斜壁线	继续上升		左	右
3	3	左脚并于右脚	右脚并于左脚	掌	面对斜壁线	背斜壁线	继续上升，结尾下降		左	右

3. 右转步

准备姿势为闭式舞姿。舞步动作要领如表 11-3 和表 11-4 所示。

表 11-3　华尔兹右转步男士步动作要领

步序	节奏	要领	脚法	方位	升降	转度	倾斜
1	1	右脚前进	跟掌	面对斜壁线	结尾开始上升	开始右转	
2	2	左脚经右脚横步	掌	面对斜壁线	继续上升	1-2转1/4	右
3	3	右脚并于左脚	掌	背对舞程线	继续上升，结尾下降	2-3转1/8	右
4	1	左脚后退	掌跟	背对舞程线	结尾开始上升		
5	2	右脚经左脚横步	掌	背斜中央线	继续上升	4-5转3/8	左
6	3	左脚并于右脚	掌	面斜中央线	继续上升，结尾下降		左

表 11-4　华尔兹右转步女士步动作要领

步序	节奏	要领	脚法	方位	升降	转度	倾斜
1	1	左脚后退	掌跟	背斜壁线	结尾开始上升	开始右转	
2	2	右脚经左脚横步	掌	面对舞程线	继续上升	1-2转3/8，身体稍转	左
3	3	左脚并于右脚	掌	面对舞程线	继续上升，结尾下降	身体完成转动	左
4	1	右脚前进	跟掌	面对舞程线	结尾开始上升	继续右转	
5	2	左脚经右脚横步	掌	背向中央	继续上升	4-5转1/4	左
6	3	右脚并于左脚	掌	背斜中央线	继续上升，结尾下降	5-6转1/8	左

4. 右脚并换步

准备姿势为闭式舞姿。舞步动作要领如表 11-5 所示。

表 11-5　华尔兹右脚并换步动作要领

步序	节奏	要领 男士	要领 女士	脚法	方位 男士	方位 女士	升降	转度	倾斜 男士	倾斜 女士
1	1	右脚前进	左脚后退	跟掌（男）掌跟（女）	面斜中央线	背斜中央线	结尾开始上升	不转		
2	2	左脚经右脚横步	右脚经左脚横步	掌	面斜中央线	背斜中央线	继续上升		右	左
3	3	右脚并于左脚	左脚并于右脚	掌	面斜中央线	背斜中央线	继续上升，结尾下降		右	左

5. 左转步

准备姿势为闭式舞姿。舞步动作要领如表 11-6 和表 11-7 所示。

表 11-6　华尔兹左转步男士步动作要领

步序	节奏	要领	脚法	方位	升降	转度	倾斜
1	1	左脚前进	跟掌	面斜中央线	结尾开始上升	开始左转	
2	2	右脚横步	掌	背斜壁线	继续上升	1-2转1/4	左
3	3	左脚并于右脚	掌跟	背对舞程线	继续上升，结尾下降	2-3转1/8	左
4	1	右脚后退	掌跟	背斜舞程线	结尾开始上升		
5	2	左脚经右脚横步	掌	面对斜壁线	继续上升	4-5转3/8，身体稍转	右
6	3	右脚并于左脚	掌跟	面对斜壁线	继续上升，结尾下降	身体完成转动	右

表 11-7　华尔兹左转步女士步动作要领

步序	节奏	要领	脚法	方位	升降	转度	倾斜
1	1	右脚后退	掌跟	背斜中央线	结尾开始上升	开始左转	
2	2	左脚经右脚横步	掌	指向舞程线	继续上升	1-2 转 3/8，身体稍转	右
3	3	右脚并于左脚	掌跟	面对舞程线	继续上升，结尾下降	身体完成转动	右
4	1	左脚前进	跟掌	面对舞程线	结尾开始上升	继续左转	
5	2	右脚经左脚横步	掌	面斜壁线	继续上升	4-5 转 1/4	左
6	3	左脚并于右脚	掌跟	面斜壁线	继续上升，结尾下降	5-6 转 1/8	左

四、拉丁舞之伦巴的基本步型

伦巴是拉丁舞五个舞种中较易掌握的一种，也是体育舞蹈教学中最先教学的内容。以下将介绍伦巴的部分基本步型。

1. 基本动作

准备姿势为：男士闭式位，开立，重心放右脚；女士闭式位，开立，重心放左脚。舞步动作要领如表 11-8 所示。

表 11-8　伦巴基本动作要领

步数	脚位		转度		拍数
	男士	女士	男士	女士	
1	左脚向前	右脚向后	开始左转，1-3 完成左转 1/8 或 1/4		2
2	重心回到右脚	重心回到左脚			3
3	左脚向侧	右脚向侧			4、1
4	右脚向后	左脚向前	4-6 完成左转 1/8 或 1/4		2
5	重心回到左脚	重心回到右脚			3
6	右脚向侧	左脚向侧			4、1

2. 扇形

准备姿势为：男士闭式位，开立，重心放右脚；女士闭式位，开立，重心放左脚。舞步动作要领如表 11-9 所示。

表 11-9　伦巴扇形位动作要领

步数	脚位		转度		拍数
	男士	女士	男士	女士	
1-3	同基本动作 1-3	同基本动作 1-3	1-3 向左转 1/8	1-3 向左转 1/8	2、3、4、1
4	右脚向后	左脚向前		开始左转，4-6 完成左转 1/4	2
5	重心回到左脚	右脚向后稍右			3
6	右脚向横侧	左脚向后			4、1

3. 阿列曼娜

准备姿势为：男士扇形位开始，重心放在右脚；女士扇形位开始，重心放在左脚。舞步动作要领如表 11-10 所示。

表 11-10　伦巴阿列曼娜动作要领

步数	脚位		转度		拍数
	男士	女士	男士	女士	
1	左脚向前	右脚靠近左脚			2
2	重心回到右脚	左脚向前			3
3	左脚靠近右脚	右脚向前		右转 1/8	4、1
4	右脚向后	左脚向前			2
5	重心回到左脚	右脚向前		右转，4-6 完成右转 9/8	3
6	右脚靠近左脚	左脚向前			4、1

4. 曲棍步

准备姿势为：男士和女士均从扇形位开始。舞步动作要领如表 11-11 所示。

表 11-11　伦巴曲棍步动作要领

步数	脚位		转度		拍数
	男士	女士	男士	女士	
1	左脚向前	右脚靠近左脚			2
2	重心回到右脚	左脚向前			3
3	左脚靠近右脚	右脚向前			4、1
4	右脚向后	左脚向前			2
5	重心回到左脚	右脚向侧稍后	开始右转，4-6 完成右转 1/8	开始左转，4-6 完成右转 5/8	3
6	右脚向前	左脚后退			4、1

5. 右陀螺转

准备姿势为：男士闭式位开始，重心放左脚；女士闭式位开始，重心放右脚。舞步动作要领如表 11-12 所示。

表 11-12　伦巴右陀螺转动作要领

步数	脚位		转度		拍数
	男士	女士	男士	女士	
1	右脚放在左脚后，脚尖外转	左脚向侧			2
2	左脚向侧	右脚放在右脚前，脚尖外转	开始右转，1-8 完成两圈右转	开始右转，1-8 完成两圈右转	3
3-8	重复 1-2 三次	重复 1-2 三次			4、1、2、3 4、1、2、3
9	右脚靠近左脚	左脚向侧			4、1

6. 右分展步

准备姿势为：男士闭式位开始，重心放右脚；女士闭式位开始，重心放左脚。舞步动作要领如表 11-13 所示。

表 11-13　伦巴右分展步动作要领

步数	脚位		转度		拍数
	男士	女士	男士	女士	
1	左脚向侧	右脚向后	稍右转	在左脚向右 1/2 转	2
2	重心回到右脚	重心回到左脚	开始左转	开始左转，2-3 完成左转 1/2	3
3	左脚靠拢右脚	右脚向侧	回转还原		4、1

7. 定点转

准备姿势为：男士面对开立，重心放在右脚；女士面对开立，重心放在左脚。舞步动作要领如表 11-14 所示。

表 11-14　伦巴定点转动作要领

步数	脚位		转度		拍数
	男士	女士	男士	女士	
1	左脚向前	右脚向前	左转 1/4	右转 1/4	2
2	右脚向前	左脚向前	左转 1/2	右转 1/2	3
3	左脚向侧	右脚向侧	左转 1/4	右转 1/4	4、1

8. 闭式扭臀

准备姿势为：男士女士均从闭式位开始，脚靠近。舞步动作要领如表 11-15 所示。

表 11-15　伦巴闭式扭臀动作要领

步数	脚位		转度		拍数
	男士	女士	男士	女士	
1	左脚向侧	右脚向后	稍向右转	右转 1/2	2
2	重心回到右脚	重心回到左脚	开始左转	开始左转，2-3 左转 1/2	3
3	左脚靠拢右脚	右脚向侧	回到原位		4、1
4	右脚后退	左脚向前，小步		右转 3/8	2
5	重心回到左脚	右脚向侧后		开始左转，5-6 左转 5/8	3
6	右脚向侧	左脚向后			4、1

五、华尔兹和伦巴的主要练习方法

1）听教师或同伴口令单人练习单个步法，口令速度可先放慢，熟练后口令速度回到正常。

2）听音乐单人练习单个步法。

3）听教师或同伴口令双人练习单个步法，口令速度可先放慢，熟练后口令速度回到正常。

4）听音乐双人练习单个步法。

5）听教师或同伴口令单人练习组合步法，口令速度可先放慢，熟练后口令速度回到正常。

6）听音乐单人练习组合步法。

7）听教师或同伴口令双人练习组合步法，口令速度可先放慢，熟练后口令速度回到正常。

8）听音乐双人练习组合步法。

六、体育舞蹈主要竞赛规则

1. 对选手的规定

1）不许在同类舞场中换舞伴。

2）准时入场，违者按弃权论处。

3）编组后不能改组。

4）摩登舞比赛中必须男女交手跳舞；拉丁舞比赛中不许做托举上肩、跪腿等动作。

2. 评判要素

从基本技术、音乐表现力、舞蹈风格、动作编排、临场表现和赛场效果六个方面对选手进行打分。

3. 计分方法

体育舞蹈的计分方法以顺位法为依据。所谓"顺位法"，是指决赛名次的产生方法，即将决赛时评委给选手打的名次通过顺位排列的方法计算单项和全能名次。具体计分程序如下：

1）计分员将单项舞评分单上各裁判打"√"的记号记入预赛、半决赛用的淘汰表，按"√"数的多少和规定名额录取下一轮比赛的选手。

2）将决赛单项舞评分单上各裁判判定的名次记入顺位表，再把各单项舞成绩顺位核计，算出选手单项舞名次。

3）将单项舞名次数相加，依数值由小到大排出第1～6名摩登舞或拉丁舞名次。

4. 顺位法计分规则

（1）单项舞顺位规则

1）在各位次上领先获得半数裁判判定的选手获得该顺位的名次。

2）在同一顺位上有两对以上选手获得半数，则按数值大小决定名次，数值大的名次列前。

3）在同一顺位上出现相等数时，则将顺位数相加，用括号表示，积分少的名次列前。

4）在第一顺位上所有选手未获过半数，则降下位计算，直至出现过半数为止。

(2) 全能顺位规则

1）将总分顺位表的各单项名次数相加，按合计数的大小排列选手名次，合计数小的名次列前。

2）如果名次合计数相等，则看获得顺位次数多少，次数多的名次列前。

3）如果合计数、顺位次数都相等，则看顺位积数大小，积数小的名次列前。

4）如果合计数、顺位次数、顺位积数都相等，则须将相等者的各单项名次顺位重新全部列出，重新计算。如仍相等，则可加赛或用其他方法解决。

5．裁判标准的运用和裁判员必须具备的条件

裁判应严肃、认真、公正、准确地做好评判工作，必须具有良好的业务能力和道德品质。世界比赛的专业裁判由英国皇家舞蹈教师协会考核审定，按等级分为三种不同资格：

1）学士资格。必须掌握 5 种舞蹈的 50 个以上的动作组合。

2）会士资格。必须掌握 5 种舞蹈的 100 个以上的动作组合。

3）范士资格。必须掌握 10 种舞蹈的 100 个以上的动作组合，并兼有考官资格。

实训设计

伦巴的基本舞步——矩形步

【目标】通过实训，掌握伦巴的基本舞步矩形步。

【内容】伦巴男子矩形舞步、伦巴女子矩形舞步。

【场地】舞蹈房。

【方法与步骤】1．男子舞步

1）左脚向左侧跨，膝部弯曲，重心在右脚——快；

2）将重心改换到左脚，右脚靠左脚，右膝弯曲——快；

3）将重心改换到右脚，左脚向前伸，膝部弯曲——慢；

4）将重心改换到左脚，右脚向右边跨，膝部弯曲——快；

5）将重心改换到右脚，左脚靠右脚，左膝弯曲——快；

6）将重心改换到左脚，右脚向后放，膝部弯曲——慢。

2．女子舞步

1）右脚向右侧跨，膝部弯曲，重心在左脚——快；

2）将重心改换到右脚，左脚靠右脚，左膝弯曲——快；

3）将重心改换到左脚，右脚向后放，膝部弯曲——慢；

4）将重心改换到右脚，左脚向左侧跨，膝部弯曲——快；

5）将重心改换到左脚，右脚靠左脚，右膝弯曲——快；

6）将重心改换到右脚，左脚向前伸——慢。

第四节 跆拳道

一、跆拳道简介

跆拳道（taekwon-do）是在朝鲜、韩国民间较流行的一种简单、易学、实用的赤手空拳的自卫性武术，也是一项培养道德、礼仪和高尚情操的体育项目。"跆拳道"一词是1955年由韩国的崔泓熙将军命名的。它由品势、搏击和功力检验三部分内容组成。由于其具有简捷实用、内外兼修和手脚并用的运动特点，因此深受广大青少年的喜爱，并在世界范围内得到了广泛的传播和发展。

我国跆拳道的发展经历了从院校到大众、竞技体育与大众健身体育相互促进的过程。

1992年，中国跆拳道筹备小组成立。这标志着我国跆拳道运动的正式开始。

1994年，在云南昆明举行了第一届全国跆拳道比赛。

1995年，在北京体育大学举办了第一届全国跆拳道锦标赛。

1999年，我国女运动员王朔在加拿大埃特蒙多举行的世界跆拳道锦标赛上获得女子55公斤级冠军。这是我国运动员获得的首个跆拳道世界冠军。

2000年，我国女运动员陈中在澳大利亚悉尼举行的第27届奥运会上获得跆拳道女子67千克以上级冠军。这是我国运动员在奥运会上获得的首枚跆拳道金牌。

2004年，罗微获第28届奥运会跆拳道女子67公斤级比赛冠军。

2008年，吴静钰获第29届奥运会跆拳道女子49公斤级比赛冠军，并在第30届奥运会上成功卫冕。

2016年，在第31届奥运会上，赵帅夺得男子58公斤级比赛冠军，郑姝音获女子67公斤以上级比赛冠军。

跆拳道的特点主要有：以腿为主，以手为辅，身体主要关节武器化；方法简捷，刚直相向；内外兼修，方法独特，以功力验水平。正是由于具有以上特点，跆拳道可以提高身体各关节的灵活性及肌肉的伸展性与收缩能力，全面提高人的身体素质，还可以提高人内脏器官的机能和神经系统的灵活性，增强人体的击打和抗击打能力。人们通过攻防练习，可以学习掌握实用技术，提高防身自卫能力；通过跆拳道的练习和跆拳道精神的学习，可以培养顽强果断、吃苦耐劳的精神，养成礼让谦逊的美德；通过观看跆拳道比赛或实战，可以感受运动美，还能激发斗志、陶冶道德情操。可以说，跆拳道对人的身心发展都是非常有好处的。

二、跆拳道的基本技术

1. 跆拳道的使用部位、主要术语及动作要领

（1）拳法　拳法在竞技跆拳道中主要有正拳，在品势（相当于中国武术中的套路）中有正拳、勾拳和锤拳等。

1）正拳：也称平冲拳或直拳。将手的四指并拢握紧，拳面平，拇指压贴于食指和中指的第二指关节上（见图11-27）。使用正拳时，用拳正面的食指和中指部分击打。

2）勾拳：握法同正拳。使用勾拳时，用食指和中指关节根部的突出部分击打（见图11-28）。

3）锤拳：握法同正拳。使用锤拳时，用小指和手腕间的肌肉部分击打（见图11-29）。

图11-27 正拳　　　　图11-28 勾拳　　　　图11-29 锤拳

4）平拳：向前平伸拳，然后弯曲手指的第二指关节，指尖贴紧手掌，拇指弯曲紧贴食指尖，用第二指关节凸出击打（见图11-30）。

5）中突拳：中指弯曲或食指从正拳握法中凸出，主要击打太阳穴和两边肋部（见图11-31）。

图11-30 平拳　　　　图11-31 中突拳

（2）掌法

1）手刀：四指伸直，拇指弯曲靠近食指，用小指侧的掌外沿攻击对方（见图11-32）。只局限于在品势中使用。

2）背刀：手形与手刀基本相同，用食指侧攻击对方（见图11-33）。只限于在品势中使用。

3）贯手：手形与手刀基本相同，要求微屈中指，主要用四指指尖截击对方的要害部位，如眼睛、喉部等（见图11-34）。只限于在品势中使用。

图11-32 手刀　　　　图11-33 背刀　　　　图11-34 贯手

（3）臂部

1）腕部：用腕关节的四周部位。主要用于格挡防守。

2）肘部：用肘的鹰突关节攻击。只限于在品势中使用。

3）前臂和上臂：主要用外侧进行格挡防守。其中前臂的格挡在跆拳道比赛中经常被运动员所使用。

（4）膝部和脚部　跆拳道比赛中，运动员主要以腿攻为主，采用脚的部位主要是脚面、足刀、脚尖和脚跟。

1）膝部：用膝盖顶击对方。只限于在品势中使用。

2）脚面：用脚的正面部分攻击对方。主要用来踢击对方髋关节以上、锁骨以下被护具包围的部位和头部的侧面。

3）足刀：用脚外沿侧蹬对方。多用于侧、推踢。

4）脚尖：主要用脚趾前端的部位进攻对方。

5）脚跟：主要用脚跟后踢和推踢对方。

6）前脚掌：主要用前脚掌攻击对方。多用于劈腿。

2. 实战姿势

（1）标准实战姿势　左脚在前称为左势，右脚在前称为右势。此处以左势为例。

双脚前后开立与肩同宽，左脚尖正对右斜前方，右脚脚跟抬起，膝关节微屈，重心在两脚之间；上体自然直立，正对右斜前方，双手握拳，拳心相对，两臂弯曲置于胸前；头部挺直正对前方，目视正前方（见图11-35）。

（2）侧向实战姿势　身体完全侧向，左右脚在一条直线上，其他部位动作同标准实战姿势（见图11-36）。

（3）低位实战姿势　身体姿势同标准实战姿势，只是双膝弯曲加大，重心降低（见图11-37）。

图11-35　标准实战姿势　　图11-36　侧向实战姿势　　图11-37　低位实战姿势

3. 与对手相关的站位

（1）开式站位　开式站位包括左势对右势和右势对左势两种形式。图11-38所示为左势对右势。

（2）闭式站位　闭式站位包括左势对左势和右势对右势两种站位形式。图11-39所示为左势对左势。

图11-38　开式站位　　　　图11-39　闭式站位

4．基本步法

在跆拳道技术体系中，步法是非常重要的一个环节。在竞技跆拳道中也有规则限制。在比赛中，运动员主要用腿攻击和防守反击，步法的灵活与否，在一定程度上决定了其进攻和防守或反击的效果，故学跆拳道必先了解基本步法。

（1）上步

1）动作过程及要领：右势站立，左脚向前上一步，成左势；反之，左势亦然。上步时通过左拧腰转髋完成，两臂在体侧自然上下移动，重心应稳定。

2）实战使用：上步常用于逼迫对手后撤，或引诱对手进攻，而当对手使用上步时，自己即可使用进攻技术攻击对手。

（2）后撤步

1）动作过程及要领：右势站立，右脚向后撤一步，成左势准备姿势；反之，左势亦然。后撤步时重心保持平稳移动，通过向左拧腰转髋完成，两臂在体侧自然上下移动。

2）实战使用：后撤步常用于对手向自己使用前旋踢时。当对手准备继续进攻时，可用前腿的侧踢或鞭踢或下压阻击对手。

（3）前跃（进）步

1）动作过程及要领：右势站立，两脚同时向前跃进一步，保持右势准备姿势；反之，左势亦然。向前跃步时，重心不宜起伏过大，尽量平稳移动，两脚稍离地即可。

2）实战使用：前跃步常用于快速接近对方以使用旋踢或下压等进攻动作。当对方前跃步时，可用前腿的劈腿或后踢或后旋踢迎击对方。但有时对方使用前跃步是为了引诱自己反击后要调整重心时再进攻得点，因此，此时自己可随之后撤一步而不被对方所利用。

（4）后跃步

1）动作过程及要领：右势站立，两脚同时向后回撤一步，保持右势准备姿势；反之，左势亦然。向后回撤时，重心不宜起伏过大，尽量平稳移动，两脚稍离地即可。

2）实战使用：后跃步常用在对方进攻、自己需要快速与对方拉开距离时，此时由于自己有一个向后撤的惯性，再用进攻的动作就一定有难度，一般使用迎击动作，如后踢或后旋踢等。因此，若对方使用后跃步，自己要防止对方的阻击动作；如果自己使用组合动作，在对方后跃步时，自己一般使用侧踢、推踢或外摆下压等动作。

（5）原地换步

1）动作过程及要领：右势站立，两脚原地前后交换，由右势换成左势；反之，左势亦然。重心不宜起伏过大，尽量使重心平稳移动，两脚稍离地即可。

2）实战使用：原地换步常用在对方与自己是闭式站位，自己为了与对方形成开式站位用以更有利于击打对方的胸部时，或是为了不让对方的优势腿发挥威力，使对方感到别扭。而当对方原地换步时，可利用此时机抢攻得点。

（6）侧移步

1）动作过程及要领：第一种步法是以前脚为轴，后脚向左（或向右）侧移动，用以改变与对手的站位方向；第二种步法是右势站立，右脚先向右（或向左）侧移动一步，随之左脚也迅速向右（或向左）侧移动一步。一般将身体重心移向前脚，以利于后脚进攻。

2)实战使用:主动进攻时,对方反应速度快,则使用向一侧移动的侧移步,诱使对方来不及调整身体重心而不能很好地反击。或是当对方进攻,自己不向后撤,而使用侧移步与对方贴近使用进攻动作。

(7)垫步

1)动作过程及要领:右势站立,右脚向左脚内侧上步,同时左腿迅速抬起,以便进攻和防守。

2)实战使用:主要在主动进攻时用前腿攻击对方。

5.基本腿法

(1)前踢 前踢是学习旋踢的基础,在品势中常被使用。

1)动作过程及要领。左势站立,重心移至左腿,提起右大腿,同时髋部略向左转,两大腿内侧之间的距离尽量小,膝盖朝前,脚面稍绷直,双手握拳自然垂于身体两侧;继续将髋关节前送,右大腿向前抬提,当大腿抬至水平或稍高时,向前弹出小腿,用脚面击打目标;直接向右转髋使右小腿折叠快收回原位,然后后撤右腿,还原成左势准备姿势(见图11-40)。击打时脚面应绷直,小腿弹直的一瞬间应有一个制动过程,使脚产生鞭打的效果。此腿法主要用于攻击对手的面部和下颌。

图11-40 前踢

2)易犯错误与纠正方法。

①踢时髋部未前送。

纠正方法:针对性地练习提腿送髋姿势,并由教师、教练或同伴予以纠正。

②提膝时未直线出腿;击打时脚面未绷直;支撑腿未积极配合髋部的转动。

纠正方法:先分解练习单个动作,再完整练习,熟练后利用脚靶配合进行练习。

③小腿弹出后,在弹直瞬间无制动过程。

纠正方法:利用脚靶配合进行练习,并逐渐提高前踢的高度和远度。

(2)旋踢 旋踢是跆拳道比赛中最常用的动作之一,也是运动员得分的主要技术之一。

1)动作过程及要领。右势站立,重心移至左腿;提起右大腿同时髋部略向左转,膝盖朝前,大小腿折叠,脚面绷直;继续将右大腿向前提高,左脚向外侧转动,右腿快速鞭打踢出小腿,膝盖朝向左侧;击打后右脚自然落下成左势,之后后撤右脚,还原成右势准备姿势(见图11-41)。注意:提膝应尽量随着转髋同时进行,为保护重心,躯干应稍向左后倾以配合快速转髋。此腿法主要用于进攻对手的胸部、肋部及面部。

a)　　　　　　　　b)　　　　　　　　c)

图 11-41　旋踢

2）易犯错误与纠正方法。

①腿上提时躯干未稍后倾，使腿的长度未被充分利用。

纠正方法：针对性地练习提腿送髋姿势，并由教师、教练或同伴予以纠正。

②先转髋再提膝，造成膝盖过早偏向右侧。

纠正方法：针对性地练习转髋提膝的动作，对镜练习，并由教师、教练或同伴予以纠正。

③小腿弹出后，在弹直的一瞬间无制动过程。

纠正方法：利用脚靶配合进行练习。

（3）反击旋踢　动作过程和要领基本同旋踢，只是支撑腿随身心重心的移动轨迹向后或向斜后方移动，当对手进攻时，自己迅速向后移动重心，使用反击旋踢得点（见图 11-42）。

a)　　　　　b)　　　　　c)　　　　　d)　　　　　e)

图 11-42　反击旋踢

6. 基本技术训练方法

跆拳道基本技术的主要训练方法可概括为以下几点：

（1）自我训练法

1）对镜练习法。自己面对镜子练习各种技术动作，边练习边自我观察。通过对镜练习，可以较快地掌握基本动作。一般的跆拳道道馆和训练馆均设有镜子。

2）模仿练习法。通过图片或视频模仿优秀运动员及有效技术组合进行技术练习。通过模仿，可以了解和掌握技术动作的特点、优势和实战运用效果，有利于更好地掌握和运用技术。模仿练习时，可请教师、教练或同伴在旁监督和提醒，利于改进与提高。

3）踢打沙袋练习法。沙袋练习是跆拳道训练的一种重要方法，通过踢打沙袋，可以提高腿法技术的完成速度和击打力度，进而提高技术训练的质量。

（2）配合训练法　通过与教师、教练或同伴的配合，训练基本技术和组合技术。此法较灵活，练习时教师、教练或同伴可做出多种不同的配合动作，以训练练习者的各种技术，提高其运用技术的效果和能力。常用的方法具体有听口令完成技术动作、脚靶练习法和踢组合靶练习。

（3）模拟训练法　模拟比赛的环境进行训练，以提高灵活利用和发挥技术的能力。

（4）实战训练法　跆拳道十分注重实战，训练专项技术的目的也是为实战，实战是对技术训练效果的有效验证和进一步促进。因此，应经常进行测验赛和对抗赛等多种形式的实战比赛提高练习者有效运用技、战术的能力，并丰富其临场经验，提高其自信心。

三、跆拳道常识和主要竞赛规则

1. 比赛场地

跆拳道比赛场地为长 12 米、宽 12 米的水平且无障碍物的正方形场（儿童比赛场地为长、宽均 7 米的正方形场）。场地地面为有弹性的垫子。场地中央长 8 米、宽 8 米的区域为比赛区，其余部分为保护区。

2. 级位与段位

黑带是跆拳道高手的象征，不仅是实力的体现，还体现了一种荣誉和责任。

黑带段位分一至九段。其中，一至三段为黑带新手的段位，称为"副师范"；四至六段是高水平的段位，称为"师范"；七至九段只能授予具有很高学识造诣和对跆拳道发展做出重大贡献的杰出人物，其中七至八段称为"师贤"，九段称"师圣"。

黑带一段以上选手有资格参加国际比赛。四段以上有资格申报国际教练和国际裁判，并有资格担任道馆馆长或总教练。

3. 世界跆拳道联盟级位、段位与年龄标准

1）白带（10 级）：必修基本动作或太极一章。

2）白黄带（9 级）：必修太极一章。

3）黄带（8 级）：必修太极二章。

4）黄绿带（7 级）：必修太极三章。

5）绿带（6 级）：必修太极四章。

6）绿蓝带（5 级）：必修太极五章。

7）蓝带（4 级）：必修太极六章。

8）蓝红带（3 级）：必修太极七章。

9）红带（2 级）：必修太极八章。

10）红黑带（1 级）：必修太极一至八章。

11）黑带（一段/一品）：必修高丽；升级年资：1 年；年龄：15 岁及以上，以下者为一品。

12）黑带（二段/二品）：必修金刚；升级年资：2 年；年龄：16 岁及以上，以下者为二品。

13）黑带（三段/三品）：必修太白；升级年资：3 年；年龄：18 岁及以上，以下者为三品。

14）黑带（四段/四品）：必修平原；升级年资：4 年；年龄：21 岁及以上，以下者为四品。

15）黑带（五段）：必修地跆；升级年资：5 年；年龄：25 岁及以上。

16）黑带（六段）：必修天拳；升级年资：6 年；年龄：30 岁及以上。

17）黑带（七段）：必修汉水；升级年资：7 年；年龄：36 岁及以上。

18）黑带（八段）：必修一如；升级年资：8 年；年龄：44 岁及以上。

19）黑带（九段）：由特别组织评核，在跆拳道有重大贡献者 9 年。年龄：53 岁及以上。

4. 腰带颜色的象征意义

1）白带：白色代表纯洁，练习者没有任何跆拳道知识和基础，一切从零开始。

2）白黄带：练习者经过一段时间的训练，已经了解跆拳道的基本知识，并学会一些基本技术，开始由白带向黄带过渡。

3）黄带：黄色是大地的颜色，就像植物在泥土中生根发芽一样，在此阶段要打好基础，并学习大地厚德载物的精神。

4）黄绿带：介于黄带与绿带之间的水平，练习者的技术在不断上升。

5）绿带：绿色是植物的颜色，代表练习者的跆拳道技术开始枝繁叶茂，跆拳道技术在不断完善。

6）绿蓝带：由绿带向蓝带的过渡带，练习者的水平处于绿带与蓝带之间。

7）蓝带：蓝色是天空的颜色，随着不断训练，练习者的跆拳道技术逐渐成熟，就像大树一样向着天空生长，练习跆拳道已经完全入门。

8）蓝红带：练习者的水平比蓝带略高，比红带略低，介于蓝带与红带之间。

9）红带：红色是危险、警戒的颜色，练习者已经具备相当的攻击能力，对对手已构成威胁，要注意自我修养和控制。

10）红黑带：经过长时间系统的训练，练习者已修完 1 级以前的全部课程，开始由红带向黑带过渡。

11）黑带：黑带代表练习者经过长期艰苦磨炼，其技术动作与思想修为均已相当成熟，也象征跆拳道练习者不受黑暗与恐惧的影响。

5. 主要竞赛规则

（1）跆拳道比赛运动员重量级别的划分

1）一般跆拳道比赛运动员重量级别的划分如表 11-16 所示。

表 11-16　一般跆拳道比赛运动员重量级别划分

级别	性别	
	男子	女子
鳍量级	54 千克以下	47 千克以下
蝇量级	54~58 千克	47~51 千克
雏量级	58~62 千克	51~55 千克
羽量级	62~65 千克	55~59 千克
轻量级	67~72 千克	59~63 千克
次中量级	72~78 千克	63~67 千克
中量级	78~84 千克	67~72 千克
重量级	84 千克以上	72 千克以上

2）奥运会跆拳道比赛运动员重量级别的划分。

①男子组：58 千克以下；58~68 千克；68~80 千克；80 千克以上。

②女子组：49 千克以下；49~57 千克；57~67 千克；67 千克以上。

（2）比赛时间　每场比赛分为 3 局，每局比赛时间为 3 分钟，局间休息 1 分钟。青年锦标赛每场比赛为 3 局，每局比赛时间 2 分钟，局间休息 1 分钟。

（3）比赛中对使用技术和攻击部位的规定

1）使用拳的技术时须握紧拳，用拳正面的食指或中指部分击打；使用脚的技术时，用踝关节以下的脚的前部击打；指、掌、肘、膝、抓、搂、抱、推等动作在比赛中禁用，如出现将被警告或扣分。

2）比赛中允许攻击的部位包括髋骨以上至锁骨以下及两肋部，可攻击背部。头部两耳向前头颈的前部只允许用脚的技术攻击。

（4）比赛得分

1）使用允许的技术，准确有力地击中有效得分部位，击头得 3 分，旋转踢和后踢得 2 分，其他技术得 1 分。一个技术动作的最高得分分值为 3 分。

2）有效得分部位包括腹部和两肋部以及面部允许被攻击的部位。

3）若使用允许的技术击中被护具保护的非有效得分部位，击倒对方时按得分计。

（5）获胜方式

1）击倒胜（KO 胜）。

2）主裁判终止比赛胜（RSC 胜）。

3）对方弃权胜（弃权胜）。

4）对方失去资格胜（失格胜）。

5）主裁判判罚犯规胜（犯规胜）。

实训设计

跆拳道——旋风踢

【目标】通过实训，掌握旋风踢的基本技术。

【内容】跆拳道旋风踢技术练习。

【场地】跆拳道室。

【方法与步骤】1. 攻方上步转体动作要迅速果断，左脚内扣，落地时脚跟对敌。

2. 右脚随身体转向后右侧摆起时不要太高，以能带动身体旋转起跳为宜。

3. 左脚蹬地起跳，身体腾空，但不过膝，目的是快速旋转出腿。

4. 左脚横踢时，右腿向下落地，要快落站稳，即横踢目标的同时右脚落地。

5. 重复练习，注意保护自己。

第十二章 体育竞赛编排方法

内容概述 在高职高专院校，为了丰富校园文化生活，促进学生之间的交流，常会定期举行一系列的体育竞赛。学生社团也会举办体育竞赛活动促进社团会员的交流。而竞赛编排得科学合理与否直接关系到赛事能否成功举办。本章根据高职高专学校举办体育竞赛的具体情况，主要介绍田径比赛和球类比赛的编排，希望大家通过本章的学习可以较顺利地举办中小型田径比赛与球类比赛。

学习目标 了解田径和球类比赛编排的基本原则和体育竞赛的基本分类；基本掌握田径比赛和球类比赛编排的流程；掌握各类体育竞赛的赛制，并在实践活动中较熟练地运用；较成功地组织1~2次球类竞赛。

第一节 体育竞赛编排方法简介

体育竞赛是各种体育运动项目比赛的总称。开展体育竞赛活动可宣传体育运动，引导人们参加体育锻炼，普及群众性健身活动；开展体育竞赛活动为人们进行交流提供了渠道，促进运动水平的提高，丰富和活跃业余文化生活。学校定期开展体育竞赛活动，可丰富校园文化生活，促进学生之间的交流，提高运动技能水平和裁判水平。

体育竞赛具有竞争性、公平性、规则的制约性和结果的随机性几大特点，深受不同年龄、性别及阶层人群的喜爱。体育竞赛顺利进行的基础是科学合理的竞赛编排。

一、体育竞赛编排的一般原则

1. 公正性原则

公正是竞赛编排的灵魂。但竞赛的公正性不是无条件的，依据不同的标准，公正性总是相对的。因此，贯彻公正性原则时，应该对此有清醒的认识和科学的态度。

2. 合理性原则

运动竞赛的过程是"选优"，故竞赛的编排应保证竞赛过程实现优胜劣汰，使竞赛结果符合或基本符合参赛者的竞技水平。若竞赛无法客观反映参赛者的真实水准，那么这样的竞赛不仅毫无价值，还会造成不良影响。因此，合理性是竞赛编排须贯彻的又一重要原则。

3. 效益性原则

体育竞赛不仅要公正合理，还须创造一定的效益，要以较小投入获得较大产出。竞赛的产出，主要包括竞赛效益、经济效益和社会效益等。在高职高专院校的体育竞赛活动中，应将产出的重心放在竞赛效益和社会效益上，同时兼顾经济效益，尽量固定举办体育竞赛，形成传统。

二、体育竞赛的分类

根据竞赛方法的不同，体育竞赛可以分为竞争性体育竞赛和对抗性体育竞赛两大类。

竞争性体育竞赛是指参赛各方在尽可能不受干扰的条件下，发挥自身能力去夺取某种时空参数，以获得时空参数的大小来选择优胜、排列名次的竞技活动，如田径、游泳、自行车、举重等一大批运动项目的竞赛。以上所列项目的竞赛从根本上讲，竞争的结果主要取决于竞争者自身的各种素质，他们相互干扰的可能性几乎没有。

对抗性体育竞赛是指在竞赛过程中，竞赛双方均在对手的干扰和破坏下去夺取比赛胜利，同时要竭尽全力阻止对方获得胜利。大多数球类竞赛、击剑、摔跤等均属于对抗性体育竞赛。对抗性体育竞赛又可分为同场对抗性竞赛和隔网（区）对抗性竞赛。

根据高职高专院校举办体育竞赛的具体情况，本章主要介绍田径比赛和球类比赛的编排。

第二节　田径比赛的编排

一、田径比赛组织工作的基本程序

田径比赛组织工作的基本程序如图 12-1 所示。

图 12-1　田径比赛组织工作的基本程序

二、田径比赛的编排方法

1. 编排前的准备工作

编排前的准备工作主要是掌握参赛人数、比赛时间和场地等具体情况；准备比赛用的图或表；编写运动员的号码与姓名对照表；根据比赛天数及作息时间，以每半天为一个比赛单元，除去开、闭幕式时间外，还有多少时间可真正用于比赛，为之后安排赛程打下基础；制订完整的工作计划并进行具体分工。

2. 编排比赛日程

田径比赛日程编排的复杂性是其他运动项目无法比拟的。为使田径比赛有条不紊地进行，田径比赛的编排须遵循以下基本原则：

1）注意同一项目各赛次之间、全能比赛各项目之间的休息时间，应保证至少按最低标准留出休息时间。

2）按兼项的一般规律将相关项目分开编排，以减少兼项冲突。经常出现兼项的项目有100米兼200米；100米兼跳远；200米兼400米；400米兼800米；800米兼1500米；400米兼400米栏；1500米兼3000米；5000米兼3000米障碍或10000米；100米兼4×100米接力；400米兼4×400米接力；跳高兼三级跳远；推铅球兼铁饼等。

3）编排时注意运动员在一天内所能承受的运动负荷是否合理。

4）对性质相同的项目，编排时应注意先后顺序，如先100米后200米，先跳远后三级跳远，先铅球后铁饼。

5）在条件许可的前提下，尽量延长兼项之间的时间间隔。

6）不同组别的同一径赛项目，最好衔接起来进行，以利于裁判工作和场地器材的布置。

7）若短距离径赛项目赛次较少，最好安排在一天内结束。

8）不同组别的同一田赛项目，一般不安排在同一单元内进行。

9）将决赛项目分配至各比赛单元进行，并尽量安排在下午，还应留出发奖时间。

10）在举行场地竞走和长距离跑比赛时，最好不安排与其有场地冲突的田赛项目，如跳高、掷标枪等。

11）每一单元的比赛，尽可能使径赛与田赛同时结束。

三、具体编排方法

田径比赛里最常用的编排方法有填表法和卡片法。随着田径比赛的规模不断扩大，现在很多田径运动会比赛编排已采用专门的编排软件，以节省人力、物力。此处主要介绍填表法。

采用填表法确定竞赛日程，工序简便，可大大节省人力，大大缩短编排时间。具体的步骤如下：

1）根据报名和比赛天数等情况制作田径比赛日程编排表（见表12-1）。

表 12 – 1　田径比赛日程编排表　组别_____

比赛日期						
比赛单元	上午	下午	上午	下午	上午	下午
100 米						
200 米						
400 米						
⋮						
标枪						
十项全能						
每日决赛项数						
每日比赛项数						

2）先排全能项目后排单项，先排径赛项目后排田赛项目。

3）有决赛项目时，应预留发奖时间。

4）送相关人士进行审核，审核通过后即印发给各参赛单位。

四、比赛中的编排记录公告工作

1. 临场编排

提前半天或一天将记录表交田赛裁判长；提前半天或两小时左右将径赛卡片按比赛顺序交给径赛裁判长或检录长。

2. 竞赛成绩公告

在基层的田径运动会中，收到成绩表后，应立即检查有无裁判长的签名，若签名齐全，则认为该成绩表有效。之后将成绩单复印，一份汇编秩序册，一份张贴于成绩公告栏，一份留底，若打破纪录，则还应印发破纪录成绩公告。

3. 统计成绩、奖牌和总分

负责此项工作的裁判员应认真学习比赛规程，并熟记本次比赛的记分办法，准备好相应的成绩记录表、团体总分表、奖牌统计表和破纪录统计表。在比赛进程中，根据收到的成绩单立即填写相应表格。如采用计算机录入，则须与计算机操作员复核结果。

五、基层田径运动会的计分方法

根据田径规则的规定，一般各项决赛可取前六或前八名，分别按 7、5、4、3、2、1 分或 9、7、6、5、4、3、2、1 分计算。对实际参加决赛人数不足原规定录取人数的，计分方法也可不变。

第三节 球类比赛的编排

球类比赛通常采用的赛制有循环赛、淘汰赛和混合赛三种，一般根据参赛队伍数或人数多少、场地分布和数量等确定赛制。

一、循环赛

1. 循环赛的分类与特点

循环赛是指参赛队或个人之间均要互相轮流比赛，最后按照各参赛队或个人在全部比赛中的胜负场数和得分多少排定名次的比赛方法。它包括单循环、双循环和分组循环三种，常被采用的是单循环和分组循环。单循环是所有参赛队或个人相互轮赛一次。分组循环是参赛队或个人较多时，采用种子法，把强队或个人分散于各组，先进行小单循环赛，再根据小组名次组织第二阶段的比赛。

采用循环赛进行比赛时，比赛期限拉得较长，占用场地和时间较多，不易合理安排比赛的顺序。

2. 单循环赛轮数与场数的计算

（1）轮数 每个参赛队或个人赛毕一场（轮空队或个人除外），称为一轮结束。轮数的确定方法为：当参赛队或个人数为单数时，比赛轮数等于队数或个人数；当参赛队或个人数为双数时，比赛轮数在参赛队或个人数的基础上减一。例如，参赛队或个人为5个，则比赛轮次为5轮；参赛队或个人为8个，则比赛轮数为7轮。

（2）比赛场数 比赛场数的计算公式为

$$比赛场数 = 队数 \times \frac{队数 - 1}{2}$$

3. 单循环赛的具体编排方法

（1）参赛队或个人数为单数 可采用右上角逆时针循环编排方法。将所有参赛队或个人进行编号，并在最后补"0"，使其成为双数。之后将其分为两组，前一组的号数按序自上而下写于左边，另一组号数按序自下而上写于右边，并将相对应的号横线连接，即为第一轮比赛对阵情况。其中与"0"相遇的队伍即轮空。以5个队或个人参赛为例，轮数应为5轮，共赛10场，第一轮编排情况如图12-2所示。

第一轮编排完后，"0"的位置保持不动，将其他数字按逆时针方向轮转一个位置，再用横线将对应号进行连接，即为第二轮对阵情况；以后各轮按同一方向轮转一个位置，依次排出各轮比赛对阵情况。图12-3所示为5个队或个人参赛第二轮和第三轮编排情况，其他几轮依此类推。

图12-2 单数队第一轮编排情况

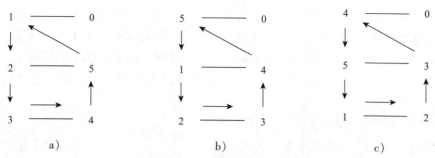

图 12-3 循环赛编排逆时针轮转

（2）参赛队或个人数为双数　仍然将各参赛队或个人按数依序编号，按次序将号数分为两组，并用横线相连，即为第一轮对阵情况；第二轮时"1"号的位置固定不变，其余号数按逆时针方向轮转一个位置，之后的轮次对阵情况依此类推。

如有 6 个队（个人）参加比赛，其单循环对阵情况如表 12-2 所示。

表 12-2　6 个队（个人）参赛对阵情况表

第一轮	第二轮	第三轮	第四轮	第五轮
1 - 6	1 - 5	1 - 4	1 - 3	1 - 2
2 - 5	6 - 4	5 - 3	4 - 2	3 - 6
3 - 4	2 - 3	6 - 2	5 - 6	4 - 5

4. 分组循环比赛的编排方法

分组循环赛一般分为预赛和决赛两个阶段。

（1）预赛阶段　当参赛队伍较多时，可采用分组循环赛制进行比赛。分组循环与单循环不同的是需要确定种子队（个人）的数目。分组循环赛一般按分组数或分组数的 2 倍数确定种子。若种子队数与组数相等，则将种子队或种子选手分别安排在各小组的 1 号位置；若种子队数为组数的 2 倍，则采用"蛇形"排列法。

1）在领队会上经协商后确定种子队或个人数目，种子队（个人）的数目一般等于组数。

2）抽签方法：种子队先抽签，确定各种子队的级别，然后其他各队（个人）再抽签确定组别。

（2）决赛阶段　决赛阶段一般采用同名次赛、分段赛和交叉赛三种主要的编排方法。

1）同名次赛。以预赛时分为四组的比赛为例，决赛阶段每组的第一名编成一组进行单循环赛，决出第一至四名，各小组的第二名编在一起决出第五至八名。

2）分段赛。以预赛时分为两组的比赛为例，决赛阶段每组的第一、二名编在一起决出第一至四名，每组的三、四名编在一起决出第五至八名。

3）交叉赛。各组的前两名交叉比赛，两场胜者进行决赛争夺第一、二名，两场负者相互比赛决出第三、四名，各组第三、四名用同样方法决出第五至八名，其余依此类推。

二、淘汰赛

1. 淘汰赛的种类与特点

淘汰赛又称淘汰法，即通过比赛逐步淘汰成绩差的，最后评出优胜者的赛制。

淘汰赛可分为单淘汰、双淘汰和交叉淘汰三种。在球类比赛中若采用淘汰赛，则须一对一对地按淘汰表的顺序进行比赛，每次胜者进入下一轮，直到最后一对决定冠亚军。采用此种赛制可大大增加比赛容量，使比赛具有更加强烈的对抗性。但要注意以下事项：

1）运用"种子"分区、抽签和定位等方法，使强者或同一单位参赛者之间避免过早相遇。

2）采用附加赛法，以确定第二名以后的名次。

3）增设双淘汰赛，失败两场方被淘汰。

2. 淘汰赛轮数与场数的计算

1）单淘汰赛轮数与场数的计算方法。

①当参加比赛队数或个人数等于 2 的乘方数，则比赛轮数等于 2 的指数。

②当参加比赛队数或个人数不是 2 的乘方数，则比赛轮数为最接近比赛队数或人数的、较大或较小的 2 的指数。

③比赛场数为参赛队数或个人数减去 1。

例如，若参赛队数或个人数为 8，$8 = 2^3$，则轮数为 3 轮，比赛场数为 7 场；若参赛队数或个人数为 28 人，$16（2^4）< 28 < 32（2^5）$，且 32 比 16 更接近 28，则轮数为 5 轮，比赛场数为 27 场。

2）双淘汰赛轮数与场数的计算方法。

①胜方轮次与单淘汰赛相同。

②负方轮次 = 胜方轮次 × 2 – 2。

③双淘汰比赛场数 = 2 × 参赛队（个人）数 – 3。

例如，16 个参赛队（个人）进行双淘汰赛，胜者须赛 4 轮，负者须赛 10 轮，比赛场数为 29 场。

3. 确定淘汰赛中的号码位置

在淘汰赛中安排参赛队（个人）位置的号码称"号码位置"。由于参赛队（个人）的数目不一定恰好为 2 的乘方数，在确定淘汰赛中的号码位置时，应根据参赛队（个人）数目，选择最接近的、较大或较小的 2 的乘方数作为号码位置数。

例如，112 人参赛，$64（2^6）< 112 < 128（2^7）$，且 128 较 64 更接近 112，故使用较大的 128 个号码位置，将出现轮空号码；132 人参赛，选择较小的 128 个号码位置，将出现有的号码要抢号的现象。

4. 淘汰赛编排方法与注意事项

（1）轮空与抢号方法

1）轮空。在淘汰赛中，当参赛队（个人）数小于选用的号码位置数时，第一轮未安排比赛的参赛队（个人）即轮空。

轮空队（个人）数的确定方法为：轮空队（个人）数等于或略大于参加比赛队数的 2 的乘方减去参加比赛的队（个人）数。轮空号码的定位须查找轮空位置表（见表 12 – 3）。

表12-3 轮空位置表

2	255	130	127	66	191	194	63
34	223	162	95	98	159	226	31
18	239	146	111	82	175	210	47
50	207	178	79	114	143	242	15
10	247	138	119	74	183	202	55
42	215	170	87	109	151	234	23
26	231	154	103	90	167	218	39
58	199	186	71	155	135	250	7
6	251	134	126	70	187	198	59
38	219	166	91	102	155	230	27
22	235	150	107	86	171	214	43
54	203	182	75	118	139	246	11
14	243	142	115	78	179	206	51
46	211	174	83	110	147	238	19
30	227	158	99	94	163	222	35
62	195	190	67	126	131	254	3

查表方法：用稍大于参赛队（个人）数的2的乘方数作为最大位置号数。根据轮空队（个人）数，在轮空位置表上由左向右依次找出小于最大位置号数的，就是轮空位置。轮空位置相对应的队（个人）即在第一轮轮空，直接进入第二轮比赛。

2）抢号。当参赛队（个人）数量刚超过或较少地超过某一个2的乘方数时，采用轮空则会给制表带来不便，也不利于比赛进行，故常采用"抢号"的方法来确定参加第一轮比赛的队或个人。

抢号的方法为一部分选手通过一场比赛争夺淘汰赛号码位置表上的某一个号码，胜方获得淘汰赛号码位置表上的某些号码，负方则直接被淘汰。

注意："抢号"中被抢的号码也是通过"轮空位置表"查得的，只是查"轮空"号码时较查"抢号"号码时高一次幂乘方数的号码位置。

（2）分区方法 将全部号码位置分成若干个相等的部分，称为"分区"。例如，将全部号码分为上、下两个半区，将分出的上、下两个半区再分成两半，即为1/4区，依此类推。

（3）种子编排法 在淘汰赛中，由于参赛队（个人）数较多，为避免强队或强手过早相遇，降低比赛的精彩程度，可以将他们确定为"种子"。"种子"在号码中的具体位置可查种子位置表（见表12-4）。

表12-4 种子位置表

1	256	129	128	65	192	193	64
33	224	161	96	97	160	225	32
17	240	145	112	81	176	209	48
49	208	177	80	113	144	241	16

(续)

9	248	137	120	73	184	201	56
41	216	169	88	105	152	233	24
25	232	153	104	89	168	217	40
57	200	185	72	121	136	249	8

查表方法：按比赛所设的种子队（个人）数，在种子位置表上从左向右依次找出小于或等于最大位置号数，就是种子队（个人）的位置。

（4）抽签方法

1）拟定抽签方案。

2）准备抽签用具：签卡、抽签记录表、分区控制表。

3）抽签人员分工。

4）抽签实施方法：

①种子抽签与定位。

②非种子抽签与定位：按抽签方案确定的顺序，将各参赛队（个人）先分区、后定位。

③各单位的运动员分批进行抽签。

④控制平衡与复核检查。

（5）淘汰赛编排时的注意事项

1）球类个人项目赛常采用淘汰赛，由于竞赛项目和场次多，且交叉进行，个别选手还涉及兼项，故编排时应全面检查，以免出现重场、漏场和连场等问题。

2）淘汰赛时比赛应逐轮进行，以保持比赛进度。

3）安排好队和个人单项比赛的决赛，以保证比赛的悬念和精彩程度。

4）对于同一场馆内安排若干场地进行比赛的小球项目（如羽毛球和乒乓球）竞赛，应注意科学合理地使用比赛场地。

三、混合赛

一次竞赛中同时采用循环制和淘汰制的赛制为混合制。采用此赛制时，一般将比赛分为两个阶段进行：第一阶段先将参赛队（个人）分组，小组内进行单循环赛，可称为预赛阶段；第二阶段进行交叉淘汰赛决出最后名次，可称为决赛阶段。

第一阶段的具体编排参见单循环赛。

第二阶段采用交叉淘汰赛，每场比赛均须决出胜负。

例如，第一阶段将参赛队（个人）分为A、B组进行了单循环赛。在决赛阶段，首先将各两组的前两名共计4个队（个人）编成一组，争夺第一至四名；两组的第三至四名编成一组，争夺第五至八名。在第一组的比赛中，由A组第一名对B组第二名，A组第二名对B组第一名，胜者争夺冠军，负者争夺第三、四名；在第二组的比赛中，由A组第三名对B组第四名，A组第四名对B组第三名，胜者争夺第五、六名，负者争夺第七、八名。通过以上方法即可决出比赛的前八名。

混合赛制特别适合基层的球类比赛，既可促进参赛者之间的水平交流，又不失比赛的对抗性与激烈性。

第十三章　体育与鉴赏

内容概述　本章介绍体育运动中的美学，体育比赛欣赏的内容和意义，欣赏体育比赛的条件和方法，以及篮球、排球、足球等体育比赛中常见的名词术语。

学习目标　理解体育运动与美学的关系，掌握体育比赛中常见的名词术语。

第一节　体育中的美学

人类在漫长的社会实践中创造出体育，并使体育的审美价值与日俱增，如2008北京奥运会开幕式美丽壮观的场景使体育之美达到了一个新的高度。体育面向休闲时代，涉及的美学问题更多。体育美学帮助人们认识体育中的美，积极指导与运动有关的审美活动，促进身体运动技术趋向优美化和规范化，使人的身心日臻全面发展。

一、体育与美的关系

在体育学术论坛中，对体育本质美的特征及表现形式已有了不少的探索研究，这无疑丰富了体育美学的内容。进一步研究体育运动的美，对于推动现代体育发展、提高人们对体育运动的审美能力，有着十分重要的意义。

1. 美在体育运动中的展现

体育运动美是借助人的自然实体来表现的。马克思曾指出：美是人的本质力量的对象化。法国著名艺术大师罗丹（Rodin）说："自然界中没有任何东西比人体更美。"苏联诗人马雅可夫斯基也说："世界上没有任何一件衣衫能比健康的皮肤和发达的肌肉更美丽。"这些观点精辟地指出了人体与健康美的关系。体育运动是以人体美的运动形式来表现和创造美的。如健美运动，当运动员在比赛时，根据音乐节奏把自己的强健肌肉充分展现，他们那隆起的肌肉、雕塑般的身躯、匀称的线条、优美的造型，无不是体育美的展现，带给人美的享受。几乎任何一项体育项目都能展现人体的力量、速度、灵巧、耐力和青春活力，展现人类的形态美与心灵美。

2. 体育运动与体育审美

体育运动是人们有计划地向着一定目标前进的创造过程。一方面，体育运动的目的是增进人的健康，发展人的个性；另一方面，体育运动可用来观赏，丰富人们的业余生活。观赏体育比赛，本质上是一种审美活动。从认识观看，体育运动是一种感性和理性直接统一的直观认识。它不借助抽象概念，而是在活动的直观形式中演化理性内容。从理论实践看，体育运动具有一定理性目的的社会功利价值。如中国女排取得的巨大成功，对促进我国社会发展起到了巨大的推动作用。

体育运动美感是建立在一种双重基础上的。体育观众是直接参与体育创造和传播的，观众既是感受的主体，又是参与的客体。当然，并不是所有的观众都能获得体育运动的美感。首先，观赏者必须具备体育审美的意识和能力，即主体的意识能够通过感知和客体发生交流，以引起心理的振奋和激励；其次，观赏者必须具备一定的运动能力，即对所观赏的运动项目的特点、结构、力量和幅度都有一定的体验，才能对审美客体做出一种稳定不变的情感反应。

人类本身的自然属性和社会属性必然要在运动中、在观众面前展现出来。人在运动中要拥有最大空间、达到最高速度、显示最大力量，是对人体极限的冲击，是人的自我超越。人体始终按照平衡——不平衡——平衡这样的法则运动着，从而达到一种和谐的境界，给人和谐愉快的感觉。体育审美是以直接参与为基本特征的。由于各个运动项目的规律、特点、力度不同，因此它们给人的审美感觉是不同的。在体育运动中，不仅能欣赏到各种运动美，体育服装、体育建筑、体育场地、体育器械及运动会的开幕式、闭幕式等均能满足审美的需要。

3. 体育审美与艺术审美

体育美和艺术美没有本质区别，但是它们在美的创造方法和表现形式上，以及人在审美关系中所处的地位是有很大差异的。

艺术美是生活美的集中体现，它充分、强烈、典型地反映出生活的美丑。艺术美的创造不仅是在生活美的基础上概括、加工、取舍提炼而成的，而且融入了作者的审美意识和审美评价，塑造出一些非现实性的艺术形象。而体育美却不同，体育美的创造虽然也要遵循美的规律，其中也包含了运动员对自己行为的一种审美态度，但它并不全是现实形象的反映，其主要本质在于解决美的有机构成。也就是说，它必须直接接受竞技性的要求，并且现实性地尊重人体科学规律，研究如何花费最少的体力，使人的天赋体力、技能和运动速度达到最高境界。体育美不仅有抽象概括的形式，重要的是要有具体的可感形式，任何虚伪和过分夸张都构不成体育美。

人在艺术作品和体育运动中所处的地位也是不同的。人在艺术作品中是被塑造、被表现的对象，而体育运动中人是表现的主体。前者作为间接美出现在审美关系中，成为审美对象；后者作为直接的形象进入审美关系中，成为审美对象。在体育运动中，人既是主体，又是对象；既是目的，也是手段；既是表现的内容，又是表现的形式。文学艺术美需要一种无生命的物质——文字、声音、色彩，作为艺术美的媒介，而体育美的媒介就是运动着的人体。文学艺术美侧重于人们的审美想象，体育美则侧重于人们的审美感知。文学艺术美通过艺术媒介固定下来，具有相对的稳定性和静止性；而体育美则表现在人体运动的全过程中，有着强烈而鲜明的个性感。因此，体育美是一种流动的美、动态的美。

4. 体育美的欣赏

体育运动给人展现的是一个绚丽多姿的美的艺术世界，它能使人们得到精神上的愉悦及美的享受。运动员在体育比赛中表现出的高超艺术是体育运动中美的体现，它像一幅流动的画卷，给人以美的享受。

当人们在观看艺术体操比赛时，运动员做波浪动作时所表现出的柔动、连绵，做转体时表现出来的轻盈、高飘，做平衡动作时表现出的稳健、优美，都能给人带来强烈的美的感染力；在观看竞技体操比赛中，运动员那稳健、准确、高雅、优美的动作则会给人以精彩、激动、回味无穷的魅力，使人进入梦幻般的境地；在观看球类比赛时，球场上那快速多变的战术、紧张激烈的争夺、熟练默契的配合、高潮迭起、精彩纷呈，把人带入神话般的世界；此外，跳高运动员腾空飞越横杆、帆船运动员搏击惊涛骇浪、击剑运动员敏捷灵活的矫健身姿……无不使人陶醉于体育美的享受之中，激励人们对体育美更高、更深、更远的追求。

二、形体美与精神美

形体美是指人体的外观、形态之美；精神美是指人性之美、人心之美、精神之美，是美育的根本追求和最高境界。一个人要达到真正意义上的美的标准，必须在形体美和精神美上二者兼有。

人体的外观形态通常俗称为形体，在现实生活中，每个人的形体都各不相同。说到人体的形态美，人们想到最多的可能是女性的容貌美和身材美。当然，男性的人体形态美也同样受到人们的关注。人体的形态美主要包括人体的容貌美、身材美、肤色美和气质美。人体头部的外观形态组成了人的容貌；人体躯干和四肢所组成的外观形态构成了人的身材；包裹人体的皮肤的质地和颜色构成了人的肤色；人的神情特征和肢体语言特征构成了人的气质。

精神美育的范畴很广泛。形体美是暴露在外的形态之美，而精神美则是藏于人的内心深处的，只有在某种场合下才能显现出来。精神美是人类追求美的最高境界，有时高尚的精神美能掩盖形体美的不足。

第二节　体育比赛欣赏

一、体育比赛欣赏的内容和意义

1. 体育比赛欣赏的基本内容

体育比赛欣赏的基本内容包括对运动员动作美的欣赏，对运动员在比赛中所表现出的品德的欣赏，对运动员的比赛技术、战术运用和临场发挥的欣赏，对竞技运动比赛中裁判执法水平的欣赏，对竞技运动比赛中教练员临场指挥风格的欣赏，对国内重大体育比赛中解说员、评论员精湛评说的欣赏，对有关体育的书籍、报刊、摄影作品的欣赏，对体育运动场馆的建筑艺术风格的欣赏，对体育运动的器材、服装的欣赏，体育健身者在运动中的自我欣赏，对人体形态的欣赏，对体育音乐的欣赏，对比赛场地环境的欣赏，等等。

2. 体育比赛欣赏的意义

（1）体验不同的体育文化　体育比赛作为人类智慧的结晶，集中反映了不同国家、不同民族的风俗民情和意识观念。体育文化与人的体育生活紧密联系在一起，它反映了本民族的、传统的体育特征，而这些传统的体育文化规范着本民族的体育行为，也影响着人们的体育价值观念。体育文化与一个地域或民族的社会文明、物质文明以及自身的发展具有互动发展的关系。

（2）陶冶情操　通过欣赏体育比赛，观众不仅能欣赏到运动员健康、强壮、匀称、优美的体形，而且可以欣赏到运动员展现出来的准确、干净、利落、新颖、洒脱的动作造型，产生愉悦的感受，同时还能激发热爱体育、追求美好生活的愿望。

（3）振奋民族精神　欣赏体育比赛可以强化集体观念，激发爱国主义热情，振奋民族精神。体育运动作为一种日益融入人们生活的社会设置，可以通过促进人们的共识与共同价值，体现其塑造民族精神的特殊功能。

（4）激发体育意识　体育意识是指客观存在的体育现象在人们头脑中的反映，是人们对体育感觉、思维和判断的总和，是人们对体育运动的总体认识和看法，反过来又作用于体育实践。体育比赛能启迪和激发人们的体育意识，包括健康意识、拼搏意识、创新意识、道德意识、遵规意识和竞争意识等。

二、欣赏体育比赛的准备和角度

1. 体育欣赏者应具备的条件

（1）熟知运动项目的特点和比赛规则　任何一项体育运动都有自己完整的技术和战术体系、特定的场地和比赛规则，而且其技术、战术和比赛规则也在不断地演变和发展。如果对相关的知识了解甚少，那么对体育的欣赏将起到负面效应。例如，在欣赏世界排球锦标赛时，首先应知道，现在的排球比赛规则的记分方法已更改，是每球得分制，每局 25 分，每场五局三胜，最后一局先到 15 分为胜。如果掌握了这些知识，那么欣赏者就会跟着比赛的节奏起伏不定而投入到比赛之中，获得体育欣赏的最佳效果。

（2）加深对体育文化的认识和理解　现代体育所涉及的领域越来越广，它的功能已明显超出自身的范围。因此，作为欣赏者，首先要认识到体育是一种文化现象，而不仅仅是一种竞技比赛。体育运动具有文化的特征，包括价值观念、运动知识、运动规范和体育设施。只有充分认识到体育的固有特征，才能够理解体育对社会进步、政治稳定、民族团结、世界和平起着十分重要的作用。只有这样，欣赏者对体育比赛才会有更深入的认识，对体育的欣赏也会更加投入。

（3）加强个人修养，文明观赏比赛　现代体育比赛的场面激烈紧张，战术灵活多变，欣赏者的情绪可能被比赛节奏所控制，时而亢奋，时而低落。而人的行为往往会受到情绪的影响，如果此时比赛观赏者不能控制自己的情绪，容易发生影响比赛顺利进行，甚至危害公共安全的暴力行为。例如，在足球比赛中，如果某支球队失利或被裁判误判，可能会发生球迷冲向球场殴打对方球员和裁判的情况。所以，欣赏者一定要加强个人修养，做到文明观赛。

2. 体育欣赏的方法

（1）在欣赏之前做好准备　首先，应该了解一些该项体育活动的历史和特点。例如，观赏世界杯足球比赛，就要了解一些足球运动的起源和发展情况，以及了解该项比赛的情况。

其次，应尽量掌握一些该项比赛的规则和裁判知识。例如，在篮球比赛中什么是犯规，什么是违例，三秒、五秒又是怎么回事，裁判员的常用手势都表示什么，等等。

第三，对一些具体比赛场次要了解其背景。例如，是预赛还是决赛，该场比赛的胜负对双方都有什么影响，等等。

第四，要掌握参赛队或队员的一些情况。例如，欣赏篮球赛冠军争夺战时，要掌握两个队的风格、基本战术、主力阵容、突出人物，以及两个队教练的用兵布阵、临场指挥都有什么特点，等等。

（2）掌握好欣赏角度　　从不同的角度欣赏体育比赛会有不同的收获，既可以有侧重地欣赏，也可以全面地欣赏。

1）从技术的角度欣赏。技术是以运动员的身体条件为基础，使运动员的体能能够得以最大限度发挥的动作方法。例如，体操中又高又漂亮的空翻；足球中的凌空抽射、鱼跃冲顶；篮球中的扣篮、变幻莫测的运球；短跑中充分的后蹬和前摆；跳高中身体过杆的一刹那；投掷中的最后用力等。这些都是精彩过人之处，欣赏后会使人感到一种美的享受。

2）从战术的角度欣赏。战术是运动员把一些技术有目的地组合起来运用。战术可分为个人战术、基础战术和全队战术等。观赏运动员们默契的战术配合，会启发人们想到当今社会的许多工作都需要人们像比赛场上的运动员那样，明确分工、密切合作才能完成。因此，还应该通过欣赏体育比赛来认识合作的意义并学习合作。

3）从运动员的角度欣赏。爱屋及乌，人们由欣赏某一运动员的运动技能而扩展到其他方面，他（她）的性格、爱好、外貌、风度等都会使人感兴趣以至于着迷。对于运动员在比赛中所表现出来的勇于克服困难、顽强拼搏、锐意进取的精神，以及尊重裁判、尊重对方、"宁失一球、不伤一人"、团结友谊的道德风貌等，令人观后更会受益匪浅。

4）从文化和社会发展的角度欣赏。体育是人类在几千年发展过程中创造出来的宝贵的文化财富，随着人类社会的高度发展，现代体育已经成为一种影响极大的全球性文化活动。体育比赛的内涵更加明确，外延更加丰富、深刻，充满了时代精神和人生的哲理。因此，作为文化层次较高的大学生，把欣赏体育比赛仅仅当作娱乐活动是不够的，还应该在观赏中深入地思考，使自己的观念、思维、情趣等都得到启迪和升华。

（3）在观赏之后做一点回顾　　在欣赏体育比赛之后，注意一下报刊、电视、广播中的有关报道评论，和其他人互相交换一下看法，更能加深印象，弄懂不明白的地方，提高欣赏水平，让观赏活动能取得更大的收益。如果意犹未尽，还可以动动笔，写点感想、评论，那就更好了。

（4）注意事项　　欣赏体育比赛要有正确的态度。可以有倾向性，但不要有偏激情绪，更不要有偏激行动，如在现场骂裁判、向运动员投掷物品等；可以与持不同见解的人争论，但要适可而止，以免影响队员比赛和其他人观赛。

三、体育比赛中的常见名词术语

1. 篮球比赛中的术语

（1）位置

1）1号位是控球后卫—— PG：Point Guard。

2）2号位是得分后卫——SG：Shooting Guard。

3）3号位是小前锋——SF：Small Forward。

4）4号位是大前锋——PF：Power Forward。

5）5号位是中锋——C：Center。

(2) 技、战术术语及解释

1）扣篮——运动员用单手或双手持球，跳起在空中自上而下直接将球扣进篮圈。

2）补篮——投篮不中时，运动员跳起在空中将球补进篮内。

3）卡位——进攻人运用脚步动作把防守者挡在自己身后。

4）领接球——顺传球飞行方向移动，顺势接球。

5）错位防守——防守人站在自己所防守的进攻人身侧，阻挠他接球。

6）要位——进攻人用身体把防守人挡在身后，占据有利的接球位置。

7）突破——运球超越防守人。

8）空切——进攻人空手向篮跑动。

9）一传——获球者由守转攻的第一次传球。

10）盖帽——进攻人投篮出手时，防守人设法在空中将球打掉的动作。

11）补位——当一个防守人失掉正确防守位置时，另一个防守人及时补占其正确防守位置。

12）协防——协助同伴防守。

13）紧逼防守——贴近进攻人，不断运用攻击性防守动作，威胁对方持球的安全或不让对方接球。

14）斜插——从边线向球篮或者向球场中间斜线快跑。

15）时间差——在投篮时，为躲避对方防守的封盖，利用空中停留改变投篮出手时间。

16）接应——无球进攻队员，主动抢位接球。

17）落位——在攻防转换时，攻守双方的布阵。

18）策应——进攻队在前场或全场通过中间队员组织的接应和转移球的战术配合，造成空切、绕切及掩护等进攻机会。

19）掩护——进攻队员以合理的技术动作，用身体挡住同伴的对手的去路，给同伴创造摆脱防守的机会的一种进攻配合。

20）突分——持球进攻队员突破后传球配合。

21）传切——持球进攻队员利用传球后立即空切，准备接球进攻。

22）补防——当一名防守队员失去位置，进攻队员持球突破有直接得分的可能时，邻近的另一名防守队员立即放弃自己的对手，去防持球突破的进攻者。

23）换防——防守队员交换防守。

24）关门——邻近的两名防守持球者的队员，向进攻者突破的方向迅速合拢，形成"屏障"，堵住持球进攻者的突破路线。

25）夹击——两名防守队员共同卡住一名进攻队员，封堵其传球路线。

26）挤过——两名进攻队员进行掩护配合时，防守被掩护者的队员向其对手靠近，在进攻者即将完成掩护配合的一刹那，抢占位置，从两名进攻队员之间侧身挤过，破坏他们的掩护，并继续防住自己的对手。

27）穿过——当一名进攻队员进行掩护时，防守掩护者的队员稍离对手，让同伴从自己和掩护队员之间穿过去，继续防住对手。

28）轮转换位——指进攻方通过突破、分球或者挡拆配合使防守方的防守人发生错位。

2．排球比赛中的术语

（1）队员位置术语

1）二传手——排球运动比赛队员的职责分工。它是指接对方来球后专门担任第二次传球组织进攻的队员，是场上组织进攻、实施战术的组织者。要求除有娴熟的二传技术外，还善于随机应变，团结队友，发挥全体队员的特点以及组织本队的进攻力量。二传手应意志坚强、头脑冷静、视野宽广，具有很强的作战意识及贯彻作战意图的决心。通常每队配备1~2名二传手。

2）主攻手——排球运动比赛队员的职责分工。它是指场上的主要攻击手，防守反击中的主要得分队员，一般站在4号位或换位到4号位。要求队员身材高大、弹跳力强，拥有强劲的扣杀力，擅长强攻，善于突破对方的防御，精于扣调整球和各种战术球。

3）副攻手——排球运动比赛队员的职责分工。它是指在进攻中站在3号位的队员。要求队员身材高大，具有较强的冲跳弹跳力和变向跑能力；以快攻为主，并以快攻掩护队友组成各种快速多变进攻战术；防守时善于拦截和配合两侧队友拦网，以阻遏对方的各种快攻战术。

4）自由人——排球运动比赛队员的职责分工。它是指防守反击中的后排专职防守队员，根据战机的需要和防守的要求，无须请求裁判员的许可，即可随时自由地取代后排中的任一队员出场参赛。要求队员身材较为矮小、灵活、快速，应变能力强，掌握出色的防守技术和具备良好的心理素质。自由人着装的颜色必须有别于其他队员，以便辨认。

（2）技、战术术语及解释

1）准备姿势——排球运动技术名词。它是各项技术的基础。为了及时起动、快速移动，以便在合理位置上完成各项技术动作，达到战术目的，要求思想高度集中，身体处于最合适的移动和防守状态之中。正确的准备姿势按身体重心高低可分为稍蹲、中蹲和低蹲三种。

2）发球——队员站在端线之后，用手抛球后将球击入对方场内。发球是比赛开始的第一个技术动作和一项先发制人的进攻技术。

3）垫球——用于接发球、接扣球、接吊球、接拦回球和处理各种难球，是保证本方进攻的基础。垫球时，必须有正确的准备姿势、合理的击球手型、准确的击球动作和合理的击球部位，以及调整手臂与地面的适宜用力角度，才能取得良好的垫球效果。

4）拦网——防守队员在网前挑起，用双手拦截对方击过网的球所采用的动作。

5）一攻——在接起对方发球后所组织的第一次进攻。

6）反攻——后排防起对方攻来的球以后所组织的反击，以及在网上直接拦击对方的各种进攻。

7）保攻——比赛中防起对方拦回来的球（保护），并组织有效的反击。

8）推攻——比赛中，当一传、二传不当，无法组织扣球进攻时，以传球方式有目的地

把球击入对方场区。

9）强攻——扣球队员利用身高、弹跳优势，充分发挥个人的力量和技巧，为突破对方防御的强行扣杀。

10）中一二进攻——前排3号位队员充当二传手，2、4号位队员做攻手，当二传队员轮转到2或4号位时，可换位到3号位做二传手。

11）边一二进攻——前排2或4号位队员充当二传手，其他2名队员做攻手，一般是二传手在2号位组织进攻。如二传手在4号位组织进攻，则称为"反边一二进攻"。

12）两次球进攻——接对方来球时，队员直接将球垫或传到网前适当位置，供前排队员跳起扣球。

13）调整进攻——当接对方来球一传不到位，球的落点离网较远，无法组成预定的战术时，由二传手或其他队员把球高弧度传起（调整传球），从而给同伴创造扣球进攻的机会。

14）后排进攻——组织后排队员在进攻线后跳起或向前冲跳，进行大力扣杀。

15）交叉进攻——在快球掩护下运用的进攻战术。扣快球队员和另一队员的助跑路线相交叉，并做跑动扣球。

16）立体进攻——为了突破拦网，进攻队在快球掩护下，有意识地将球传到进攻线附近，由后排队员在进攻线后起跳，突然发动进攻。

17）边跟进防守——当对方进攻时，由前排组成双人拦网，另一不拦网的前排队员后撤，协同后排3人组织防守。

18）心跟进防守——后排6号位队员在本方拦网时跟上去保护，防止对方吊球。

19）保护——在比赛中用以主动弥补同伴在技术上出现的漏洞，并使攻与防有机地衔接起来。多在接发球、扣球、拦网和后排防守中使用。

20）持球——球在运动员膝关节或膝关节以上任何身体部位停留时间较长，或未将球清晰地击出，或捞球、捧球、推球和携带球时，均应判为"持球"。

3. 足球比赛中的术语

1）弧线球——使球呈弧线运行的踢球技术。它是足球在运行中，由于强烈旋转，使两侧的空气发生差异而形成的。由于球呈弧线运行，故俗称"香蕉球"。

2）鱼跃扑球——守门员的一种难度较高的接球技术。以与球同侧的一脚用力蹬地，异侧腿屈膝提摆，使身体跃出接球。接球后落地时，双手按球，用前臂的侧面先着地，团身护球。

3）清道夫——足球比赛中承担特定防守任务的拖后中卫的别称。

4）自由人——足球比赛"一三三三"阵型中拖后中卫的别称。防守时无固定的看守对象，可机动灵活地补位救险，从而使其他队员，特别是3个后卫在盯人时无后顾之忧。

5）全攻全守——一个队除守门员之外的10名队员都在尽进攻和防守的职责。

6）沉底传中——边线进攻中，个人带球突破，或集体配合把球推到对方端线附近，然后长传至对方球门前的战术方法。

7）外围传中——也称"45°角传中"，是当攻方有球队员在边线附近与对方球门约成45°角的区域时，用过顶长传把球传向处于对方罚球区附近的同伴，供同伴用头顶球连续进攻。

8）交叉换位——比赛中，进攻队员为了摆脱对方的防守，在跑动中左右换位的战术配合方法。

9）长传突破——运用远距离传球突破对方防线的战术方法。

10）插上进攻——位于第二、三线的前卫、后卫队员，插入第一线参加进攻的战术方法。

11）区域防守——每一队员根据位置划分一定的防守区域，在划定的范围内主要采用站位的防守方法，而不紧逼盯人。

12）补位——比赛中集体防守的一种配合方法，是指防守中本队一个队员被对手突破时，另一队员前去封堵。

13）密集防守——比赛中，双方为了稳固防守，往往组织相当多的人把守这一区域，形成密集状态，以加强保护，减少空隙，阻住对方的突破。

14）造越位——根据规则，进攻队员在接球时，如与对方端线之间防守队员不足2人时则为越位。防守队员利用这一规定，在对方传球中，另一队员将触及球的瞬间，突然向前一跑，可造成对方接球队员与本方端线之间只有一个防守队员的局面，使对方越位犯规。

15）反越位战术——这是针对对方"造越位"战术而采取的一种进攻战术。当进攻队员觉察到防守者用制造越位的战术破坏本方的进攻时，及时改变传球方向，让在后面的队员插上接球或自己直接带球快速推进射门，从而使对方退防不及。

4. 羽毛球比赛中的术语

1）换发球——交换发球权。

2）发球区——通常是所站的对角线区域。双打发球有效区由前后发球线加外边线（最外边）组成；单打发球区则是由前后发球线加内边线组成。

3）挑选场地或发球权——任何一场正式比赛开始之前，参赛双方首先要做的事是在裁判员的主持下，通过由裁判员抛掷挑边器确定首先发球的一方。挑边器决定的胜者具有挑选场地或发球权的优先权。

4）左场区——左边半场。

5）右场区——右边半场。

6）发球违例——运动员发球时从第一次向前挥拍或抛球开始，至击球瞬间为止的这一段时间间隔，出现下列现象为违例：

①过腰。球的任何部分在击球瞬间高于发球运动员的腰部。

②过手。击球瞬间，球拍顶端未朝下，整个拍框没有明显低于握拍手的整个手部。

③未先击球托。在击球瞬间不是首先击中羽毛的球托部分。

④不正当行为。一旦开始发球，双方站好位置，这时任何运动员不得做假动作，或有意妨碍对方或故意拖延发球或接发球的准备时间，有企图占便宜等不正当行为（发球队员的向前挥拍动作不得中断）。

7）反手区——反手击球区域。

8）交换发球区——单双数发球区不同，得分需要交换。

9）直接得分的发球（ace）——发球对方未接而且界内。

10）连击——运动员在击球时两次挥拍连续击球两次，或同队两名队员连续各击球一次。

参考文献

[1] 胡振浩，张溪，田翔. 职业体能训练［M］. 北京：高等教育出版社，2008.

[2] 曾德明，谭俊，周伟平. 大学体育与健康教程［M］. 成都：电子科技大学出版社，2017.

[3] 王亚琼. 运动竞赛学［M］. 北京：北京师范大学出版社，2009.

[4] 游春栋，李明，陶弥锋. 体育与健康［M］. 北京：清华大学出版社，2006.

[5] 白晋湘. 大学体育理论与实践教程［M］. 北京：民族出版社，2010.

[6] 黄汉升. 球类运动：排球［M］. 3版. 北京：高等教育出版社，2010.

[7] 王海燕，姜来. 乒乓球教程［M］. 北京：化学工业出版社，2017.

[8] 陶志翔. 网球运动教程［M］. 北京：高等教育出版社，2003.

[9] 郑波. 武术散打基础教学与训练［M］. 长沙：湖南大学出版社，2013.

[10] 洪小平. 艺术体操［M］. 北京：高等教育出版社，2014.

[11] 姜桂萍. 体育舞蹈［M］. 北京：高等教育出版社，2008.

[12] 孙永武. 太极拳［M］. 福州：福州科学技术出版社，2008.

[13] 王家彬，虞荣安，杭兰平. 大学体育教程：理论篇［M］. 2版. 西安：西北工业大学出版社，2008.

[14] 徐雄杰，朱信龙. 国际体育舞蹈教程［M］. 合肥：中国科学技术大学出版社，2007.

[15] 马鸿韬. 现代健美操训练方法［M］. 北京：北京体育大学出版社，2005.

[16] 林春生. 图解跆拳道手册：从白带到黑带完全自修手册［M］. 武汉：中国地质大学出版社，2006.

[17] 程嘉炎. 球类运动竞赛法［M］. 北京：人民体育出版社，2003.

[18] 王建刚. 短跑途中跑的练习方法与常见问题［J］. 田径，2009（6）：16－17.

[19] 陈业. 蛙泳手臂动作技术与常见错误动作分析［J］. 绵阳师范学院学报，2009（5）：128－132.

[20] 王林. 接力跑技术教学图解［J］. 中国学校体育，2007（7）：46－49.

[21] 付庆镕，程勇民. 羽毛球比赛节奏的概念界定、评估及其应用［J］. 体育学刊，2020（2）：135－138.

[22] 王欣欣，李博，李啸天，等. 羽毛球模拟比赛和多球练习的能量供应特征［J］. 中国体育科技，2019（9）：3－8.

[23] 肖和伟. 中美教育中基础性田径教学的比较研究［J］. 广州体育学院学报，2020（3）：107－110.

[24] 张庆新，陈雁飞，黄春秀. 大概念、大单元、任务群：实战能力进阶导向下重构中小学排球教学内容体系［J］. 首都体育学院学报，2021（4）：378－383.

[25] 徐春杰，刘卫军，刘德皓，等. 跆拳道后横踢四种战术动作击打速度效果特点及对运动训练的启示［J］. 成都体育学院学报，2020（1）：114－120.